해커스 HSKK 중급

중국어 말하기시험

10일 만에 딸 수 있다!

학습을 위한 추가 혜택

교재 MP3 [학습용 + 복습용 분할 + 모범답변 + 실전모의고사 일반 & 고사장 소음 버전]

이용방법 1 해커스중국어(china.Hackers.com) 접속 후 로그인 ▶
페이지 상단 [교재/MP3 → 교재 MP3/자료] 클릭 ▶ 본 교재 선택 후 이용하기

이용방법 2 [해커스 ONE] 앱 다운로드 후 로그인 ▶ 나의 관심학습과정 [중국어] 선택 ▶
[교재·MP3] 클릭 ▶ 본 교재 선택 후 이용하기

▲ [해커스 ONE]
앱 다운받기

유튜브로 보는 HSKK 중급 실전모의고사 [교재 수록 1회분]

이용방법 유튜브 사이트(www.youtube.com)나 유튜브 앱 접속 ▶
'해커스중국어 HSKK' 검색 ▶ HSKK 실전 체험해 보기

▲ 영상 모의고사
바로보기

본 교재 인강

이용방법 해커스중국어(china.Hackers.com) 접속 후 로그인 ▶
페이지 상단 [수강신청 → HSKK] 클릭 ▶ 본 교재 인강 [수강신청] 버튼 클릭 후 이용하기

본 교재 인강 30% 할인쿠폰

5E5A 2D44 7B85 5A7F *쿠폰 등록 후 30일간 사용 가능

▲ 쿠폰 등록하기

이용방법 해커스중국어(china.Hackers.com) 접속 후 로그인 ▶ 나의강의실 ▶ 내 쿠폰 확인하기 ▶ 쿠폰번호 등록

* 해당 쿠폰은 HSKK 중급 단과 강의 구매 시 사용 가능합니다.
* 본 쿠폰은 1회에 한해 등록 가능합니다.
* 이외 쿠폰 관련 문의는 해커스중국어 고객센터(02-537-5000)으로 연락 바랍니다.

해커스 중국어 HSKK 중급이 특별한 이유

중국어 말하기 시험

10일 만에 딸 수 있다!

01
시험장에서 그대로 적용 가능한 스텝별 문제풀이 전략!

문제의 시작부터 답변 준비 및 답변까지, 무엇을 어떻게 해야 할지 명쾌하게 알려주는 **스텝별 문제풀이 전략**으로, 시험장에서 안정되고 편안하게 답변할 수 있어요.

02
높은 점수의 답변이 술술 나오는 빈출문장 & 만능 답변 템플릿!

제1부분은 **주제별 빈출문장 연습**으로 정확히 듣고 정확히 따라 할 수 있고, 제2, 3부분은 **만능 답변 템플릿**으로 짜임새 있는 답변을 빠르게 준비하고 대답할 수 있어요.

실전 감각을 극대화하는
**실전테스트
& 실전모의고사!**

실제 시험과 동일한 구성 및 난이도의
실전테스트와 **실전모의고사 5회분**으로
실력을 끌어 올리고
실전 감각을 극대화할 수 있어요.

합격 실력을 완성하는
**다양한 버전의 MP3
& 영상모의고사!**

학습용/복습용 분할/고사장 소음 버전 등
다양한 MP3와, 실제 시험과 동일한 방식으로
구현한 **유튜브로 보는 실전모의고사**로
합격 실력을 완성할 수 있어요.

중국 어학연수와
대학원 진학을 희망하는
대학생 A씨도

어학성적을 바탕으로
남들보다 빠른 취업을 희망하는
취준생 B씨도

실무를 위한
중국어 어학 능력이 필요한
직장인 C씨도

" **HSKK**로 자신의 꿈에 한 걸음 더 가까워졌습니다. "

당신의 꿈에 가까워지는 길
해커스중국어가 함께 합니다.

해커스 중국어 HSKK 중급

중국어 말하기 시험

10일 만에 딸 수 있다!

해커스중국어

목차

본 교재 200% 활용법	4
HSKK 및 HSKK 중급 소개	6
HSKK 중급 시험 진행 순서	8
나만의 학습 플랜	10

제1부분 듣고 따라 말하기

기초 다지기   16

스텝별 전략 익히기   20
STEP 1 발음과 성조에 유의하며 문장 듣기
STEP 2 큰 소리로 또박또박 문장 말하기

유형별 공략하기
1 일상생활 관련 문장   22
2 여가 활동 관련 문장   25
3 학교·회사 관련 문장   28

실전테스트   32

제2부분 사진보고 이야기하기

기초 다지기   38

스텝별 전략 익히기   42
STEP 1 이야기 주제 정하고 답변 연습하면서 핵심 표현 메모하기
STEP 2 메모한 표현과 답변 템플릿을 활용하여 답변하기

유형별 공략하기
1 여가 활동 관련 사진   48
2 일상생활 관련 사진   52
3 학교 관련 사진   56
4 회사 관련 사진   60

실전테스트   68

해커스 HSKK 중급 10일 만에 딸 수 있다!

제3부분 질문에 대답하기

기초 다지기   74

스텝별 전략 익히기   78

STEP 1 질문 읽고 답변 연습하면서
         핵심 표현 메모하기

STEP 2 메모한 표현과 답변 템플릿을 활용하여
         답변하기

유형별 공략하기

1 선호하는 것을 묻는 질문   84
2 해결방안을 묻는 질문   88
3 소개를 요청하는 질문   92
4 가치관을 묻는 질문   96

실전테스트   104

실전모의고사

실전모의고사 1 [유튜브로 보는 실전모의고사]   110
실전모의고사 2   114
실전모의고사 3   118
실전모의고사 4   122
실전모의고사 5   126

정답·모범답변·해석   129

[부록] 점수를 높여주는 덩어리 표현 &
       추가 문제 모음집   197

학습용 / 복습용 문제별 분할 / 문제별 모범답변
고사장 소음 버전 mp3
   [부록] 점수를 높여주는 덩어리 표현&추가 문제
   모음집 mp3

유튜브로 보는 실전모의고사
해커스중국어(china.Hackers.com) 접속 >
상단 메뉴 [교재/MP3 → 교재 MP3/자료] 선택

* 교재의 모든 mp3는 해커스중국어 사이트(china.Hackers.com)
에서 무료로 다운로드 하실 수 있습니다.

본 교재 200% 활용법

1 기초 다지기로 중국어 말하기와 HSKK의 기초를 탄탄히 다져요!

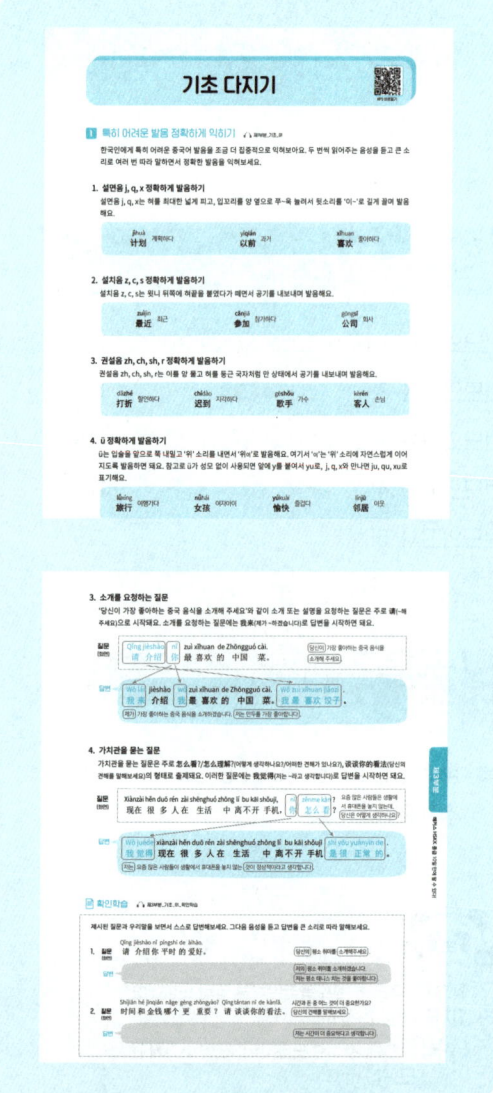

▲ 본격적으로 학습하기 전, 부분별 기초 다지기를 통해 꼭 필요한 중국어 말하기와 HSKK의 기초를 탄탄하게 다지세요.

2 스텝별 문제풀이 전략과 유형별 공략법으로 실력을 쌓아가요!

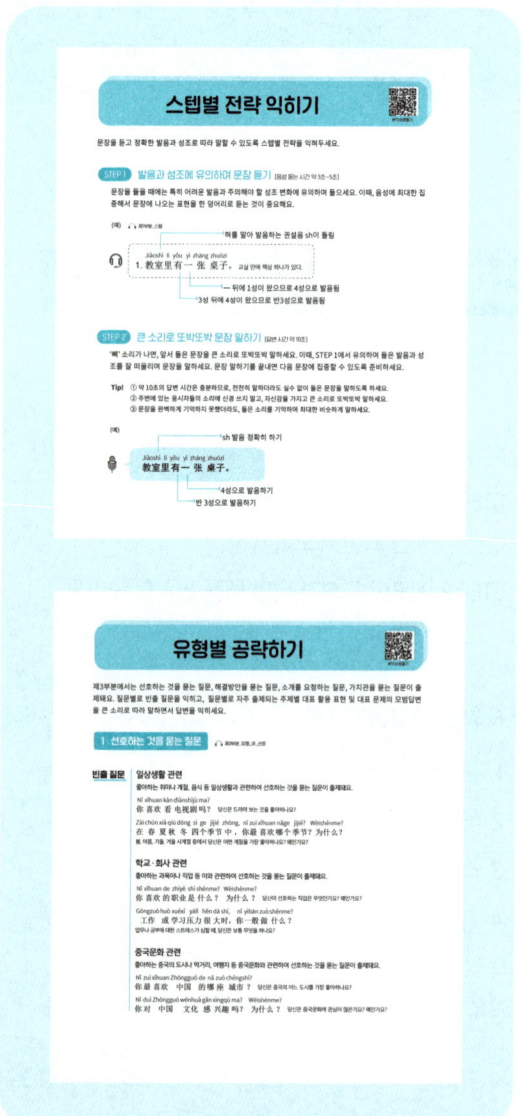

▲ 답변 준비부터 답변 완료까지 무엇을 어떻게 해야 할지 명쾌하게 알려주는 스텝별 문제풀이 전략과, 각 부분별 출제 경향에 맞게 분류한 유형별 빈출 문장 및 답변 방법을 통해 실력을 차곡차곡 쌓아가세요.

③ 실전테스트, 실전모의고사 5회분으로 실전 감각을 극대화해요!

④ 다양한 학습 부가물로 실력을 한층 더 끌어올려요!

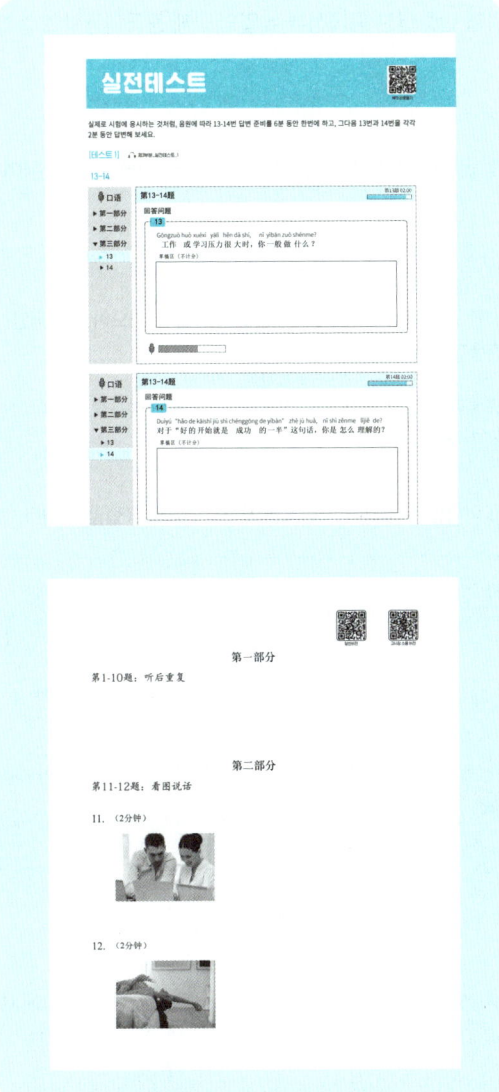

▲ 실제 시험과 동일한 형태 및 난이도의 실전테스트와 실전모의고사 5회분으로 실전 감각을 극대화하고, 합격 실력을 완성하세요.

▲ 제1부분을 위한 덩어리 표현 및 제2, 3부분의 문제를 추가적으로 학습할 수 있는 부록 <점수를 높여주는 덩어리 표현 & 추가 문제 모음집>과 다양한 버전의 MP3로 실력을 한층 더 끌어올리세요.

HSKK 및 HSKK 중급 소개

HSKK 소개

1. HSKK 란?
汉语水平口语考试(중국어 말하기능력 시험)의 한어병음인 Hànyǔ Shuǐpíng Kǒuyǔ Kǎoshì의 앞글자를 딴 것으로, 제1언어가 중국어가 아닌 사람의 중국어능력을 평가하기 위해 만들어진 중국정부 유일의 국제 중국어능력 표준화 고시입니다.

2. HSKK의 급수 구성
HSKK 시험은 주로 컴퓨터로 진행하는 시험인 IBT로 진행됩니다. HSKK 시험은 초급·중급·고급으로 나뉘며, 급수별로 각각 응시할 수 있습니다.

HSKK 등급	HSK 등급	수준
HSKK 초급	HSK 1급	중국어로 익숙한 일상생활의 화제에 대해 듣고 이해할 수 있으며, 기본적인 일상회화를 진행할 수 있다.
	HSK 2급	
HSKK 중급	HSK 3급	중국인과의 교류에서 듣고 이해할 수 있으며, 중국어로 비교적 유창하게 회화를 진행할 수 있다.
	HSK 4급	
HSKK 고급	HSK 5급	중국어로 듣고 이해할 수 있으며, 유창하게 자신의 견해를 표현할 수 있다.
	HSK 6급	

3. HSKK 시험 접수 및 준비물
1) HSKK 시험 인터넷 접수
   HSK 한국사무국 홈페이지(https://new.hsk.or.kr)에서 홈페이지 좌측의 [HSKK] > [Speaking Test]를 클릭한 후, 홈페이지 중앙의 [인터넷 접수]를 클릭하여 접수합니다.
   * 접수 과정 : 접수하기 → 응시 일시 및 등급 선택 → 고시장 선택 → 개인 정보 입력 → 사진 등록 → 성적표 수령방법 선택 → 관련 규정 동의 → 결제 방법 선택 및 결제
2) HSKK 시험 당일 준비물 : 수험표 및 유효한 신분증

4. HSKK 성적 확인
1) 성적 조회
   성적조회는 시험일 1개월 후, 한국시간 11시부터 중국고시센터 홈페이지(https://www.chinesetest.cn/HSKK)에서 조회 가능합니다.
2) 성적표 수령 방법
   - 우편 수령 신청자의 경우, 성적표는 시험일로부터 45일 이후 등기우편으로 발송됩니다.
   - 방문 수령 신청자의 경우, 성적표는 시험일로부터 45일 이후 홈페이지 공지사항에서 해당 시험일 성적표 발송 공지문을 확인 후, 신분증을 지참하여 HSK 한국사무국으로 방문하여 수령합니다.
3) 성적의 유효기간
   성적은 시험을 본 당일로부터 2년간 유효합니다.

HSKK 중급 소개

1. 시험 수준 및 응시 대상
- HSKK 중급은 응시자의 중국어회화표현능력을 평가하는 시험입니다. 이 시험의 수준은 《국제중국어능력기준》 3,4급과 《유럽언어공동참고프레임(CEF)》 B급에 해당합니다.
- HSKK 중급에 합격한 응시자는 원어민과의 교류에서 듣고 이해할 수 있으며, 중국어로 비교적 유창하게 회화를 진행할 수 있습니다.
- HSKK 중급 시험은 매주 2-3시간씩 1-2년 중국어를 학습하고, 약 900개의 상용어휘를 마스터한 응시자를 대상으로 합니다.

2. 시험 구성 및 시험 시간

시험 내용		문항 수	시험 시간
시험 진행에 앞서 응시자 정보(이름, 국적, 수험번호)에 대한 질의 응답이 이루어집니다.			
제1부분	듣고 따라 말하기	10	약 5분
제2부분, 제3부분 답변 준비 시간			10분
제2부분	사진보고 이야기하기	2	4분
제3부분	질문에 대답하기	2	4분
합계		14문항	약 23분

3. 합격 기준
- HSKK 중급 성적표에는 부분별 성적 없이 총점만 기재됩니다. 100점 만점에 총점(수험자 취득점수) 60점 이상이면 합격입니다.

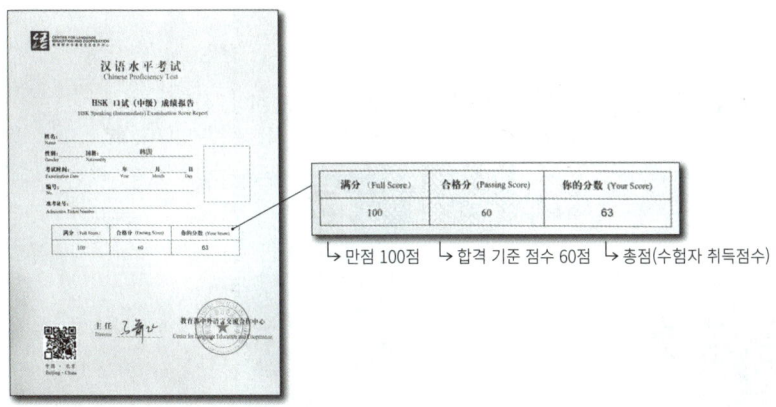

↳ 만점 100점 ↳ 합격 기준 점수 60점 ↳ 총점(수험자 취득점수)

HSKK 중급 시험 진행 순서

1. **응시자 정보 질의 응답**

   你好，你叫什么名字？ 안녕하세요, 당신의 이름은 무엇입니까? [응답: **我叫**○○○。 저의 이름은 ○○○입니다.]
   你是哪国人？ 당신은 어느 나라 사람입니까? [응답: **我是韩国人**。 저는 한국인 입니다.]
   你的序号是多少？ 당신의 수험 번호는 몇 번입니까? [응답: **我的序号是**○○○。 저의 수험 번호는 ○○○입니다.]

2. **제1부분 시험 안내**

   好，现在开始第1到10题。每题你会听到一个句子，请在"嘀"声后重复这个句子。现在开始第1题。
   그럼, 지금부터 1번에서 10번 문제를 시작하겠습니다. 모든 문제는 한 문장을 들려줍니다. '삐' 소리 이후에 이 문장을 따라 말하세요. 지금부터 1번 문제를 시작하겠습니다.

3. **제2~3부분 준비 안내**

   好，现在开始准备第11题到14题。可以在试卷上写提纲。准备时间为10分钟。
   그럼, 지금부터 11번에서 14번 문제를 준비하세요. 시험지에 개요를 메모해도 좋습니다. 준비 시간은 10분입니다.

   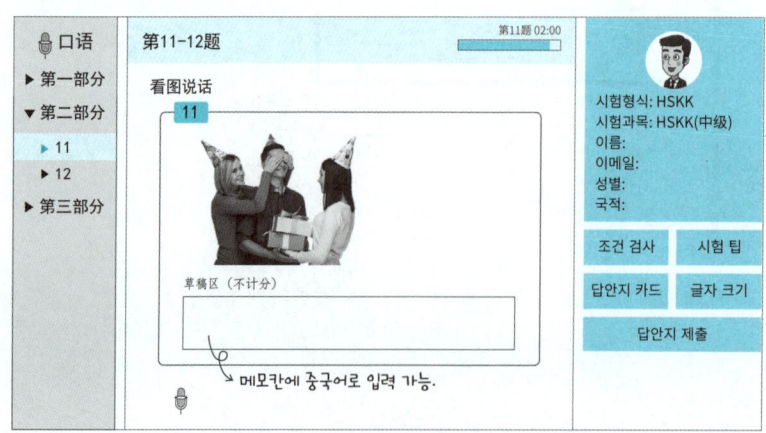

4. 제2~3부분 답변 안내

准备时间结束。现在开始第11题。 준비 시간이 끝났습니다. 지금부터 11번 문제를 시작하세요.

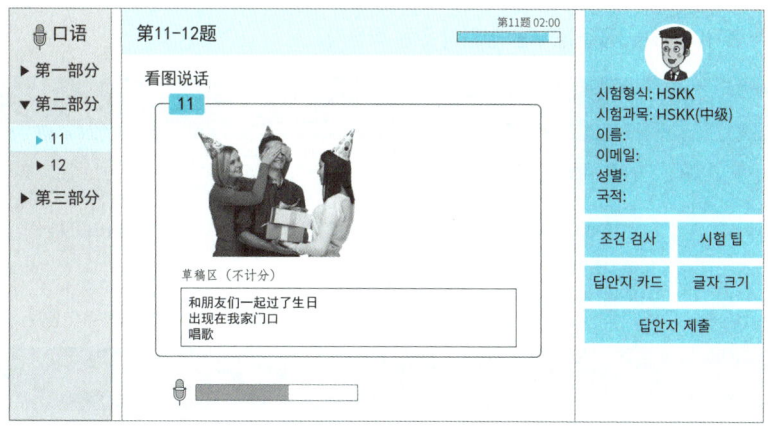

第11题结束。现在开始第12题。 11번 문제가 끝났습니다. 지금부터 12번 문제를 시작하세요.

* 12번 문제 화면으로 전환되고, 14번 문제까지 연달아서 답변해야 해요.

5. 시험 종료 안내

好，考试现在结束，谢谢你！ 이제 시험이 끝났습니다. 감사합니다!

Tip! 중국어 입력기 사용법

1. Alt+Shift를 동시에 누르면 sogou 입력기가 활성화되어 중국어를 입력할 수 있습니다.
2. [ü] 발음의 중국어를 입력할 때는 알파벳 v를 입력합니다.
3. sogou 입력기에서 병음을 치면, 같은 병음의 다른 한자들이 표시됩니다. 이때 내가 입력하려는 글자가 맞는지 확인해야 합니다.
4. 중국어 필기 인식기 사용 방법: sogou 입력기 맨 우측의 사각형 모양 아이콘 클릭 → 手写输入 클릭 및 다운로드 → 연필 모양 아이콘 클릭한 후 사용

* sogou 프로그램 다운로드 / 설치 방법: <pinyin.sogou.com> 사이트 접속 → 컴퓨터 운영체제 선택 → 설치

나만의 학습 플랜

10일 학습 플랜

중국어 기초 학습을 3개월 이상 공부했거나 HSK 3급을 공부한 경험이 있는 학습자

1일	2일	3일	4일	5일
☐ ___월___일	☐ ___월___일	☐ ___월___일	☐ ___월___일	☐ ___월___일
[제1부분]	[제2부분]	[제3부분]	[실전모의고사 1] [부록] 제1부분 덩어리 표현	[실전모의고사 2] [부록] 제2부분 추가 문제

6일	7일	8일	9일	10일
☐ ___월___일	☐ ___월___일	☐ ___월___일	☐ ___월___일	☐ ___월___일
[실전모의고사 3] [부록] 제3부분 추가 문제	[실전모의고사 4] [제1부분] 유형별 공략하기 복습	[실전모의고사 5] [제2부분] 유형별 공략하기 복습	[제3부분] 유형별 공략하기 복습 [부록] 전체 복습	[실전모의고사 1~5] 한번 더 풀기

학습 플랜 이용 Tip
- 공부할 날짜를 쓰고, 매일 당일 학습 분량을 공부한 후 박스에 하나씩 체크해 나가며 목표를 달성해 보세요.
- 20일 동안 천천히 꼼꼼하게 실력을 다지고 싶다면 하루 분량을 2일에 나누어 학습하세요.

5일 학습 플랜

HSK 3~6급을 공부한 적이 있거나 단기간에 HSKK 중급 취득을 목표로 하는 학습자

1일	2일	3일	4일	5일
☐ ___월___일	☐ ___월___일	☐ ___월___일	☐ ___월___일	☐ ___월___일
[제1부분] [부록] 제1부분 덩어리 표현	[제2부분] [부록] 제2부분 추가 문제	[제3부분] [부록] 제3부분 추가 문제	[실전모의고사 1~5]	[제1, 2, 3부분] 유형별 공략하기 [부록] 전체 복습

학습 플랜 이용 Tip

- 공부할 날짜를 쓰고, 매일 당일 학습 분량을 공부한 후 박스에 하나씩 체크해 나가며 목표를 달성해 보세요.

본교재동영상강의·무료학습자료제공
china.Hackers.com

제1부분

듣고 따라 말하기
听后重复

기초 다지기

스텝별 전략 익히기
STEP 1 　발음과 성조에 유의하며 문장 듣기
STEP 2 　큰 소리로 또박또박 문장 말하기

유형별 공략하기
1 　일상생활 관련 문장
2 　여가 활동 관련 문장
3 　학교·회사 관련 문장

실전테스트

제1부분 알아보기

제1부분 '듣고 따라 말하기'는 일상생활, 여가 활동, 학교·회사 등에 대한 하나의 짧은 문장을 듣고, 들은 문장을 그대로 따라 말하는 부분이에요.

■ 출제 개요

문제 번호	1번~10번	합격을 위한 답변 포인트	☑ 들은 문장을 정확하게 따라 말하기
문제 수	10개		☑ 발음 및 성조를 정확하게 하기
답변 준비 시간	없음		
문제 당 답변 시간	약 10초		

■ 시험 진행 순서

↳ 타이머가 제시돼요.

1. 디렉션

1번~10번 문제를 시작한다는 말과 함께, '삐' 소리가 나면 들은 문장을 그대로 따라 말하라는 음성이 제시돼요. 이어서 1번 문제를 시작한다는 음성이 나와요.

[음성] 好，现在开始第一到十题。每题你会听到一个句子，请在"嘀"声后重复这个句子。现在开始第一题。
그럼, 지금부터 1번에서 10번 문제를 시작하겠습니다. 모든 문제는 한 문장을 들려줍니다. '삐'소리 이후에 이 문장을 따라 말하세요. 지금부터 1번 문제를 시작하겠습니다.

↳ 문제 번호가 표시돼요.

2. 1번~10번 답변 시간

디렉션이 끝나면 바로 1번 문제가 시작돼요. 문장은 화면에 제시되지 않고 음성으로 한 번만 들려줘요. 문장 음성이 끝나면, '삐' 소리와 함께 약 10초의 답변 시간이 시작돼요. 약 10초의 답변 시간이 끝나면 바로 다음 문제가 시작돼요.

■ 출제 경향

제1부분은 주로 일상생활, 여가 활동, 학교·회사와 관련된 유형의 문장이 출제되며, 각 문장은 대체로 6글자~14글자로 되어 있어요. 대부분의 문장은 끊어 읽는 부분 없이 한 호흡으로 한 번에 들려줘요.

일상생활	Lǐ āyí qù chúfáng zuòfàn le. 李阿姨去厨房做饭了。	리 아주머니는 밥을 하러 주방에 갔다.
여가 활동	Jiějie ài kàn diànyǐng. 姐姐爱看电影。	언니는 영화 보는 것을 좋아한다.
학교·회사	Míngtiān de kè búyào chídào. 明天的课不要迟到。	내일 수업은 지각하지 마세요.

■ 합격 비법

1. 발음과 성조를 잘 지켜서 말하세요.

제1부분은 들은 문장을 그대로 따라 말하는 부분이기 때문에 정확한 발음과 성조로 말하는 것이 매우 중요해요. 따라서 문장을 들을 때 특히 어려운 발음과 성조 변화에 유의하고, 이를 잘 지켜서 말하세요.

2. 서두르지 말고 천천히 문장을 한 번에 말하세요.

제1부분에서 들려주는 문장의 길이는 약 3초~5초로 비교적 짧으며, 10초 정도의 답변 시간이 주어지기 때문에 들은 문장을 따라 말할 시간이 충분해요. 따라서 중간에 잘못 말하는 것보다 서두르지 않고, 천천히 실수 없이, 한번에 말하는 것이 중요해요. 혹시나 중간에 실수를 하게 되더라도 당황하지 말고 들은 문장을 떠올리며 천천히 다시 말하세요.

3. 문장에 나오는 표현을 하나의 덩어리로 듣고 말하는 연습을 하세요.

제1부분은 문장을 정확히 듣고 그대로 말하는 것이 중요해요. 따라서 문장을 들을 때 문장에서 나오는 표현을 하나의 덩어리로 들은 후 그대로 따라 말하는 연습을 하면, 실제 시험에서 문장을 보다 잘 듣고 말할 수 있어요. 부록에서 제공되는 "제1부분 덩어리 표현"(p.198)을 듣고 따라 말하는 연습을 꾸준히 하세요.

기초 다지기

MP3 바로듣기

1 특히 어려운 발음 정확하게 익히기 🎧 제1부분_기초_01

한국인에게 특히 어려운 중국어 발음을 조금 더 집중적으로 익혀보아요. 두 번씩 읽어주는 음성을 듣고 큰 소리로 여러 번 따라 말하면서 정확한 발음을 익혀보세요.

1. 설면음 j, q, x 정확하게 발음하기

설면음 j, q, x는 혀를 최대한 넓게 피고, 입꼬리를 양 옆으로 쭈~욱 늘려서 뒷소리를 '이~'로 길게 끌며 발음해요.

| jìhuà 计划 계획하다 | yǐqián 以前 과거 | xǐhuan 喜欢 좋아하다 |

2. 설치음 z, c, s 정확하게 발음하기

설치음 z, c, s는 윗니 뒤쪽에 혀끝을 붙였다가 떼면서 공기를 내보내며 발음해요.

| zuìjìn 最近 최근 | cānjiā 参加 참가하다 | gōngsī 公司 회사 |

3. 권설음 zh, ch, sh, r 정확하게 발음하기

권설음 zh, ch, sh, r는 이를 앙 물고 혀를 둥근 국자처럼 만 상태에서 공기를 내보내며 발음해요.

| dǎzhé 打折 할인하다 | chídào 迟到 지각하다 | gēshǒu 歌手 가수 | kèrén 客人 손님 |

4. ü 정확하게 발음하기

ü는 입술을 앞으로 쭉 내밀고 '위' 소리를 내면서 '위이'로 발음해요. 여기서 '이'는 '위' 소리에 자연스럽게 이어지도록 발음하면 돼요. 참고로 ü가 성모 없이 사용되면 앞에 y를 붙여서 yu로, j, q, x와 만나면 ju, qu, xu로 표기해요.

| lǚxíng 旅行 여행가다 | nǚhái 女孩 여자아이 | yúkuài 愉快 즐겁다 | línjū 邻居 이웃 |

5. er 정확하게 발음하기

어휘 뒤에 습관적으로 붙이는 er은 앞 글자의 발음과 연결하여 발음하고, 표기할 때는 e를 생략해요. 이때, 앞 글자의 발음이 i, n, ng로 끝나면 i, n, ng를 생략하고 바로 r을 붙여 발음하고, 표기할 때는 i, n, ng를 생략하지 않아요.

huàr
画儿 그림

wánr → 발음 안 함
玩儿 놀다

kòngr → 발음 안 함
空儿 틈, 시간

확인학습   제1부분_기초_01_확인학습

밑줄 친 부분에 특히 집중하여 듣고 따라 말해보세요. 각 표현은 총 2회 들려줍니다.

1. _____ 地铁
   정답: zuò dìtiě
   坐地铁   지하철을 타다

2. _____ 太难
   nèiróng tài nán
   内容太难   내용이 너무 어렵다

3. 去 _____
   qù dòngwùyuán
   去动物园   동물원에 가다

4. 感到 _____
   gǎndào kāixīn
   感到开心   기쁘다

5. 开会的 _____
   kāihuì de tōngzhī
   开会的通知   회의를 한다는 소식

6. _____ 的衣服
   báisè de yīfu
   白色的衣服   흰색의 옷

7. 休息 _____
   xiūxi yíhuìr
   休息一会儿   잠시 쉬다

8. 弹了 _____
   tánle gāngqín
   弹了钢琴   피아노를 쳤다

2 주의해야 할 성조 변화 짚고 넘어가기 🎧 제1부분_기초_02

주의해야 할 성조 변화를 조금 더 집중적으로 익혀보아요. 두 번씩 읽어주는 음성을 듣고 큰 소리로 여러 번 따라 말하면서 정확한 성조를 익혀보세요.

1. 3성의 성조 변화

3성은 뒤에 오는 글자의 성조에 따라 반3성 또는 2성으로 성조가 바뀌어요. 이때 표기는 3성을 그대로 유지해요.

- **3성 + 1, 2, 4, 경성 → 반3성 + 1, 2, 4, 경성**

    3성 뒤에 1, 2, 4, 경성이 오면 앞의 3성은 반3성으로 바뀌어요. 반3성은 내려가는 부분까지만 발음해요.

    | xǔduō 许多 많다 | xiǎoshí 小时 시간 | shǐyòng 使用 사용하다 | wǒ de àihào 我的爱好 나의 취미 |

- **3성 + 3성 → 2성 + 3성**

    3성 뒤에 3성이 오면 앞의 3성은 2성으로 발음해요.

    | dǎsǎo 打扫 청소하다 | yǔfǎ 语法 문법 | yǔnxǔ 允许 허락하다 |

- **3성 + 3성 + 3성 → 2성 + 2성 + 3성**

    3성이 세 번 연달아 오면 일반적으로 마지막 3성만 원래 성조대로 발음하고, 앞의 나머지 성조는 2성으로 발음해요.

    | mǎi shuǐguǒ 买水果 과일을 사다 | hěn jiǔ yǐqián 很久以前 오래 전 |

2. 不(bù)의 성조 변화

不(bù)는 뒤에 오는 글자의 성조 따라 원래 성조인 4성으로 발음하거나 2성으로 성조가 바뀌어요.

- **不(bù) + 1, 2, 3성**

    不 뒤에 1, 2, 3성이 오면 不는 원래 성조인 4성(bù)으로 발음해요.

    | bù hē 不喝 마시지 않다 | bù néng 不能 ~를 하면 안 된다 | bù yǔnxǔ 不允许 금지하다 |

- **不(bú) + 4성**

    不 뒤에 4성이 오면 不는 2성(bú)으로 발음하고, 성조도 2성(bú)으로 표기해요.

    | bú shì 不是 ~이 아니다 | búyào 不要 ~하지 마라 | búcuò 不错 좋다, 나쁘지 않다 |

3. 一(yī) 의 성조 변화

一(yī)는 뒤에 오는 글자의 성조 따라 4성 또는 2성으로 성조가 바뀌어요. 一(yī)가 단독 또는 서수로 쓰일 때에만 원래 성조인 1성(yī)으로 발음해요.

- 一(yì) + 1, 2, 3성

  一 뒤에 1, 2, 3성이 오면 一는 4성(yì)으로 발음하고, 성조도 4성(yì)으로 표기해요.

yì zhāng	yìzhí	yìqǐ
一张 한 장	一直 계속	一起 함께, 같이

- 一(yí) + 4성

  一 뒤에 4성이 오면 一는 2성(yí)으로 발음하고, 성조도 2성(yí)으로 표기해요.

yí jiàn	shì yíxià	yídìng
一件 한 벌	试一下 입어보다, 시도해보다	一定 반드시

확인학습

🎧 제1부분_기초_02_확인학습

밑줄 친 부분에 특히 집중하여 듣고 따라 말해보세요. 각 표현은 총 2회 들려줍니다.

1. _____ 顺利

    정답 yíqiè shùnlì
    一切顺利 모든 것이 순조롭다

2. _____ 使用

    bú yuànyì shǐyòng
    不愿意使用 사용하길 원치 않는다

3. _____ 的结果

    jiǎnchá de jiéguǒ
    检查的结果 검사의 결과

4. _____ 能力

    lǐjiě nénglì
    理解能力 이해 능력

5. 天气 _____

    tiānqì bù lěng
    天气不冷 날씨가 춥지 않다

6. 好吃的 _____

    hǎochī de bǐnggān
    好吃的饼干 맛있는 과자

7. 高了 _____

    gāo le yìxiē
    高了一些 (키가) 조금 컸다, 조금 높아졌다

8. _____ 瘦了

    nǐ bǐ yǐqián shòu le
    你比以前瘦了 당신은 예전보다 말랐어요

스텝별 전략 익히기

문장을 듣고 정확한 발음과 성조로 따라 말할 수 있도록 스텝별 전략을 익혀두세요.

STEP 1   발음과 성조에 유의하며 문장 듣기 [음성 듣는 시간 약 3초~5초]

문장을 들을 때에는 특히 어려운 발음과 주의해야 할 성조 변화에 유의하며 들으세요. 이때, 음성에 최대한 집중해서 문장에 나오는 표현을 한 덩어리로 듣는 것이 중요해요.

(예)

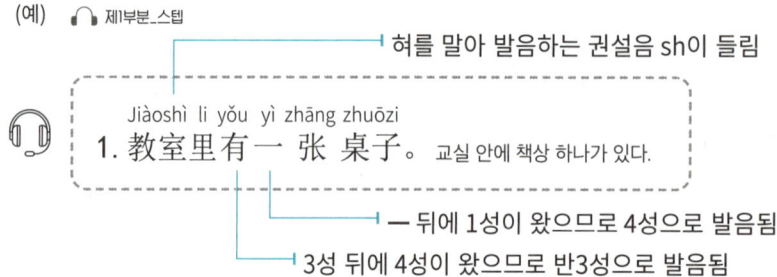

- 혀를 말아 발음하는 권설음 sh이 들림
- 一 뒤에 1성이 왔으므로 4성으로 발음됨
- 3성 뒤에 4성이 왔으므로 반3성으로 발음됨

Jiàoshì li yǒu yì zhāng zhuōzi
1. 教室里有一张桌子。 교실 안에 책상 하나가 있다.

STEP 2   큰 소리로 또박또박 문장 말하기 [답변 시간 약 10초]

'삐' 소리가 나면, 앞서 들은 문장을 큰 소리로 또박또박 말하세요. 이때, STEP 1에서 유의하며 들은 발음과 성조를 잘 떠올리며 문장을 말하세요. 문장 말하기를 끝내면 다음 문장에 집중할 수 있도록 준비하세요.

Tip! ① 약 10초의 답변 시간은 충분하므로, 천천히 말하더라도 실수 없이 들은 문장을 말하도록 하세요.
② 주변에 있는 응시자들의 소리에 신경 쓰지 말고, 자신감을 가지고 큰 소리로 또박또박 말하세요.
③ 문장을 완벽하게 기억하지 못했더라도, 들은 소리를 기억하며 최대한 비슷하게 말하세요.

(예)

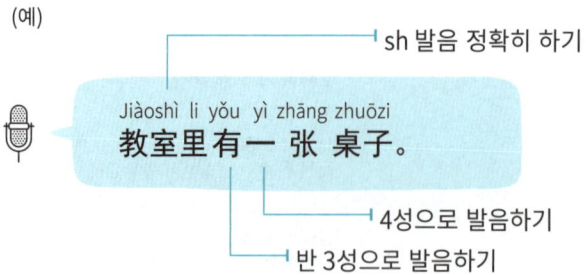

- sh 발음 정확히 하기
- 4성으로 발음하기
- 반 3성으로 발음하기

Jiàoshì li yǒu yì zhāng zhuōzi
教室里有一张桌子。

실전연습 🎧 제1부분_스텝_실전연습

앞에서 배운 전략을 사용하여, STEP 1에서 문장을 듣고, 들은 문장을 STEP 2에서 말해보세요.

1. **STEP 1** 발음과 성조에 유의하며 문장 듣기 ➡ **STEP 2** 큰 소리로 또박또박 문장 말하기

   Wǒ jiā de kōngtiáo huài le.
   我家的空调坏了。
   우리 집의 에어컨이 고장났다.

2. **STEP 1** 발음과 성조에 유의하며 문장 듣기 ➡ **STEP 2** 큰 소리로 또박또박 문장 말하기

   Jīntiān de tāng yǒudiǎnr xián.
   今天的汤有点儿咸。
   오늘 만든 국은 조금 짜다.

3. **STEP 1** 발음과 성조에 유의하며 문장 듣기 ➡ **STEP 2** 큰 소리로 또박또박 문장 말하기

   Wǒ dǎsuan zhōumò qù lǚxíng.
   我打算周末去旅行。
   나는 주말에 여행을 갈 예정이다.

4. **STEP 1** 발음과 성조에 유의하며 문장 듣기 ➡ **STEP 2** 큰 소리로 또박또박 문장 말하기

   Wǒ duì Zhōngguó gōngfu hěn gǎn xìngqù.
   我对中国功夫很感兴趣。
   나는 중국 무술에 관심이 있다.

5. **STEP 1** 발음과 성조에 유의하며 문장 듣기 ➡ **STEP 2** 큰 소리로 또박또박 문장 말하기

   Shàngkè de shíhou bù néng liáotiān.
   上课的时候不能聊天。
   수업할 때는 잡담을 하면 안 된다.

6. **STEP 1** 발음과 성조에 유의하며 문장 듣기 ➡ **STEP 2** 큰 소리로 또박또박 문장 말하기

   Gōngzuò zhīqián yīnggāi yào yǒu jìhuà.
   工作之前应该要有计划。
   업무를 하기 전에는 계획이 있어야 한다.

유형별 공략하기

MP3 바로듣기

제1부분에서는 일상생활, 여가 활동, 학교·회사와 관련된 문장이 출제돼요. 이와 관련된 문장을 듣고 따라 말할 수 있도록 자주 출제되는 문장을 익혀보세요. 처음에는 문장을 보지 않고 음성만 듣고 따라 말하고, 그 다음에는 문장을 보면서 음성을 듣고 따라 말해보세요. 마지막으로 다시 문장을 보지 않고 음성만 듣고 따라 말해보세요. 각 문장은 총 3회 들려줍니다.

1 일상생활 관련 문장   🎧 제1부분_유형_01_일상생활

인간관계

> 파란색으로 표시된 부분은 한 덩어리로 특히 더 잘 익혀두세요.

01 Tā kàn qǐlai fēicháng shēngqì.
她看起来非常生气。
그녀는 매우 화나 보인다.

02 Línjū ǒu'ěr huì dǎsǎo jiēdào.
邻居偶尔会打扫街道。
이웃은 가끔 거리를 청소한다.

03 Tā liǎ xiǎng zài míngnián jiéhūn.
他俩想在明年结婚。
그 둘은 내년에 결혼을 하려고 한다.

04 Nǐ bǐ yǐqián shòu le hěn duō.
你比以前瘦了很多。
당신은 예전보다 많이 말랐어요.
瘦 [형] 마르다

05 Xièxie nǐ péi wǒ guò shēngrì.
谢谢你陪我过生日。
제 생일을 함께 보내줘서 고마워요.
陪 [동] 함께하다

06 Nǐ yīnggāi duì zìjǐ yǒu xìnxīn.
你应该对自己有信心。
당신은 스스로에 대해 자신감이 있어야 해요.

07 Duìbuqǐ, ràng nǐ dānxīn le.
对不起，让你担心了。
죄송합니다. 당신을 걱정시켰어요.

08 Tā zhège rén hěn ràng rén fàngxīn.
他这个人很让人放心。
그는 사람을 안심하게 한다.

09 Ràng wǒ bāng nǐ bān bīngxiāng ba.
让我帮你搬冰箱吧。
제가 당신을 도와 냉장고를 옮겨 줄게요.
搬 [동] 옮기다

10 Nǐmen juédìng shénme shíhou jiànmiàn?
你们决定什么时候见面？
당신들은 언제 만나기로 결정했나요?

11 Wǒmen hěn jiǔ yǐqián jiù rènshi le.
我们很久以前就认识了。
우리는 오래 전부터 알았다.

12 Nàge shīfu rèqíng de hé wǒ dǎle zhāohu.
那个师傅热情地和我打了招呼。
그 기사님은 친절하게 나에게 인사를 했다.

13 Wǒ xiāngxìn nǐ shì yí ge chéngshí de rén.
我相信你是一个诚实的人。
나는 당신이 성실한 사람이라는 것을 믿어요.

14 Tā bǎ zhè cì yuēhuì kàn de hěn zhòngyào.
她把这次约会看得很重要。
그녀는 이번 약속을 중요하게 생각한다.

가정·음식

15 Chūmén qián qǐng guānhǎo dēng.
出门前请关好灯。
외출 전에 불을 끄세요.

16 Búyào yìzhí kāizhe kōngtiáo.
不要一直开着空调。
계속 에어컨을 틀어 놓지 마세요.

17 Yīnggāi bǎ jiànkāng fàngzài dìyī wèi.
应该把健康放在第一位。
건강을 첫 번째로 두어야 한다.

18 Jiějie shēngle ge kě'ài de nǚ'ér.
姐姐生了个可爱的女儿。
언니가 귀여운 딸을 낳았다.

19 Duìbuqǐ, qǐng guān yíxià chuānghu.
对不起，请关一下窗户。
죄송합니다. 창문을 좀 닫아주세요.

20 Tā bǎ fángjiān dǎsǎo de fēicháng gānjìng.
他把房间打扫得非常干净。
그는 방을 매우 깨끗하게 청소했다.

21 Qǐng bāng wǒ bǎ zhè zhāng zhuōzi bāndào fángjiān li.
请帮我把这张桌子搬到房间里。
저를 도와 이 책상을 방 안으로 옮겨주세요.

22 Běifāngrén xǐhuan chī jiǎozi.
北方人喜欢吃饺子。
북방사람들은 만두 먹는 것을 좋아한다.

23 Lǐ āyí qù chúfáng zuòfàn le.
李阿姨去厨房做饭了。
리 아주머니는 밥을 하러 주방에 갔다.   厨房 명 주방

24 Bīngxiāng li fàngzhe jǐ píng píjiǔ.
冰箱里放着几瓶啤酒。
냉장고 안에 맥주 몇 병이 있다.

25 Zhè jiā diàn mài de yú fēicháng xīnxiān.
这家店卖的鱼非常新鲜。
그 가게는 파는 생선이 매우 신선하다.

26 Zhège miàntiáo shízài shì tài là le.
这个面条实在是太辣了。
이 국수는 정말이지 너무 맵다.   辣 형 맵다

27 Mèimei duì zuò dàngāo hěn gǎn xìngqù.
妹妹对做蛋糕很感兴趣。
여동생은 케이크를 만드는 것에 흥미가 있다.

28 Tài hǎo le, càidān shang yǒu wǒ xiǎng hē de yǐnliào.
太好了，菜单上有我想喝的饮料。
너무 잘 됐어요. 메뉴에 제가 마시고 싶은 음료가 있네요.

교통·수칙

29 Zhè tiáo lù bù néng zuǒ zhuǎn.
这条路不能左转。
이 길에서는 좌회전을 할 수 없다.

30 Zhèli dǔchē tài yánzhòng le.
这里堵车太严重了。
이곳은 차가 매우 심하게 막혀요.

31 Nà tàng chē yǐjīng chūfā le.
那趟车已经出发了。
그 차는 이미 출발했다.   趟 양 차례, 번

32 Wǒ měitiān zuò dìtiě chūmén.
我每天坐地铁出门。
나는 매일 지하철을 타고 외출을 한다.

33 Jīntiān gāosù gōnglù shang chē duō ma?
今天高速公路上车多吗？
오늘 고속도로에 차가 많나요?

34 Tā duì zhèli de jiēdào hěn shúxi.
他对这里的街道很熟悉。
그는 이곳의 거리에 매우 익숙하다.   熟悉 동 익숙하다

파란색으로 표시된 부분은 한 덩어리로 특히 더 잘 익혀두세요.

35　Wǒ xiànzài mǎshàng kāichē qù jīchǎng.
我现在马上开车去机场。
제가 지금 바로 운전해서 공항으로 갈게요.

36　Wǒ lái chá yíxià xiànzài de jiāotōng qíngkuàng.
我来查一下现在的交通情况。
제가 지금의 교통 상황을 찾아보겠습니다.

37　Bù néng zài cèsuǒ chōuyān.
不能在厕所抽烟。
화장실에서 담배를 피면 안 된다.　　抽烟 담배를 피우다

38　Zhèli bù yǔnxǔ mài dōngxi.
这里不允许卖东西。
여기에서 물건을 판매하면 안 된다.

39　Nín bìxū páiduì cái néng jìnqu.
您必须排队才能进去。
당신은 반드시 줄을 서야만 들어갈 수 있어요.

40　Túshūguǎn li shì jìnzhǐ dàshēng shuōhuà de.
图书馆里是禁止大声说话的。
도서관 안에서 큰 소리로 말하는 것은 금지되어 있다.

41　Xuéxiào guīdìng xiàonèi bù néng shǐyòng shǒujī.
学校规定校内不能使用手机。
교내에서 휴대폰을 사용하면 안 된다고 학교는 규정하고 있다.

42　Duìbuqǐ, nín bù néng dài kuàngquánshuǐ jìnqu.
对不起，您不能带矿泉水进去。
죄송합니다. 당신은 생수를 가지고 들어갈 수 없습니다.

장소

43　Duìmiàn yǒu ge jiāyóuzhàn.
对面有个加油站。
맞은편에 주유소가 하나 있다.　　加油站 명 주유소

44　Fùjìn méiyǒu wèishēngjiān.
附近没有卫生间。
근처에는 화장실이 없다.

45　Yínháng shàngwǔ jiǔ diǎn kāimén.
银行上午九点开门。
은행은 오전 아홉 시에 문을 연다.

46　Shìnèi de túshūguǎn fēicháng dà.
市内的图书馆非常大。
시내에 있는 도서관은 매우 크다.

47　Zhège bīnguǎn de tiáojiàn hái búcuò.
这个宾馆的条件还不错。
이 호텔의 조건은 나쁘지 않다.

48　Nà jiā cāntīng de fúwù tèbié hǎo.
那家餐厅的服务特别好。
그 식당의 서비스는 매우 좋다.

49　Wǒ yào qù yóujú gěi péngyou jì dōngxi.
我要去邮局给朋友寄东西。
나는 우체국에 가서 친구에게 물건을 부치려고 한다.

50　Wǒ jiā fùjìn de gōngyuán biànhuà hěn dà.
我家附近的公园变化很大。
우리집 근처에 있는 공원은 변화가 크다.

51　Zhè jiā yīyuàn yǒu xǔduō yōuxiù de yīshēng.
这家医院有许多优秀的医生。
이 병원에는 많은 유능한 의사들이 있다.

52　Cóng zhèr dào dàshǐguǎn yào liǎng ge xiǎoshí.
从这儿到大使馆要两个小时。
여기에서 대사관까지는 두 시간이 걸린다.

53　Zhège dìfang hěn shìhé hé péngyou jùhuì.
这个地方很适合和朋友聚会。
이 곳은 친구들과 모임을 하기에 적합하다.

54　Zhè fùjìn yǒu jiā fēicháng yǒumíng de miànbāodiàn.
这附近有家非常有名的面包店。
근처에 매우 유명한 빵집이 있다.

2 여가 활동 관련 문장 🎧 제1부분_유형_02_여가 활동

여행

01 Wǒ hěn xǐhuan lǚyóu.
我很喜欢旅游。
나는 여행을 좋아한다.

02 Wǒ yào hé péngyou qù Běijīng.
我要和朋友去北京。
나는 친구와 베이징에 갈 것이다.

03 Wǒ de xínglǐxiāng bǐjiào dà.
我的行李箱比较大。
나의 여행용 가방은 비교적 크다.

04 Nǐ zuì xiǎng qù nǎge guójiā?
你最想去哪个国家?
당신은 어느 나라에 가장 가고싶나요?

05 Qǐng dàjiā gēnzhe dǎoyóu zǒu.
请大家跟着导游走。
가이드를 따라 가세요.

06 Zhù nǐ zhè cì lǚxíng yúkuài.
祝你这次旅行愉快。
이번 여행이 즐겁기를 바랍니다. 愉快 [형] 즐겁다

07 Dìdi bǎ dēngjīpái nòngdiū le.
弟弟把登机牌弄丢了。
남동생은 탑승권을 잃어버렸다. 登机牌 [명] 탑승권

08 Chūguó shí bìxū yào dài hùzhào.
出国时必须要带护照。
출국할 때는 반드시 여권을 챙겨야 한다.

09 Nàge dìfang xiàtiān hěn liángkuai.
那个地方夏天很凉快。
그 지역의 여름은 시원하다.

10 Bàba méiyǒu tíqián shēnqǐng qiānzhèng.
爸爸没有提前申请签证。
아버지는 비자를 미리 신청하지 않으셨다.

11 Wǒ yǐjīng zài wǎngshàng gòumǎile jīpiào.
我已经在网上购买了机票。
나는 이미 인터넷에서 비행기표를 구매했다.

12 Kuài zǒu, fēijī mǎshàng jiù yào qǐfēi le.
快走,飞机马上就要起飞了。
빨리 가요. 비행기가 곧 이륙할 거예요.

13 Huǒchē lǚxíng shēn shòu niánqīngrén de huānyíng.
火车旅行深受年轻人的欢迎。
기차 여행은 젊은이들에게 인기가 있다.

14 Zhège jìjié chūqu lǚyóu de rén hěn duō.
这个季节出去旅游的人很多。
이 계절에는 여행가는 사람이 많다.

15 Hěn bàoqiàn, zhèlǐ jìnzhǐ shǐyòng zhàoxiàngjī.
很抱歉,这里禁止使用照相机。
죄송합니다. 이곳은 카메라 사용이 금지되어 있습니다.

16 Bā yuèfèn de bīnguǎn jiàgé bǐ píngshí gāo hěn duō.
八月份的宾馆价格比平时高很多。
8월달의 호텔 가격은 평소보다 많이 높다.

17 Yì nián sìjì zhōng wǒ zuì xǐhuan zài qiūtiān lǚyóu.
一年四季中我最喜欢在秋天旅游。
일년 사계절 중 나는 가을에 여행하는 것을 가장 좋아한다.

18 Yīnwèi xià yǔ, wǒ bùdébù qǔxiāole jìhuà.
因为下雨,我不得不取消了计划。
비가 와서, 나는 계획을 취소할 수밖에 없었다.

취미

> 파란색으로 표시된 부분은 한 덩어리로 특히 더 잘 익혀두세요.

19 Jiějie ài kàn diànyǐng.
姐姐爱看电影。
언니는 영화 보는 것을 좋아한다.

20 Xiǎo Wáng píngshí xǐhuan shàngwǎng.
小王平时喜欢上网。
샤오왕은 평소에 인터넷을 하는 것을 좋아한다.

21 Mèimei tiàowǔ tiào de hěn hǎo.
妹妹跳舞跳得很好。
언니는 춤을 매우 잘 춘다.

22 Bàba yǎng de yú dōu hěn guì.
爸爸养的鱼都很贵。
아버지가 키우시는 물고기는 모두 비싸다.

23 Wǒ zuì xǐhuan zài jiā kàn xiǎoshuō.
我最喜欢在家看小说。
나는 집에서 소설 보는 것을 가장 좋아한다.

24 Lǎo Zhāng ǒu'ěr huì qù dǎ pīngpāngqiú.
老张偶尔会去打乒乓球。
라오장은 가끔 탁구를 치러 간다.
偶尔 图 가끔

25 Wǒmen shàng zhōu yìqǐ tánle gāngqín.
我们上周一起弹了钢琴。
우리는 지난 주에 함께 피아노를 쳤다.

26 Nǐ yǒu xìngqù qù hǎibiān yóuyǒng ma?
你有兴趣去海边游泳吗?
해변에 가서 수영할 생각 있어요?

27 Wǒ de àihào shì yǎng gè zhǒng zhíwù.
我的爱好是养各种植物。
나의 취미는 각종 식물을 기르는 것이다.
植物 图 식물

28 Chūntiān shì shìhé páshān de jìjié.
春天是适合爬山的季节。
봄은 등산을 하기에 알맞은 계절이다.

29 Dǎ yǔmáoqiú shì yì zhǒng yǒuqù de yùndòng.
打羽毛球是一种有趣的运动。
배드민턴을 치는 것은 재미있는 운동이다.

30 Qīzi dǎsuan bàomíng cānjiā yóuyǒngbān.
妻子打算报名参加游泳班。
아내는 수영반을 신청할 예정이다.

31 Wǒ jīngcháng tīng nàge gēshǒu de gē.
我经常听那个歌手的歌。
나는 그 가수의 음악을 자주 듣는다.

32 Jīntiān de biǎoyǎn bǐ zuótiān de gèng jīngcǎi.
今天的表演比昨天的更精彩。
오늘 공연은 어제 공연보다 더 훌륭했다.

33 Gēge, Xiǎomíng ràng wǒ jiāo tā dǎ wǎngqiú.
哥哥，小明让我教他打网球。
형, 샤오밍이 저보고 그에게 테니스 치는 것을 가르쳐달래요.

34 Wǒ xǐhuan yāoqǐng péngyoumen lái wǒ jiā wánr.
我喜欢邀请朋友们来我家玩儿。
나는 친구들을 우리집에 초대해서 노는 것을 좋아한다.

35 Tī zúqiú shì wǒ hé dìdi gòngtóng de àihào.
踢足球是我和弟弟共同的爱好。
축구를 하는 것은 나와 남동생의 공통된 취미이다.

36 Wǒmen zuótiān yìqǐ kàn de jīngjù hěn hǎokàn.
我们昨天一起看的京剧很好看。
우리가 어제 함께 본 경극은 재미있었다.

37 Zhè běn xiǎoshuō fēicháng zhídé wǒmen dú yi dú.
这本小说非常值得我们读一读。
이 소설은 우리가 읽어볼만한 가치가 있다.

38 Dǎ wǎngqiú huì ràng nǐ de shēntǐ yuèláiyuè jiànkāng.
打网球会让你的身体越来越健康。
테니스를 치는 것은 당신의 몸을 점점 건강하게 할 것이다.

쇼핑

39
Wǒmen qù gòuwù ba.
我们去购物吧。
우리 쇼핑하러 가요.

40
Wǒ yào mǎi yùndòng xié.
我要买运动鞋。
나는 운동화를 살 것이다.

41
Qǐng nín dào nàbiān fùkuǎn.
请您到那边付款。
저쪽에서 계산하세요.
付款 계산하다

42
Jīntiān de xīguā hěn xīnxiān.
今天的西瓜很新鲜。
오늘 수박은 신선하다.

43
Wǒ děi qù mǎi shuǐguǒ hé niúnǎi.
我得去买水果和牛奶。
저는 과일과 우유를 사러 가야겠어요.

44
Chāoshì de yángròu jīntiān dǎzhé.
超市的羊肉今天打折。
슈퍼마켓의 양고기는 오늘 할인한다.
打折 동 할인하다

45
Wǒ xiǎng yào de píxié zài sān céng.
我想要的皮鞋在三层。
내가 갖고 싶은 구두는 3층에 있다.

46
Qǐngwèn shì zài ménkǒu páiduì ma?
请问是在门口排队吗?
실례하지만 입구에서 기다리는 것인가요?

47
Shāngchǎng de gùkè yuèláiyuè duō le.
商场的顾客越来越多了。
쇼핑 센터의 손님들이 점점 많아진다.

48
Nǎinai kànshàngle yí jiàn yángmáo dàyī.
奶奶看上了一件羊毛大衣。
할머니께서는 양털 자켓을 마음에 들어하셨다.

49
Xīn kāi de chāoshì xīyǐnle xǔduō kèrén.
新开的超市吸引了许多客人。
새로 연 슈퍼마켓은 많은 고객을 사로잡았다.

50
Wǒ bǎ wǒ de xìnyòngkǎ fàngzài jiāli le.
我把我的信用卡放在家里了。
나는 나의 신용카드를 집에 두었다.

51
Māma bǐ wǒ gèng xǐhuan zài wǎngshàng gòuwù.
妈妈比我更喜欢在网上购物。
어머니는 나보다 인터넷에서 쇼핑하는 것을 더 좋아하신다.

52
Zhège jiàgé yǐjīng shì zuì piányi de le.
这个价格已经是最便宜的了。
이 가격은 이미 가장 저렴한 것이에요.

53
Mèimei xiǎng shì yíxià nà tiáo hóngsè de kùzi.
妹妹想试一下那条红色的裤子。
여동생은 그 빨간색 바지를 입어보고 싶어한다.

54
Xiǎo Lǐ duì zhè jiā diàn de fúwù hěn mǎnyì.
小李对这家店的服务很满意。
샤오리는 이 상점 서비스에 만족한다.

55
Zuìjìn hěn duō rén dōu bù xǐhuan shǐyòng xiànjīn.
最近很多人都不喜欢使用现金。
최근 많은 사람들은 현금 사용하는 것을 좋아하지 않는다.

56
Bùhǎoyìsi, zhè bú shì kèrén yòng de diàntī.
不好意思,这不是客人用的电梯。
죄송합니다. 이것은 고객용 엘리베이터가 아닙니다.

57
Duìbuqǐ, nín yào de yánsè yǐjīng màiwán le.
对不起,您要的颜色已经卖完了。
죄송합니다. 원하시는 색상은 이미 다 팔렸습니다.

58
Gè wèi gùkè, wǒmen shāngchǎng yǒu dǎzhé huódòng.
各位顾客,我们商场有打折活动。
고객 여러분, 저희 쇼핑 센터에는 할인 행사가 있습니다.

3 학교·회사 관련 문장

학업·학교생활

파란색으로 표시된 부분은 한 덩어리로 특히 더 잘 익혀두세요.

01 Lǐ jiàoshòu jiāo wǒmen lìshǐ.
李教授教我们历史。
리 교수님은 우리에게 역사를 가르친다.

02 Zhège tí yào zěnme zuò?
这个题要怎么做?
이 문제는 어떻게 푸나요?

03 Jīngcháng yuèdú néng tígāo lǐjiě nénglì.
经常阅读能提高理解能力。
자주 글을 읽는 것은 이해 능력을 높일 수 있다.

04 Wǒ duì yīnyuèkè tèbié gǎn xìngqù.
我对音乐课特别感兴趣。
나는 음악수업에 특히 관심이 있다.

05 Qǐng bǎ zhège cíyǔ zài dú yí biàn.
请把这个词语再读一遍。
이 단어를 다시 한번 읽어보세요.
词语 몡 단어

06 Zhè liǎng ge jùzi de yǔfǎ dōu yǒu wèntí.
这两个句子的语法都有问题。
이 두 문장의 문법은 모두 문제가 있다.

07 Tā zhuānmén yánjiū Zhōngwén hé Zhōngguó wénhuà.
他专门研究中文和中国文化。
그는 전문적으로 중국어와 중국문화를 연구한다.

08 Xué yǔyán xūyào yí ge jīlěi de guòchéng.
学语言需要一个积累的过程。
언어를 배우는 것은 누적하는 과정이 필요하다.

09 Xuéshengmen píngshí yīnggāi duō liànxí pǔtōnghuà.
学生们平时应该多练习普通话。
학생들은 평소에 푸통화를 많이 연습해야 한다.

10 Wǒ yídìng yào rènzhēn de fùxí zhòngdiǎn nèiróng.
我一定要认真地复习重点内容。
나는 반드시 중요한 내용을 열심히 복습할 것이다.

11 Nǐ de kǎoshì chéngjì quèshí yuèláiyuè hǎo le.
你的考试成绩确实越来越好了。
당신의 시험 성적은 확실히 점점 좋아지네요.

12 Xuéxí xīn zhīshi de guòchéng ràng wǒ shífēn kuàilè.
学习新知识的过程让我十分快乐。
새로운 지식을 배우는 과정은 나를 아주 즐겁게 한다.

13 Míngtiān de kè búyào chídào.
明天的课不要迟到。
내일 수업은 지각하지 마세요.

14 Wǒ yào cānjiā xuéxiào de lánqiú bǐsài.
我要参加学校的篮球比赛。
나는 학교 농구 경기에 참석하려고 한다.

15 Zhāng jiàoshòu yīngyǔ shuō de hěn liúlì.
张教授英语说得很流利。
장 교수님은 영어를 유창하게 하신다.

16 Wǒ bǎ shū fàngzài nǐ de zhuōzi shang le.
我把书放在你的桌子上了。
제가 책을 당신의 책상 위에 두었어요.

17 Lǎo Wáng shì ge jiàoxué jīngyàn fēngfù de lǎoshī.
老王是个教学经验丰富的老师。
라오왕은 지도 경험이 풍부한 선생님이다.

18 Lǎoshī gàosu wǒmen míngtiān kǎoshì de shíjiān.
老师告诉我们明天考试的时间。
선생님께서 우리에게 내일 시험 시간을 알려주셨다.

업무·직장생활

19
Wǒ měitiān yào zuò de gōngzuò hěn duō.
我每天要做的工作很多。
나는 매일 해야하는 업무가 많다.

20
Míngtiān de huìyì wǔ diǎn jiéshù.
明天的会议五点结束。
내일 회의는 다섯 시에 끝난다.

21
Wǒ zuìjìn gōngzuò yālì tǐng dà de.
我最近工作压力挺大的。
나는 최근에 업무 스트레스가 아주 크다.

22
Shì nǐ qù kāihuì, háishi tā qù?
是你去开会,还是他去?
회의를 하러 당신이 가나요, 아니면 그가 가나요?

23
Zhè fèn cáiliào de nèiróng yǒu cuòwù.
这份材料的内容有错误。
이 자료의 내용에 오류가 있다.

24
Tā zhōngyú jiějuéle nàge wèntí.
他终于解决了那个问题。
그는 드디어 그 문제를 해결했다.

25
Wáng jīnglǐ zhǔyào fùzé guǎnlǐ gùkè.
王经理主要负责管理顾客。
왕 매니저는 주로 고객 관리를 책임진다.

26
Fàngxīn, wǒ huì ànshí wánchéng gōngzuò de.
放心,我会按时完成工作的。
안심하세요. 제가 제때 업무를 완수할게요.

27
Jīnglǐ duì wǒ fānyì de cáiliào fēicháng mǎnyì.
经理对我翻译的材料非常满意。
매니저는 내가 번역한 자료에 대해 매우 만족했다.

28
Hěn bàoqiàn, wǒ méi shōudào nǐ fā de diànzǐ yóujiàn.
很抱歉,我没收到你发的电子邮件。
정말 죄송합니다. 저는 당신이 보낸 이메일을 못 받았어요.

29
Bàngōngshì li fēicháng ānjìng.
办公室里非常安静。
사무실 안이 매우 조용하다.

30
Nǐ zěnme měitiān dōu jiābān?
你怎么每天都加班?
당신은 왜 매일 야근하나요?
加班 동 야근하다

31
Tā jīnnián huòdéle jiǎngjīn.
他今年获得了奖金。
그는 올해 상여금을 받았다.

32
Wǒ jīntiān xiàng gōngsī qǐngjià le.
我今天向公司请假了。
나는 오늘 회사에 휴가를 냈다.

33
Wǒ bèi ānpái qù Běijīng chūchāi.
我被安排去北京出差。
내가 베이징으로 출장가는 것으로 정해졌다.
出差 동 출장가다

34
Mǎ lǜshī de diànhuà yìzhí zhànxiàn.
马律师的电话一直占线。
마 변호사님은 계속 통화 중이다.

35
Wǒ duì xiànzài de shōurù hěn bù mǎnyì.
我对现在的收入很不满意。
나는 지금의 수입에 대해 불만족스럽다.

36
Jìzhě shì yí ge xūyào nàixīn de zhíyè.
记者是一个需要耐心的职业。
기자는 인내심이 필요한 직업이다.

37
Gùkè gěi wǒmen tíchūle xiángxì de yìjiàn.
顾客给我们提出了详细的意见。
고객들이 우리에게 상세한 의견을 제안해주었다.

38
Tóngshì yào qù jīchǎng jiē yí wèi zhòngyào de kèrén.
同事要去机场接一位重要的客人。
동료는 공항으로 중요한 고객을 데리러 가야한다.

실전연습

문장을 듣고 '삐' 소리가 나면, 주어진 답변 시간 내에 들은 문장을 따라 말해보세요. 그다음 정답(p.130)을 보며 큰 소리로 다시 따라 읽어보세요.

[연습 1] 🎧 제1부분_유형_연습_1

1.
2.
3.
4.
5.
6.
7.
8.
9.
10.

[연습 2] 🎧 제1부분_유형_연습_2

1.
2.
3.
4.
5.
6.
7.
8.
9.
10.

[연습 3] 제1부분_유형_연습_3

1.
2.
3.
4.
5.
6.
7.
8.
9.
10.

[연습 4] 제1부분_유형_연습_4

1.
2.
3.
4.
5.
6.
7.
8.
9.
10.

정답 및 해석 p.130

실전테스트

실제로 시험에 응시하는 것처럼, 음원에 따라 문장을 듣고 따라 말해보세요.

[테스트 1] 🎧 제1부분_실전테스트_1

1-10

[테스트 2] 제1부분_실전테스트_2

1-10

본교재동영상강의·무료학습자료제공
china.Hackers.com

제2부분

사진보고 이야기하기
看图说话

기초 다지기

스텝별 전략 익히기

STEP 1   이야기 주제 정하고 답변 연습하면서 핵심 표현 메모하기
STEP 2   메모한 표현과 답변 템플릿을 활용하여 답변하기

유형별 공략하기

1   여가 활동 관련 사진
2   일상생활 관련 사진
3   학교 관련 사진
4   회사 관련 사진

실전테스트

제2부분 알아보기

제2부분 '사진보고 이야기하기'는 여가 활동, 일상생활, 학교, 회사 등과 관련된 사진을 보고, 해당 사진과 관련된 내용을 이야기하는 부분이에요.

■ 출제 개요

문제 번호	11번, 12번	합격을 위한 답변 포인트	☑ 사진과 관련된 내용으로 말하기
문제 수	2개		☑ 자연스럽고 유창하게 말하기
답변 준비 시간	총 10분 2, 3부분이 합쳐진 준비 시간이에요.		☑ 발음 및 성조를 정확하게 하기
			☑ 문법적 오류가 없게 말하기
문제 당 답변 시간	각 2분		☑ 중간에 멈추지 않고 말하기

■ 시험 진행 순서

↳ 타이머가 제시돼요.

↳ 문제 번호가 표시돼요.

1. 디렉션 & 답변 준비 시간 [10분]

10분 동안 제2~3부분 총 4문제(11~14번)에 대한 답변 준비를 모두 끝내야 해요.

제1부분이 끝나면, 화면에는 11번 문제와 메모 작성란이 제시되고, 답변 준비 시간이 10분이라는 음성이 나와요. 음성이 끝나면 화면 오른쪽 상단의 타이머가 10분으로 바뀌고 시간이 카운트돼요.

[음성] 好，现在开始准备第11到14题。可以在试卷上写提纲。
准备时间为10分钟。

그럼, 지금부터 11번~14번 문제를 준비하세요. 시험지에 개요를 메모해도 좋습니다. 준비 시간은 10분입니다.

제2부분 11~12번은 한 문제당 약 2분, 제3부분 13~14번은 한 문제당 약 3분을 써서 답변을 준비해요. 화면 왼쪽의 문제 번호를 클릭하면 해당 문제를 바로 볼 수 있어요.

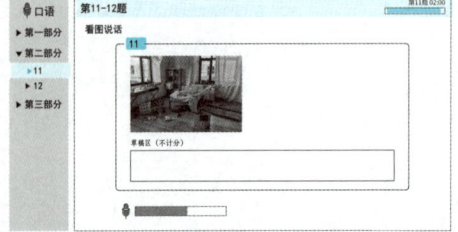

2. 답변 시간 [2분]

10분의 답변 준비 시간이 끝나면 화면에는 11번 문제와 메모 작성란이 보여지면서 지금부터 11번 문제의 답변을 시작하라는 음성이 나와요. 음성이 끝나면 화면 오른쪽 상단의 타이머가 2분으로 바뀌고 시간이 카운트 돼요. 11번 문제의 답변 시간이 끝나면 자동으로 12번 문제로 넘어가고 답변 시간이 2분 주어져요.

[음성] 准备时间结束。现在开始第11题。

준비 시간이 끝났습니다. 지금부터 11번 문제를 시작하세요.

■ 출제 경향

제2부분에서는 여가 활동, 일상생활, 학교, 회사와 관련된 다양한 주제의 사진이 출제돼요.

여가 활동	캐리어 끌고 여행가는 사진, 함께 스포츠 경기를 보는 사진, 음악 듣고 있는 사진 등
일상생활	요리하는 사진, 사람을 위로하는 사진, 차를 수리하는 사진 등
학교	수업 중인 사진, 숙제하고 있는 사진, 졸업식에서 부모님과 함께 있는 사진 등
회사	구직에 성공한 사진, 회의 중인 직원들의 사진, 노트북으로 일하는 사진 등

■ 합격 비법

1. 제시된 사진과 관련 있는 이야기를 구성하여 답변하세요.

제시된 사진에는 주로 인물의 행동이나 처한 상황이 부각되어 있어요. 따라서 사진과 관련하여 일어날 법한 일을 상상하거나 자신의 경험을 토대로 이야기를 구성해서 답변하세요.

2. 사진과 관련 있는 다양한 표현을 익혀서 풍부한 내용으로 유창하게 답변하세요.

제2부분은 사진과 관련 있는 다양한 표현을 사용해서, 중간에 멈추지 않고, 풍부한 내용으로 유창하게 답변하는 것이 중요해요. 따라서 실제 시험장에서 다양한 표현을 재빨리 떠올려서 막힘없이 답변할 수 있도록, 대표 활용 표현과 대표 문제의 모범답변을 꾸준히 익혀두세요.

3. 주어진 시간을 효율적으로 사용할 수 있도록 만능 답변 템플릿을 익혀두세요.

제2부분은 2분의 답변 시간을 효율적으로 사용하는 것이 중요해요. 따라서 만능 답변 템플릿(p.43)을 익혀두면 주어진 준비 시간 안에 사진과 관련 있는 이야기를 좀 더 쉽고 짜임새 있게 말할 수 있어요.

기초 다지기

MP3 바로듣기

1 이야기를 짜임새 있게 말할 때 쓰이는 표현 익히기 🎧 제2부분_기초_01

제2부분에서 사진을 보고 답변의 뼈대를 쉽게 세울 수 있도록 이야기의 도입을 말할 때, 세부 내용을 말할 때, 느낀 점이나 생각을 말할 때 쓸 수 있는 표현과 같이 답변에 자주 사용되는 표현들을 음성으로 듣고 큰 소리로 따라하며 익혀두세요.

1. 이야기의 도입을 말할 때 쓰이는 표현

01
Shàng ge xīngqī wǒ
上个星期我 [   ]。

지난주에 저는 ~

Shàng ge xīngqī wǒ hé fùmǔ yìqǐ cānjiāle bìyè huódòng.
上个星期我和父母一起参加了毕业活动。
지난주에 저는 부모님과 함께 졸업 행사에 참여했습니다.

02
Wǒ zuìjìn
我最近 [   ]。

저는 최근에 ~

Wǒ zuìjìn zài túshūguǎn dúle xiǎoshuō.
我最近在图书馆读了小说。
저는 최근에 도서관에서 소설을 읽었습니다.

2. 이야기의 세부 내용을 말할 때 쓰이는 표현

01
Jùtǐ de qíngkuàng shì zhèyàng de. Dāngshí
具体的情况是这样的。当时 [   ]。

구체적인 상황은 이러했습니다. 당시 ~

Jùtǐ de qíngkuàng shì zhèyàng de. Dāngshí wǒ dùzi hěn téng, hái fāshāo le.
具体的情况是这样的。当时我肚子很疼，还发烧了。
구체적인 상황은 이러했습니다. 당시 저는 배가 아팠고, 열도 났습니다.

02
Shìqing de jīngguò shì zhèyàng de. Nàtiān
事情的经过是这样的。那天 [   ]。

일의 과정은 이러했습니다. 그날 ~

Shìqing de jīngguò shì zhèyàng de. Nàtiān shàng shùxuékè de shíhou, lǎoshī jiǎngle hěn duō xīn de nèiróng.
事情的经过是这样的。那天上数学课的时候，老师讲了很多新的内容。
일의 과정은 이러했습니다. 그날 수학 수업 시간에 선생님께서는 새로운 내용들을 많이 설명해 주셨습니다.

3. 이야기를 통해 느낀 점이나 생각을 말할 때 쓰이는 표현

01
Zhè ràng wǒ juéde
这让我觉得[   ]。

이는 저로 하여금 ~을 느끼게 했습니다.

Zhè ràng wǒ juéde hé zhàngfu yìqǐ zuò fàn shì yí jiàn hěn yǒuqù de shì.
这让我觉得和丈夫一起做饭是一件很有趣的事。
이는 저로 하여금 남편과 함께 요리하는 것은 즐거운 일이라는 것을 느끼게 했습니다.

02
Tōngguò zhè jiàn shì, wǒ míngbaile
通过这件事，我明白了[   ]。

이 일을 통해 저는 ~을 알게 되었습니다.

Tōngguò zhè jiàn shì, wǒ míngbaile péngyou de zhīchí hěn zhòngyào.
通过这件事，我明白了朋友的支持很重要。
이 일을 통해 저는 친구의 지지가 중요하다는 것을 알게 되었습니다.

확인학습 🎧 제2부분_기초_01_확인학습

먼저 우리말을 보며 중국어 문장을 완성하여 스스로 말해보세요. 그다음 음성을 들으면서 큰 소리로 따라 말해보세요.

1. 저는 최근에 여동생과 함께 중국으로 여행을 갔습니다.

   🎤 _____ gēn mèimei yìqǐ qù Zhōngguó lǚyóu le.
   _____ 跟妹妹一起去中国旅游了。

2. 이 일을 통해 저는 꾸준히 하면 성공할 수 있다는 것을 알게 되었습니다.

   🎤 _____ jiānchí jiù néng chénggōng.
   _____ 坚持就能成功。

3. 구체적인 상황은 이러했습니다. 당시 저는 그 회사에 일찍 갔습니다.

   🎤 _____ wǒ hěn zǎo jiù qùle nà jiā gōngsī.
   _____ 我很早就去了那家公司。

4. 일의 과정은 이러했습니다. 그날 사소한 일 때문에 저는 친구와 서로 오해하게 되었습니다.

   🎤 _____ yīnwèi yí jiàn xiǎoshì, wǒ hé péngyou hùxiāng wùhuì le.
   _____ 因为一件小事，我和朋友互相误会了。

정답 1. 我最近 2. 通过这件事，我明白了 3. 具体的情况是这样的。当时 4. 事情的经过是这样的。那天

2 일의 상황이나 진행된 과정을 말할 때 쓰이는 표현 익히기 🎧 제2부분_기초_02

제2부분에서 이야기의 세부 내용을 말할 때 사용할 수 있는 다양한 표현을 익혀두세요.

1. 두 가지 동작을 동시에 하고 있을 때 쓰이는 표현

> yìbiān…yìbiān…
> 一边…一边…

~을 하면서 ~하다

Wǒ yìbiān dú xiǎoshuō, yìbiān xiěxiale zìjǐ de xiǎngfǎ.
我一边读小说，一边写下了自己的想法。
저는 소설을 읽으면서 제 생각을 써내려갔습니다.

2. 어떤 행위를 해본 적이 없음을 나타낼 때 쓰이는 표현

> cónglái méi(yǒu)…guo…
> 从来没(有)…过…

지금까지 ~한 적이 없다

Wǒ cónglái méi jiànguo tā kū de nàme shāngxīn.
我从来没见过她哭得那么伤心。
저는 지금까지 그녀가 그렇게 슬프게 우는 것을 본 적이 없었습니다.

3. 목적을 나타낼 때 쓰이는 표현

> wèile…
> 为了…

~하기 위해, ~을 위해

Wèile zhùhè wǒ shùnlì bìyè, fùmǔ láidàole wǒ de xuéxiào.
为了祝贺我顺利毕业，父母来到了我的学校。
제가 순조롭게 졸업한 것을 축하하기 위해 부모님이 우리 학교에 오셨습니다.

Wèile nà cì huódòng, wǒmen měitiān xiàkè hòu dōu qù liànxí le.
为了那次活动，我们每天下课后都去练习了。
그 행사를 위해 저희는 매일 수업이 끝난 후에 연습을 하러 갔습니다.

4. 전환을 나타낼 때 쓰이는 표현

> suīrán…, dàn(shì)…
> 虽然…，但(是)…

비록 ~이지만, 그러나 ~

Suīrán wǒ hěn hàipà, dàn háishi yǒnggǎn de dǎzhēn le.
虽然我很害怕，但还是勇敢地打针了。
비록 저는 두려웠지만, 그러나 용감하게 주사를 맞았습니다.

5. 점층을 나타낼 때 쓰이는 표현

..., érqiě...
···, 而且···
~, 게다가 ~

Wǒ fāxiàn zǎoshang kōngqì xīnxiān, érqiě hěn duō rén lái gōngyuán zuò yùndòng.
我发现早上空气新鲜，而且很多人来公园做运动。
저는 아침에 공기가 신선하고, 게다가 많은 사람이 공원에 와서 운동한다는 것을 발견했습니다.

6. 결과를 나타낼 때 쓰이는 표현

..., suǒyǐ...
···, 所以···
~, 그래서 ~

Zhè shì wǒ de dìyī ge rènwu, suǒyǐ xiǎng hǎohāo de wánchéng tā.
这是我的第一个任务，所以想好好地完成它。
이것은 저의 첫 번째 임무입니다. 그래서 잘 완성하고 싶었습니다.

확인학습
제2부분_기초_02_확인학습

먼저 우리말을 보며 중국어 문장을 완성하여 스스로 말해보세요. 그다음 음성을 들으면서 큰 소리로 따라 말해보세요.

1. 푹 쉬기 위해, 저는 토요일에 아무 데도 가지 않고 집에만 있기로 했습니다.

   hǎohāo xiūxi, wǒ juédìng zhōuliù nǎli dōu bú qù, zhǐ zài jiāli.
   _____ 好好休息，我决定周六哪里都不去，只在家里。

2. 저는 돌아다니면서 가게에 있는 옷을 구경했습니다.

   Wǒ   guàng   kàn diànli de yīfu.
   我_____逛_____看店里的衣服。

3. 여동생은 배드민턴을 잘 칩니다. 그래서 그녀는 저에게 어떻게 치는지 가르쳐주었습니다.

   Mèimei hěn huì dǎ yǔmáoqiú,   tā jiāole wǒ zěnme dǎ.
   妹妹很会打羽毛球，_____她教了我怎么打。

4. 저는 지금까지 부모님께 저의 대학생활에 대해 이렇게 자세히 얘기해 본 적이 없습니다.

   Wǒ   zhème xiángxì de duì fùmǔ jiǎng   wǒ de dàxué shēnghuó.
   我_____这么详细地对父母讲_____我的大学生活。

 정답 1. 为了   2. 一边…一边…   3. 所以   4. 从来没有…过

스텝별 전략 익히기

준비 시간 동안 사진 관련 답변 내용을 연습하고, 답변 시간 동안 짜임새 있게 말할 수 있도록 스텝별 전략 익히기를 익혀두세요.

STEP 1   이야기 주제 정하고 답변 연습하면서 핵심 표현 메모하기 [준비 시간 문제당 약 2분 사용하기]

· 화면에 제시된 사진을 보자마자 이야기 주제와 '나'로 설정할 인물을 재빨리 정하고, 사진 속 상황이나 인물들의 행동 및 표현 등을 토대로 즉시 중국어로 답변을 말해보면서, 동시에 잊지 말아야 할 핵심 표현을 중국어로 메모하세요. 이때 만능 답변 템플릿을 활용하면 짜임새 있는 답변을 좀 더 쉽고 빠르게 준비할 수 있어요.

· 메모는 이야기 도입 1개, 세부 내용 4~6개, 느낀 점 및 생각 1~2개 정도 작성하면 수월하게 답변을 할 수 있어요.

· 시간적 여유가 없으므로, 우리말로 이야기 전체를 구상한 다음 중국어로 말해보는 것보다, 주제와 '나'를 정한 즉시 곧바로 중국어 말하기를 시작하는 것이 답변 준비에 더 유리해요.

Tip! · 주어진 10분 동안 제2, 3부분 4문제의 답변을 모두 준비해야 하므로 하나의 문제에 너무 오래 머물러 있지 않도록 주의해야 해요.
   · 휴대폰 타이머를 10분으로 맞춰 놓고 그중 2분이 어느 정도인지 체감하면서 연습하면 도움이 돼요.

(예)

→ "친구들과 함께 생일을 보냈다."

눈이 가려진 남자를 '나'로 설정해요.

<이야기 구조>	<핵심 표현 메모>
① 이야기 도입 이야기하고 싶은 주제와 관련된 표현을 메모해요.	친구들과 함께 생일을 보냈다 和朋友们一起过了生日
② 세부 내용 일어난 상황이나 일이 진행된 과정과 관련된 표현을 메모해요.	우리집 앞에 나타났다 出现在我家门口 노래를 불렀다 唱歌 나에게 생일 케이크를 주었다 给我生日蛋糕 나에게 생일 선물을 주었다 送了我生日礼物 즐겁게 이야기를 나누었다 聊得很高兴
③ 느낀 점 및 생각 느낀 점 및 생각과 관련된 표현을 메모해요.	행복한 사람 幸福的人 함께 생일을 보내다 一起过生日

<만능 답변 템플릿>

① 이야기 도입 이야기하고 싶은 주제를 제시해요.	선택 1 **上个星期我 [　이야기 도입　]。** 지난주에 저는 선택 2 **我最近 [　이야기 도입　]。** 저는 최근에
② 세부 내용 일어난 상황이나 일이 진행된 과정을 말해요.	선택 1 **具体的情况是这样的。当时 [　세부 내용　]。** 구체적인 상황은 이러했습니다. 당시 선택 2 **事情的经过是这样的。那天 [　세부 내용　]。** 일의 과정은 이러했습니다. 그날
③ 느낀 점 및 생각 이야기를 통해 느낀 점 및 생각을 말해요.	선택 1 **这让我觉得 [　느낀 점 및 생각　]。** 이는 저로 하여금 ~을 느끼게 했습니다. 선택 2 **通过这件事，我明白了 [　느낀 점 및 생각　]。** 이 일을 통해 저는 ~을 알게 되었습니다.

* 왼쪽의 핵심 표현과 위의 만능 답변 템플릿을 활용하여 먼저 스스로 답변해보세요. 그다음 뒷 페이지에서 모범 답변을 확인해 보세요.

 실제 시험은 제2부분과 제3부분 문제(11번~14번)에 대한 답변 준비 시간 10분이 한번에 주어지고, 10분의 준비 시간이 끝나면 11번부터 차례대로 답변을 해야 해요. 따라서 답변 준비 시간 10분 동안 제2부분 11번부터 제3부분 14번까지, 네 문제의 STEP1을 모두 해두어야 해요. 이후 각 문제의 답변 시간에 STEP2 활용해서 답변하면 돼요.

STEP 2   메모한 표현과 답변 템플릿을 활용하여 답변하기 [문제 당 2분]

2분의 답변 시간 동안, 메모한 핵심 표현을 바탕으로 만든 답변 템플릿을 활용하여 앞서 준비한대로 답변하세요. 이때 중국어가 바로 떠오르지 않아서 중간에 머뭇거리게 되어도 당황하지 말고, 머뭇거린 부분부터 다시 또박또박 답변하세요.

Tip! 휴대폰 타이머를 2분으로 맞춰놓고 연습하세요.

(예)

<이야기 구조>	<핵심 표현 메모>	
① 이야기 도입	친구들과 함께 생일을 보냈다	和朋友们一起过了生日
② 세부 내용	우리집 앞에 나타났다	出现在我家门口
	노래를 불렀다	唱歌
	나에게 생일 케이크를 주었다	给我生日蛋糕
	나에게 생일 선물을 주었다	送了我生日礼物
	즐겁게 이야기를 나누었다	聊得很高兴
③ 느낀 점 및 생각	행복한 사람	幸福的人
	함께 생일을 보내다	一起过生日

모범답변   🎧 제2부분_스텝_모범답변

 Shàng ge xīngqī wǒ hé péngyoumen yìqǐ guòle shēngrì.
上个星期我和朋友们一起过了生日。

Jùtǐ de qíngkuàng shì zhèyàng de. Dāngshí péngyoumen méiyǒu tíqián gàosu wǒ, jiù tūrán chūxiàn zài wǒ jiā ménkǒu,
具体的情况是这样的。当时朋友们没有提前告诉我，就突然出现在我家门口，
wǒ yòu chījīng yòu gǎndòng. Tāmen yìbiān chànggē yìbiān gěi wǒ shēngrì dàngāo, hái sòngle wǒ shēngrì lǐwù. Wǒ hé
我又吃惊又感动。他们一边唱歌一边给我生日蛋糕，还送了我生日礼物。我和
péngyoumen suīrán hěn jiǔ méiyǒu jiànmiàn, dàn háishi liáo de hěn gāoxìng.
朋友们虽然很久没有见面，但还是聊得很高兴。

Zhè ràng wǒ juéde zìjǐ shì yí ge hěn xìngfú de rén. Wǒ xīwàng wǒmen měinián dōu néng yìqǐ guò shēngrì.
这让我觉得自己是一个很幸福的人。我希望我们每年都能一起过生日。

해석   지난주에 저는 친구들과 함께 생일을 보냈습니다. 구체적인 상황은 이러했습니다. 당시 친구들은 미리 알려주지 않고 갑자기 우리집 앞에 나타났고, 저는 깜짝 놀랐고 감동했습니다. 그들은 노래를 부르면서 저에게 생일 케이크를 주었고, 저에게 생일 선물도 주었습니다. 저와 제 친구들은 비록 오랜만에 만났지만, 그러나 여전히 즐겁게 이야기를 나누었습니다. 이는 저로 하여금 제 자신이 행복한 사람임을 느끼게 했습니다. 저는 우리가 매년 함께 생일을 보낼 수 있으면 좋겠습니다.

어휘   出现 chūxiàn 图 나타나다   幸福 xìngfú 혱 행복하다   具体 jùtǐ 혱 구체적이다   情况 qíngkuàng 몡 상황
提前 tíqián 图 미리 ~하다   吃惊 chījīng 图 놀랍다   感动 gǎndòng 图 감동하다

· 一边…一边… yìbiān… yìbiān… ~을 하면서 ~하다
· 虽然…, 但… suīrán…, dàn… 비록 ~이지만, 그러나 ~

실전연습 🎧 제2부분_스텝_실전연습

질문을 읽고 STEP 1과 STEP 2를 완성하세요. 이후 모범답변 음성을 들으며 여러번 따라 말해보세요.

1.

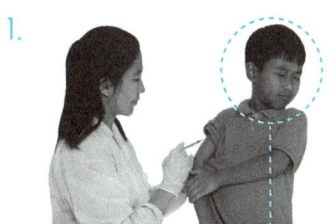

→ "병원에 가서 주사를 맞았다."

⤵ 남자아이를 '나'로 설정

STEP 1 이야기 주제 정하고 답변 연습하면서 핵심 표현 메모하기

<이야기 구조>　　<핵심 표현 메모>

① 이야기 도입	병원에 가서 주사를 맞았다　去医院打针了
② 세부 내용	배가 아팠다　　　　　　　　→ 아래 STEP 2에 모범 답안이 있어요. 열이 났다 어쩔 수 없이 병원에 갔다 배탈이 났다　吃坏了肚子 용감하게 주사를 맞았다　勇敢地打针了 몸이 많이 좋아졌다
③ 느낀 점 및 생각	건강의 중요성　健康的重要性 건강에 주의한다

STEP 2 메모한 표현과 답변 템플릿을 활용하여 답변하기

모범답변　→ 위 STEP 1에 모범 답안이 있어요.

🎤 Wǒ zuìjìn
我最近_____。

Jùtǐ de qíngkuàng shì zhèyàng de. Dāngshí wǒ dùzi hěn téng, hái fāshāo le. Wǒ shì yí ge hàipà qù yīyuàn de rén, dàn
具体的情况是这样的。当时我肚子很疼，还发烧了。我是一个害怕去医院的人，但

méiyǒu qítā bànfǎ, zhǐhǎo qùle yīyuàn. Dàifu shuō wǒ　　　　　　　　　dǎzhēn chī yào huì hǎo de gèng kuài.
没有其他办法，只好去了医院。大夫说我＿＿＿＿＿＿＿，打针吃药会好得更快。

Suīrán wǒ hěn hàipà, dàn háishi　　　　　　Dǎzhēn chī yào hòu, wǒ juéde shēntǐ hǎole hěn duō.
虽然我很害怕，但还是＿＿＿＿＿。打针吃药后，我觉得身体好了很多。

Tōngguò zhè jiàn shì, wǒ míngbaile　　　　　Wǒ juédìng yǐhòu duō zhùyì shēntǐ.
通过这件事，我明白了＿＿＿＿＿　我决定以后多注意身体。

해석 p.137

실전연습

2.

→ "여자친구와 쇼핑 센터에 가서 쇼핑했다."

----- 남자를 '나'로 설정

STEP 1 이야기 주제 정하고 답변 연습하면서 핵심 표현 메모하기

<이야기 구조>　　<핵심 표현 메모>

① 이야기 도입	여자친구와 쇼핑 센터에 가서 쇼핑했다
② 세부 내용	구두 가게에 들어갔다　进了一家皮鞋店 그녀에게 어울렸다 첫 월급을 받았다　拿到了第一份工资 그 구두를 샀다
③ 느낀 점 및 생각	즐거웠다 좋은 추억이 생겼다　有了一个美好的回忆

STEP 2 메모한 표현과 답변 템플릿을 활용하여 답변하기

모범답변

 Wǒ zuìjìn gēn nǚpéngyou qù shāngchǎng guàngjiē le.
我最近跟女朋友去商场逛街了。

Shìqing de jīngguò shì zhèyàng de. Nàtiān wǒmen　　　　　　　　　　　　　　nǚpéngyou kàndàole yì shuāng
事情的经过是这样的。那天我们　　　　　　　　　　，女朋友看到了一双
hěn hǎokàn de píxié. Tā shìle yíxià hòu, fāxiàn nà shuāng píxié hěn shìhé tā, dànshì juéde tài guì le. Wǒ shàng ge
很好看的皮鞋。她试了一下后，发现那双皮鞋很适合她，但是觉得太贵了。我上个
xīngqī　　　　　　　　　　　　　　　　suǒyǐ xiǎng sòng tā ge lǐwù. Yúshì, wǒ jiù mǎile nà shuāng píxié
星期　　　　　　　　　　　　　，所以想送她个礼物。于是，我就买了那双皮鞋
sònggěile tā, tā fēicháng gǎndòng.
送给了她，她非常感动。

Zhè ràng wǒ juéde hěn kāixīn. Yīnwèi wǒmen
这让我觉得很开心。因为我们　　　　　　　　　　　　　　　。

해석 p.137

3.

→ "회사에서 복사기를 사용할 때 문제에 맞닥뜨렸다."

STEP 1 이야기 주제 정하고 답변 연습하면서 핵심 표현 메모하기

<이야기 구조>   <핵심 표현 메모>

① 이야기 도입	회사에서 복사기를 사용할 때 문제에 맞닥뜨렸다 在公司使用复印机时遇到了问题
② 세부 내용	그다지 익숙하지 않았다 동료에게 물어보고 싶었다 想问问同事 동료가 나 대신 복사기를 고쳐주었다 그에게 바로 물어보면 된다 可以及时问他
③ 느낀 점 및 생각	다른 사람에게 바로 물어봐야 한다 要及时问别人

STEP 2 메모한 표현과 답변 템플릿을 활용하여 답변하기

모범답변

Shàng ge xīngqī wǒ
上个星期我   。

Shìqing de jīngguò shì zhèyàng de. Nàtiān shì wǒ dìyī tiān shàngbān, hái bú tài shúxi gōngzuò shang de shì. Zài shǐyòng
事情的经过是这样的。那天是我第一天上班，还不太熟悉工作上的事。在使用复

fùyìnjī de guòchéng zhōng, fùyìnjī tūrán huài le, wǒ   dàn yòu bù xiǎng dǎrǎo tāmen. Nà shí,
印机的过程中，复印机突然坏了，我   ，但又不想打扰他们。那时，

yí ge tóngshì bāng wǒ xiūle fùyìnjī, hái shuō yùdào bù dǒng de
一个同事帮我修了复印机，还说遇到不懂的   。

Tōngguò zhè jiàn shì, wǒ míngbaile zài gōngzuò shang yùdào wèntí shí,
通过这件事，我明白了在工作上遇到问题时，   。

유형별 공략하기

MP3 바로듣기

제2부분에서는 여가 활동, 일상생활, 학교, 회사와 관련된 사진들이 출제돼요. 주제별로 빈출 사진을 익히고, 주제별 대표 활용 표현 및 대표 문제의 모범답변을 큰 소리로 따라 말하면서 답변을 익히세요.

1 여가 활동 관련 사진
🎧 제2부분_유형_01_여가 활동

빈출 사진

취미

캐리어 끌고 여행가는 사진

함께 스포츠 경기를 보는 사진

음악 듣고 있는 사진

패션 · 미용

옷을 고르고 있는 사진

거울에 옷을 대보고 있는 사진

미용실에서 머리를 자르고 있는 사진

운동

테니스 치는 사진

달리기 하는 사진

발레하는 사진

취미

(1) 대표 활용 표현 🎧

去旅行 qù lǚxíng 여행을 가다　收拾行李 shōushi xínglǐ 짐을 챙기다　带护照 dài hùzhào 여권을 챙기다　买机票 mǎi jīpiào 비행기표를 사다
有意思 yǒu yìsi 재미있다　看足球比赛 Kàn zúqiú bǐsài 축구경기를 보다　感兴趣 gǎn xìngqù 흥미를 느끼다　听歌 tīng gē 음악을 듣다

(2) 대표 문제의 핵심 표현 및 모범답변

 → "혼자 해외로 여행을 갔다."

STEP 1 이야기 주제 정하고 답변 연습하면서 핵심 표현 메모하기

<이야기 구조>　　<핵심 표현 메모>

① 이야기 도입	혼자 해외로 여행을 갔다　一个人去国外旅行了
② 세부 내용	짐을 꾸리고 여권을 챙겼다　收拾好行李、带上护照 비행기표를 샀다　买了机票 혼자서 가본 적이 없다　从来没有一个人去过 일주일 동안 여행했다　旅行了一个星期
③ 느낀 점 및 생각	재미있다　很有意思 다른 나라로 여행을 간다　去其他国家旅行

STEP 2 메모한 표현과 답변 템플릿을 활용하여 답변하기

모범답변

Shàng ge xīngqī wǒ yí ge rén qù guówài lǚxíng le.
上个星期我一个人去国外旅行了。

Jùtǐ de qíngkuàng shì zhèyàng de. Dāngshí wǒ zhènghǎo xiūxi, yúshì shōushi hǎo xíngli, dàishang hùzhào, qù jīchǎng
具体的情况是这样的。当时我正好休息，于是收拾好行李、带上护照，去机场
mǎile jīpiào. Suīrán wǒ jīngcháng qù lǚxíng, dànshì cónglái méiyǒu yí ge rén qùguo nàme yuǎn de dìfang. Zhège
买了机票。虽然我经常去旅行，但是从来没有一个人去过那么远的地方。这个
juédìng hěn tūrán, dàn méiyǒu ràng wǒ hòuhuǐ. Wǒ zài guówài lǚxíngle yí ge xīngqī, kàndàole hěn duō xīnxiān de
决定很突然，但没有让我后悔。我在国外旅行了一个星期，看到了很多新鲜的
dōngxi, yě jīnglìle xǔduō nánwàng de shì.
东西，也经历了许多难忘的事。

Tōngguò zhè jiàn shì, wǒ míngbaile yí ge rén lǚxíng yě hěn yǒu yìsi. Wǒ xīwàng wǒ jīnnián hái yǒu jīhuì qù qítā guójiā lǚxíng.
通过这件事，我明白了一个人旅行也很有意思。我希望我今年还有机会去其他国家旅行。

해석　지난주에 저는 혼자 해외로 여행을 갔습니다. 구체적인 상황은 이러했습니다. 당시 저는 마침 쉬고 있어서 짐을 꾸리고 여권을 챙겨 공항으로 가서 비행기표를 샀습니다. 비록 저는 여행을 자주 가지만, 지금까지 혼자서 그렇게 먼 곳에 가본 적이 없었습니다. 이 결정은 매우 갑작스러웠지만, 저는 후회하지 않았습니다. 저는 해외에서 일주일 동안 여행하면서 새로운 것들을 많이 보았고, 잊을 수 없는 많은 일들도 경험했습니다. 이 일을 통해 저는 혼자 여행하는 것도 재미있다는 것을 알게 되었습니다. 올해 제가 또 다른 나라로 여행을 갈 기회가 있었으면 좋겠습니다.

어휘　旅行 lǚxíng 통 여행하다　收拾 shōushi 통 (짐 등을) 꾸리다, 정리하다　具体 jùtǐ 형 구체적이다　情况 qíngkuàng 명 상황
当时 dāngshí 명 당시　正好 zhènghǎo 부 마침　于是 yúshì 접 그래서　从来 cónglái 부 지금까지　后悔 hòuhuǐ 통 후회하다
经历 jīnglì 통 경험하다　许多 xǔduō 수 (매우) 많다　通过 tōngguò 개 ~를 통해

· 从来没有…过 cónglái méiyǒu…guo 지금까지 ~한 적이 없다

패션·이용

(1) 대표 활용 표현 🎧

在商场 zài shāngchǎng 쇼핑 센터에 있다   购物 gòuwù 쇼핑을 하다   照镜子 zhào jìngzi 거울에 비추다   买衣服 mǎi yīfu 옷을 사다
一起逛街 yìqǐ guàngjiē 함께 쇼핑하다   剪头发 jiǎn tóufa 머리를 자르다   适合 shìhé 어울리다
去百货商店 qù bǎihuò shāngdiàn 백화점에 가다   正在打折 zhèngzài dǎzhé 할인하고 있다

(2) 대표 문제의 핵심 표현 및 모범답변

 → "쇼핑 센터에서 옷을 한 벌 샀다."

┈┈ 옷을 든 여자 중 한 명을 '나'로 설정

STEP 1 이야기 주제 정하고 답변 연습하면서 핵심 표현 메모하기

<이야기 구조>	<핵심 표현 메모>
① 이야기 도입	쇼핑 센터에서 옷을 한 벌 샀다 在商场买到了一件衣服
② 세부 내용	옷을 보았다 看衣服 줄곧 사고 싶었던 옷 一直想买的衣服 입어 보았다 试了一下 그 옷을 샀다 买了那件衣服
③ 느낀 점 및 생각	즐겁다 很愉快 자신이 사고 싶은 것을 살 수 있다 能买到自己想买的东西 기쁜 일이다 高兴的事

STEP 2 메모한 표현과 답변 템플릿을 활용하여 답변하기

모범답변 🎧

Shàng ge xīngqī wǒ zài shāngchǎng mǎidàole yí jiàn yīfu.
上个星期我在商场买到了一件衣服。

Jùtǐ de qíngkuàng shì zhèyàng de. Dāngshí wǒ hé péngyou zài yì jiā diàn kàn yīfu, yīnwèi hěn jiǔ méiyǒu gòuwù le,
具体的情况是这样的。当时我和朋友在一家店看衣服，因为很久没有购物了，
wǒmen tèbié kāixīn. Guàngzhe guàngzhe, wǒ fāxiànle wǒ yìzhí xiǎng mǎi de yīfu, érqiě zhǐ shèng yí jiàn le. Wǒ mǎshàng
我们特别开心。逛着逛着，我发现了我一直想买的衣服，而且只剩一件了。我马上
shìle yíxià, péngyou shuō wǒ chuānzhe hěn piàoliang, yúshì wǒ jiù mǎile nà jiàn yīfu.
试了一下，朋友说我穿着很漂亮，于是我就买了那件衣服。

Zhè ràng wǒ juéde hěn yúkuài. Guàngjiē shí néng mǎidào zìjǐ xiǎng mǎi de dōngxi, shì yíjiàn hěn ràng rén gāoxìng de shì.
这让我觉得很愉快。逛街时能买到自己想买的东西，是一件很让人高兴的事。

해석   지난주에 저는 쇼핑 센터에서 옷을 한 벌 샀습니다. 구체적인 상황은 이러했습니다. 당시 저와 친구는 한 가게에서 옷을 보고 있었는데, 쇼핑을 안 한지 오래 되어서 우리는 너무 즐거웠습니다. 돌아다니다 보니 저는 제가 줄곧 사고 싶었던 옷을 발견했고, 게다가 하나밖에 안 남아 있었습니다. 저는 바로 입어 보았고, 친구는 제가 입으니 예쁘다고 해서 저는 그 옷을 샀습니다. 이는 저로 하여금 즐겁다고 느끼게 했으며, 쇼핑하면서 제가 사고 싶은 것을 살 수 있다는 것은 기쁜 일입니다.

어휘   愉快 yúkuài 휑 즐겁다   购物 gòuwù 휑 쇼핑하다   开心 kāixīn 휑 즐겁다   逛 guàng 휑 돌아다니다   剩 shèng 휑 남다
于是 yúshì 휑 그래서   逛街 guàngjiē 쇼핑하다, 거리를 구경하며 돌아다니다
…, 而且 …, érqiě … ~, 게다가 ~

운동

(1) 대표 활용 표현 🎧

做运动 zuò yùndòng 운동하다　打羽毛球 dǎ yǔmáoqiú 배드민턴을 치다　找到感觉 zhǎodào gǎnjué 감을 잡다
跑步 pǎobù 달리기 하다　跳舞 tiàowǔ 춤을 추다　一直练习 yìzhí liànxí 계속 연습하다　坚持下去 jiānchí xiàqu 계속 해 나가다
得到第一名 dédào dìyī míng 1등을 차지하다　准备比赛 zhǔnbèi bǐsài 시합을 준비하다

(2) 대표 문제의 핵심 표현 및 모범답변

 → "배드민턴을 치러 갔다."

STEP 1 이야기 주제 정하고 답변 연습하면서 핵심 표현 메모하기

<이야기 구조>　　<핵심 표현 메모>

① 이야기 도입	배드민턴을 치러 갔다　**去打了羽毛球**
② 세부 내용	여동생과 함께 체육관에 갔다　**和妹妹一起去体育馆** 그녀는 나에게 어떻게 치는지 가르쳐주었다　**她教了我怎么打** 크게 흥미가 없다　**不是很感兴趣** 감을 잡았다　**找到了感觉**
③ 느낀 점 및 생각	재미있다　**很有趣** 계속 배드민턴을 치다　**继续打羽毛球**

STEP 2 메모한 표현과 답변 템플릿을 활용하여 답변하기

모범답변 🎧

Shàng ge xīngqī wǒ qù dǎle yǔmáoqiú.
上个星期我去打了羽毛球。

Shìqing de jīngguò shì zhèyàng de. Nàtiān wǒ hé mèimei yìqǐ qù tǐyùguǎn dǎ yǔmáoqiú le. Mèimei hěn huì dǎ
事情的经过是这样的。那天我和妹妹一起去体育馆打羽毛球了。妹妹很会打
yǔmáoqiú, suǒyǐ tā jiāole wǒ zěnme dǎ. Qíshí wǒ duì yǔmáoqiú bú shì hěn gǎn xìngqù, cónglái méiyǒu dǎguo.
羽毛球，所以她教了我怎么打。其实我对羽毛球不是很感兴趣，从来没有打过。
Gāng kāishǐ wǒ dǎ de bìng bù hǎo, búguò duō shì jǐ cì yǐhòu, zhǎodàole gǎnjué, dǎ de yuèláiyuè hǎo le.
刚开始我打得并不好，不过多试几次以后，找到了感觉，打得越来越好了。

Zhè ràng wǒ juéde dǎ yǔmáoqiú hěn yǒuqù. Wǒ yǐhòu huì jìxù dǎ yǔmáoqiú.
这让我觉得打羽毛球很有趣。我以后会继续打羽毛球。

해석　지난주에 저는 배드민턴을 치러 갔습니다. 일의 과정은 이러했습니다. 그날 저는 여동생과 함께 체육관에 배드민턴을 치러 갔습니다. 여동생은 배드민턴을 잘 칩니다. 그래서 그녀는 저에게 어떻게 치는지 가르쳐주었습니다. 사실 저는 배드민턴에 크게 흥미가 없고, 지금까지 쳐본 적이 없습니다. 처음에 저는 잘 치지 못했지만, 몇 번 시도하다보니 감을 잡아서 점점 잘 치게 되었습니다. 이는 저로 하여금 배드민턴을 치는 것이 재미있다는 것을 느끼게 했습니다. 저는 앞으로 계속 배드민턴을 칠 것입니다.

어휘　羽毛球 yǔmáoqiú 몡 배드민턴　体育馆 tǐyùguǎn 몡 체육관　感兴趣 gǎn xìngqù 관심이 있다　感觉 gǎnjué 몡 감, 느낌
继续 jìxù 툉 계속하다　刚开始 gāng kāishǐ 처음에는　不过 búguò 젭 그러나

· …, 所以… …, suǒyǐ… ~, 그래서 ~
· 从来没有…过 cónglái méiyǒu…guo 지금까지 ~한 적이 없다

2 일상생활 관련 사진

🎧 제2부분_유형_02_일상생활

빈출 사진

가정·가사

요리하는 사진

가구 옮기는 사진

어질러진 방 안 사진

사교·인간관계

사람을 위로하는 사진

데이트하는 사진

전화하는 사진

교통

차를 수리하는 사진

꽉 막힌 도로 위에 있는 사진

가정·가사

(1) 대표 활용 표현 🎧

做晚餐 zuò wǎncān 저녁을 하다 去超市 qù chāoshì 마트에 가다 搬家具 bān jiājù 가구를 옮기다
改变环境 gǎibiàn huánjìng 분위기를 바꾸다 打扫卫生 dǎsǎo wèishēng 청소하다 整理东西 zhěnglǐ dōngxi 물건을 정리하다

(2) 대표 문제의 핵심 표현 및 모범답변

→ "남편과 함께 집에서 저녁을 만들었다."

여자를 '나'로 설정

STEP 1 이야기 주제 정하고 답변 연습하면서 핵심 표현 메모하기

<이야기 구조> <핵심 표현 메모>

① 이야기 도입	남편과 함께 집에서 저녁을 만들었다 跟丈夫一起在家里做了晚餐
② 세부 내용	마트에 가서 식재료를 샀다 去超市买了菜 맛있는 것을 많이 만들었다 做了很多好吃的 시간이 많이 든다 需要花很多时间 몸에 더 좋다 对身体更好
③ 느낀 점 및 생각	즐거운 일이다 很有趣的事 자주 집에서 요리를 한다 经常在家里做饭

STEP 2 메모한 표현과 답변 템플릿을 활용하여 답변하기

모범답변 🎧

 Shàng ge xīngqī wǒ gēn zhàngfu yìqǐ zài jiāli zuòle wǎncān.
上个星期我跟丈夫一起在家里做了晚餐。

Shìqing de jīngguò shì zhèyàng de. Nàtiān wǒ hé zhàngfu qù chāoshì mǎile cài, bǎ cài xǐ gānjìng hòu, zuòle hěn duō hǎo
事情的经过是这样的。那天我和丈夫去超市买了菜，把菜洗干净后，做了很多好
chī de. Wǒmen yǒu shuō yǒu xiào, liáole yìxiē zài gōngzuò shang de shìqing. Suīrán zuò fàn xūyào huā hěn duō shíjiān,
吃的。我们有说有笑，聊了一些在工作上的事情。虽然做饭需要花很多时间，
dàn wǒmen dōu juéde, zài jiāli zuò fàn chī duì shēntǐ gèng hǎo. Suǒyǐ wǒmen dǎsuan yǐhòu yě jīngcháng zài jiā zuò fàn.
但我们都觉得，在家里做饭吃对身体更好。所以我们打算以后也经常在家里做饭。

Zhè ràng wǒ juéde hé zhàngfu yìqǐ zuò fàn shì yí jiàn hěn yǒuqù de shì. Wǒ xīwàng wǒmen yǐhòu néng jīngcháng zài
这让我觉得和丈夫一起做饭是一件很有趣的事。我希望我们以后能经常在
jiāli zuò fàn, guò jiànkāng de shēnghuó.
家里做饭，过健康的生活。

해석 지난주에 저는 남편과 함께 집에서 저녁을 만들었습니다. 일의 과정은 이러했습니다. 그날 저와 남편은 마트에 가서 식재료를 샀고, 식재료를 깨끗하게 씻어서 맛있는 것을 많이 만들었습니다. 우리는 웃고 떠들며 업무상의 일들을 이야기했습니다. 비록 요리하는 것은 시간이 많이 들지만, 우리 모두 집에서 요리해 먹는 것이 몸에 더 좋다고 생각했습니다. 그래서 우리는 앞으로도 자주 집에서 해먹을 계획입니다. 이는 저로 하여금 남편과 함께 요리하는 것은 즐거운 일임을 느끼게 했습니다. 저는 앞으로 자주 집에서 요리를 하며, 건강한 삶을 살 수 있으면 좋겠습니다.

어휘 有趣 yǒuqù 형 즐겁다 生活 shēnghuó 명 삶

· 虽然…, 但… suīrán…, dàn… 비록 ~이지만, 그러나 ~

사교·인간관계

(1) 대표 활용 표현 🎧

伤心的事 shāngxīn de shì 슬픈 일　安慰 ānwèi 위로하다　担心 dānxīn 걱정하다　好起来 hǎo qǐlai 나아지다
难忘的一天 nánwàng de yì tiān 잊을 수 없는 하루　在一起 zài yìqǐ 사귀다, 함께 있다　幸福 xìngfú 행복하다
发生误会 fāshēng wùhuì 오해가 생기다　小事 xiǎoshì 사소한 일　道歉 dàoqiàn 사과하다　交流 jiāoliú 소통하다

(2) 대표 문제의 핵심 표현 및 모범답변

 → "슬퍼하는 아내를 위로해 주었다."

┈┈ 남자를 '나'로 설정

STEP 1 이야기 주제 정하고 답변 연습하면서 핵심 표현 메모하기

<이야기 구조>　　<핵심 표현 메모>

① 이야기 도입	슬퍼하는 아내를 위로해 주었다	安慰了伤心的妻子
② 세부 내용	아내가 울고 있었다　妻子在哭 그녀에게 무슨 일이 일어났는지 물었다　问她发生了什么事 친구가 아프다　朋友生病了 걱정했다　很担心 나아질 것이다　会好起来的	
③ 느낀 점 및 생각	그녀의 친구를 무척 생각한다　非常关心她的朋友 예전처럼 건강할 수 있다　能像以前一样健康	

STEP 2 메모한 표현과 답변 템플릿을 활용하여 답변하기

모범답변 🎧

Shàng ge xīngqī wǒ ānwèile shāngxīn de qīzi.
上个星期我安慰了伤心的妻子。

Shìqing de jīngguò shì zhèyàng de. Nàtiān wǒ fāxiàn qīzi zài kū. Wǒ cónglái méi jiànguo tā kū de nàme shāngxīn. Wǒ děng
事情的经过是这样的。那天我发现妻子在哭。我从来没见过她哭得那么伤心。我等
tā shāowēi hǎo yìxiē le, jiù wèn tā fāshēngle shénme shì. Yuánlái qīzi de péngyou shēngbìng le, bìng de hěn yánzhòng,
她稍微好一些了，就问她发生了什么事。原来妻子的朋友生病了，病得很严重，
suǒyǐ qīzi hěn dānxīn. Wǒ duì qīzi shuō búyào tài dānxīn, tā de péngyou yídìng huì hǎo qǐlai de.
所以妻子很担心。我对妻子说不要太担心，她的朋友一定会好起来的。

Zhè ràng wǒ juéde qīzi fēicháng guānxīn tā de péngyou. Wǒ xīwàng qīzi de péngyou néng xiàng yǐqián yíyàng jiànkāng.
这让我觉得妻子非常关心她的朋友。我希望妻子的朋友能像以前一样健康。

해석　지난주에 저는 슬퍼하는 아내를 위로해 주었습니다. 일의 과정은 이러했습니다. 그날 저는 아내가 울고 있는 것을 발견했습니다. 저는 지금까지 그녀가 그렇게 슬프게 우는 것을 본 적이 없었습니다. 저는 그녀가 조금 나아지기를 기다렸다가, 그녀에게 무슨 일이 생겼는지 물었습니다. 알고 보니 아내의 친구가 아픈데, 많이 아파서 아내가 걱정한 것이었습니다. 저는 아내에게 너무 걱정하지 말라고 하며, 그녀의 친구는 반드시 나아질 것이라고 했습니다. 이는 저로 하여금 아내가 그녀의 친구를 무척 생각하고 있다는 것을 느끼게 했습니다. 저는 아내의 친구가 예전처럼 건강할 수 있으면 좋겠습니다.

어휘　安慰 ānwèi ⑧ 위로하다　伤心 shāngxīn ⑱ 슬퍼하다　从来 cónglái ⑨ 지금까지　稍微 shāowēi ⑨ 조금
发生 fāshēng ⑧ 생기다　原来 yuánlái ⑨ 알고 보니　严重 yánzhòng ⑱ 심하다

· 从来没…过 cónglái méi…guo 지금까지 ~한 적이 없다

교통

(1) 대표 활용 표현 🎧

修车 xiū chē 차를 수리하다　　堵车 dǔchē 차가 막히다　　约会地点 yuēhuì dìdiǎn 약속 장소　　来得及 láidejí 늦지 않다
下班时间 xiàbān shíjiān 퇴근 시간　　更快的路 gèng kuài de lù 더 빠른 길

(2) 대표 문제의 핵심 표현 및 모범답변

 → "차를 수리하러 보냈다."

STEP 1 이야기 주제 정하고 답변 연습하면서 핵심 표현 메모하기

<이야기 구조>	<핵심 표현 메모>
① 이야기 도입	차를 수리하러 보냈다　把车送去修了
② 세부 내용	차가 반쯤 갔다　车开到一半 멈췄다　停了下来 마음이 조급해졌다　心里很着急 침착해졌다　冷静了下来 차를 근처 차 수리하는 곳으로 보냈다　把车送到了附近修车的地方
③ 느낀 점 및 생각	침착해야 한다　需要冷静下来

STEP 2 메모한 표현과 답변 템플릿을 활용하여 답변하기

모범답변 🎧

Shàng ge xīngqī wǒ bǎ chē sòngqu xiū le.
上个星期我把车送去修了。

Jùtǐ de qíngkuàng shì zhèyàng de. Dāngshí wǒ kāichē qù jiāoqū jiàn wǒ de péngyou, kěshì chē kāidào yíbàn, tūrán jiù tíngle xiàlai. Wǒ xīnli hěn zháojí, bù zhīdào gāi zěnme bàn. Dàn wǒ hěn kuài jiù lěngjìngle xiàlai, dǎ diànhuà gěi xiū chē de rén. Hěn kuài jiù yǒu rén lái le, tā bǎ chē sòngdàole fùjìn xiū chē de dìfang. Yuánlái chē chūle dà wèntí, xūyào hǎo jǐ tiān cái néng xiūhǎo.
具体的情况是这样的。当时我开车去郊区见我的朋友，可是车开到一半，突然就停了下来。我心里很着急，不知道该怎么办。但我很快就冷静了下来，打电话给修车的人。很快就有人来了，他把车送到了附近修车的地方。原来车出了大问题，需要好几天才能修好。

Zhè ràng wǒ juéde yùdào wèntí shí, shǒuxiān xūyào lěngjìng xiàlai, zhèyàng cái néng gèng hǎo de jiějué wèntí.
这让我觉得遇到问题时，首先需要冷静下来，这样才能更好地解决问题。

해석　지난주에 저는 차를 수리하러 보냈습니다. 구체적인 상황은 이러했습니다. 당시 저는 운전해서 교외로 친구를 만나러 갔는데, 차가 반쯤 가다가 갑자기 멈추었습니다. 저는 마음이 조급하여 어떻게 해야 할지 몰랐습니다. 하지만 저는 곧 침착해져서 차를 수리하는 사람에게 전화를 걸었습니다. 곧 사람이 왔고, 그는 차를 근처 차 수리하는 곳으로 보냈습니다. 알고 보니 큰 문제가 생겨서, 며칠 걸려야 수리할 수 있었습니다. 이는 저로 하여금 문제가 생겼을 때 먼저 침착해야 문제를 더 잘 해결할 수 있다는 것을 느끼게 했습니다.

어휘　修 xiū 동 수리하다　郊区 jiāoqū 명 교외　可是 kěshì 접 그러나　冷静 lěngjìng 형 침착하다　原来 yuánlái 부 원래
　　　　首先 shǒuxiān 부 먼저

3 학교 관련 사진

제2부분_유형_03_학교

빈출 사진

수업·시험

수업 중인 사진

시험 보는 사진

공부

숙제하고 있는 사진

부모가 아이의 숙제를 봐주는 사진

졸업

졸업식에서 부모님과 함께 있는 사진

졸업식에서 선생님과 함께 있는 사진

수업·시험

(1) 대표 활용 표현 🎧

难忘的历史课 nánwàng de lìshǐkè 잊지 못할 역사 수업　认真听课 rènzhēn tīng kè 열심히 수업을 듣다　十分有趣 shífēn yǒuqù 매우 재미있다
汉语考试 Hànyǔ kǎoshì 중국어 시험　参加考试 cānjiā kǎoshì 시험을 보다　铅笔和橡皮 qiānbǐ hé xiàngpí 연필과 지우개

(2) 대표 문제의 핵심 표현 및 모범답변

 → "잊지 못할 역사 수업을 들었다."

┈┈ 수업 듣는 학생 중 한 명을 '나'로 설정

STEP 1 이야기 주제 정하고 답변 연습하면서 핵심 표현 메모하기

\<이야기 구조\>	\<핵심 표현 메모\>
① 이야기 도입	잊지 못할 역사 수업을 들었다　**上了一次难忘的历史课**
② 세부 내용	역사는 단지 과거의 일일 뿐이다　**历史只是过去的事**
	수업을 열심히 듣지 않았다　**没有认真听课**
	내용이 매우 재미있다　**内容十分有趣**
	우리 사회와 국가를 이해하다　**了解我们的社会和国家**
③ 느낀 점 및 생각	역사를 배우는 것의 중요성　**学历史的重要性**

STEP 2 메모한 표현과 답변 템플릿을 활용하여 답변하기

모범답변 🎧

 Shàng ge xīngqī wǒ shàngle yí cì nánwàng de lìshǐkè.
上个星期我上了一次难忘的历史课。

Jùtǐ de qíngkuàng shì zhèyàng de. Dāngshí wǒ yìzhí juéde lìshǐ zhǐshì guòqù de shì, hé wǒ méiyǒu tài dà de liánxì,
具体的情况是这样的。当时我一直觉得历史只是过去的事，和我没有太大的联系，

suǒyǐ gāng kāishǐ méiyǒu rènzhēn tīngkè. Dàn jiàoshòu jiǎng de nèiróng shífēn yǒuqù, hěn kuài jiù xīyǐnle wǒ. Jiàoshòu
所以刚开始没有认真听课。但教授讲的内容十分有趣，很快就吸引了我。教授

shuō tā xīwàng wǒmen néng tōngguò lìshǐ, gèng hǎo de liǎojiě wǒmen de shèhuì hé guójiā.
说他希望我们能通过历史，更好地了解我们的社会和国家。

Tōngguò zhè jiàn shì, wǒ míngbaile xué lìshǐ de zhòngyàoxìng.
通过这件事，我明白了学历史的重要性。

해석　지난주에 저는 잊지 못할 역사 수업을 들었습니다. 구체적인 상황은 이러했습니다. 당시 저는 줄곧 역사는 단지 과거의 일일 뿐이고 저와는 큰 연관이 없다고 생각해서, 처음에는 수업을 열심히 듣지 않았습니다. 하지만 교수님께서 강의하시는 내용이 매우 재미있어서, 금방 저를 사로잡았습니다. 교수님께서는 우리가 역사를 통해 우리 사회와 국가를 더 잘 이해할 수 있기를 바란다고 말씀하셨습니다. 이 일을 통해 저는 역사를 배우는 것의 중요성을 알게 되었습니다.

어휘　内容 nèiróng 몡 내용　十分 shífēn 틘 매우　有趣 yǒuqù 혱 재미있다　联系 liánxì 동 연관되다　刚开始 gāng kāishǐ 처음에는
　　　教授 jiàoshòu 몡 교수　吸引 xīyǐn 동 사로잡다　社会 shèhuì 몡 사회

공부

(1) 대표 활용 표현 🎧

听明白 tīng míngbai 알아듣다   不懂的问题 bù dǒng de wèntí 모르는 문제   多问问题 duō wèn wèntí 질문을 많이 하다
学习压力大 xuéxí yālì dà 공부 스트레스가 크다   写作业 xiě zuòyè 숙제를 하다   耐心地教 nàixīn de jiāo 인내심 있게 가르치다

(2) 대표 문제의 핵심 표현 및 모범답변

 → "수학 숙제를 끝내지 못했다."

STEP 1 이야기 주제 정하고 답변 연습하면서 핵심 표현 메모하기

<이야기 구조>	<핵심 표현 메모>
① 이야기 도입	수학 숙제를 끝내지 못했다 **没能完成数学作业**
② 세부 내용	열심히 들었다 **听得很认真**
	내용이 너무 어려웠다 **内容太难**
	알아듣지 못했다 **没有听明白**
	많은 수학 문제를 풀 줄 모른다 **很多数学题都不会做**
	선생님께 모르는 문제를 물어보지 않았다 **没有向老师问不懂的问题**
③ 느낀 점 및 생각	수업할 때 질문을 많이 해야 한다 **上课时要多问问题**

STEP 2 메모한 표현과 답변 템플릿을 활용하여 답변하기

모범답변 🎧

Shàng ge xīngqī wǒ méi néng wánchéng shùxué zuòyè.
上个星期我没能完成数学作业。

Shìqing de jīngguò shì zhèyàng de. Nàtiān shàng shùxuékè de shíhou, lǎoshī jiǎngle hěn duō xīn de nèiróng. Suīrán wǒ
事情的经过是这样的。那天上数学课的时候，老师讲了很多新的内容。虽然我
tīng de hěn rènzhēn, dànshì yīnwèi nèiróng tài nán, wǒ méiyǒu tīng míngbai. Huíjiā xiě zuòyè shí, wǒ cái fāxiàn hěn duō
听得很认真，但是因为内容太难，我没有听明白。回家写作业时，我才发现很多
shùxuétí dōu bú huì zuò, ér nàxiē dōu shì lǎoshī jiǎngguo de. Wǒ hěn hòuhuǐ shàngkè de shíhou méiyǒu xiàng lǎoshī
数学题都不会做，而那些都是老师讲过的。我很后悔上课的时候没有向老师
wèn bù dǒng de wèntí.
问不懂的问题。

Tōngguò zhè jiàn shì, wǒ míngbaile shàngkè shí yào duō wèn wèntí, nòngdǒng zìjǐ bú huì de nèiróng.
通过这件事，我明白了上课时要多问问题，弄懂自己不会的内容。

해석   지난주에 저는 수학 숙제를 끝내지 못했습니다. 일의 과정은 이러했습니다. 그날 수학 수업 시간에 선생님께서는 새로운 내용들을 많이 설명해 주셨습니다. 비록 저는 열심히 들었지만, 내용이 너무 어려워서 저는 알아듣지 못했습니다. 집에 가서 숙제를 할 때, 저는 그제서야 많은 수학 문제들을 풀 줄 모른다는 것을 알게 되었고, 그것들은 모두 선생님께서 설명해주신 것이었습니다. 저는 수업 시간에 선생님께 모르는 문제를 물어보지 않은 것을 후회했습니다. 이 일을 통해 저는 수업할 때 질문을 많이 해서, 제가 모르는 내용을 제대로 이해해야 한다는 것을 알게 되었습니다.

어휘   内容 nèiróng 명 내용   后悔 hòuhuǐ 동 후회하다   弄懂 nòngdǒng 제대로 이해하다
· 虽然…, 但是… suīrán…, dànshì… 비록 ~이지만, 그러나 ~

졸업

(1) 대표 활용 표현 🎧

毕业活动 bìyè huódòng 졸업 행사　　顺利毕业 shùnlì bìyè 순조롭게 졸업하다　　逛校园 guàng xiàoyuán 캠퍼스를 거닐다
拍照片 pāi zhàopiàn 사진을 찍다　　大学生活 dàxué shēnghuó 대학생활　　留学 liúxué 유학하다　　优秀的成绩 yōuxiù de chéngjì 우수한 성적

(2) 대표 문제의 핵심 표현 및 모범답변

→ "부모님과 함께 졸업 행사에 참여했다."

⋯⋯ 젊은 남자를 '나'로 설정

STEP 1 이야기 주제 정하고 답변 연습하면서 핵심 표현 메모하기

<이야기 구조>	<핵심 표현 메모>	
① 이야기 도입	부모님과 함께 졸업 행사에 참여했다	和父母一起参加了毕业活动
② 세부 내용	부모님이 우리 학교에 오셨다	父母来到了我的学校
	캠퍼스를 거닐었다	逛了校园
	나의 학교를 소개했다	介绍了我的学校
	사진을 많이 찍었다	拍了很多照片
③ 느낀 점 및 생각	행복한 사람	很幸福的人
	큰 감동을 주었다	带来了很大的感动

STEP 2 메모한 표현과 답변 템플릿을 활용하여 답변하기

모범답변

> Shàng ge xīngqī wǒ hé fùmǔ yìqǐ cānjiāle bìyè huódòng.
> 上个星期我和父母一起参加了毕业活动。
>
> Jùtǐ de qíngkuàng shì zhèyàng de. Dāngshí wèile zhùhè wǒ shùnlì bìyè, fùmǔ láidàole wǒ de xuéxiào. Shàngwǔ wǒ dài
> 具体的情况是这样的。当时为了祝贺我顺利毕业，父母来到了我的学校。上午我带
> fùmǔ guàngle xiàoyuán, gěi tāmen jièshàole wǒ de xuéxiào, wǒ cónglái méiyǒu zhème xiángxì de duì fùmǔ jiǎngguo
> 父母逛了校园，给他们介绍了我的学校，我从来没有这么详细地对父母讲过
> wǒ de dàxué shēnghuó, suǒyǐ tāmen fēicháng kāixīn. Chīwán wǔfàn hòu, wǒmen hái yìqǐ cānjiāle bìyè huódòng,
> 我的大学生活，所以他们非常开心。吃完午饭后，我们还一起参加了毕业活动，
> pāile hěn duō zhàopiàn.
> 拍了很多照片。
>
> Zhè ràng wǒ juéde zìjǐ shì yí ge hěn xìngfú de rén. Fùmǔ de dàolái gěi wǒ dàilaile hěn dà de gǎndòng.
> 这让我觉得自己是一个很幸福的人。父母的到来给我带来了很大的感动。

해석 지난주에 저는 부모님과 함께 졸업 행사에 참여했습니다. 구체적인 상황은 이러했습니다. 당시 제가 순조롭게 졸업한 것을 축하하기 위해 부모님이 우리 학교에 오셨습니다. 오전에 저는 부모님을 모시고 캠퍼스를 거닐었고, 그들에게 우리 학교를 소개했습니다. 저는 지금까지 부모님께 저의 대학생활에 대해 이렇게 자세히 얘기해 본 적이 없어서, 그들은 매우 기뻐했습니다. 점심을 먹고 나서 우리는 졸업 행사에도 함께 참여하고, 사진도 많이 찍었습니다. 이는 저로 하여금 제 자신이 매우 행복한 사람이라는 것을 느끼게 했습니다. 부모님이 오신 것은 저에게 큰 감동을 주었습니다.

어휘 毕业 bìyè 통 졸업하다　活动 huódòng 명 행사　逛 guàng 통 거닐다　幸福 xìngfú 형 행복하다　感动 gǎndòng 통 감동하다
祝贺 zhùhè 통 축하하다　顺利 shùnlì 형 순조롭다　详细 xiángxì 형 자세하다　生活 shēnghuó 명 생활　开心 kāixīn 형 기쁘다
· 为了… wèile… ~하기 위해

4 회사 관련 사진

제2부분_유형_04_회사

빈출 사진

구직

구직에 성공하여 기뻐하는 사진

면접을 준비하며 순서를 기다리는 사진

회의·발표

회의 중인 직원들의 사진

발표하는 사진

업무

노트북으로 일하는 사진

출장 가는 사진

구직

(1) 대표 활용 표현 🎧

应聘 yìngpìn 지원하다   一场面试 yì chǎng miànshì 한 차례 면접   自己的优点 zìjǐ de yōudiǎn 자신의 장점
专业知识 zhuānyè zhīshi 전문 지식   符合要求 fúhé yāoqiú 요구에 부합하다   练习自我介绍 liànxí zìwǒ jièshào 자기 소개를 연습하다
通过面试 tōngguò miànshì 면접에 통과하다   获得好的结果 huòdé hǎo de jiéguǒ 좋은 결과를 얻다

(2) 대표 문제의 핵심 표현 및 모범답변

 → "성공적으로 한 회사에 채용되었다."

STEP 1 이야기 주제 정하고 답변 연습하면서 핵심 표현 메모하기

<이야기 구조>   <핵심 표현 메모>

① 이야기 도입	성공적으로 한 회사에 채용되었다 成功应聘上了一家公司
② 세부 내용	통역을 할 줄 아는 사람이 필요했다 需要会翻译的人 전문 지식 专业知识 통역 경험 翻译经验 그들의 요구에 부합하다 符合他们的要求 다음 주부터 출근하다 下周就开始上班
③ 느낀 점 및 생각	감격스럽다 很激动

STEP 2 메모한 표현과 답변 템플릿을 활용하여 답변하기

모범답변 🎧

Shàng ge xīngqī wǒ chénggōng yìngpìn shàng le yì jiā gōngsī
上个星期我成功应聘上了一家公司。

Jùtǐ de qíngkuàng shì zhèyàng de. Dāngshí yì jiā gōngsī xūyào huì fānyì de rén, ér wǒ zhènghǎo yě xiǎng zhǎo fānyì gōngzuò,
具体的情况是这样的。当时一家公司需要会翻译的人，而我正好也想找翻译工作，
yúshì jiù qù yìngpìn le. Miànshì shí, wǒ bǎ zìjǐ de yōudiǎn quánbù shuōle chūlai, gàosu tāmen wǒ yǒu fēngfù de
于是就去应聘了。面试时，我把自己的优点全部说了出来，告诉他们我有丰富的
zhuānyè zhīshi hé fānyì jīngyàn, hěn fúhé tāmen de yāoqiú. Tāmen duì wǒ hěn mǎnyì, ràng wǒ xià zhōu jiù kāishǐ shàngbān.
专业知识和翻译经验，很符合他们的要求。他们对我很满意，让我下周就开始上班。

Zhè ràng wǒ juéde hěn jīdòng. Wǒ xiāngxìn wǒ huì biǎoxiàn de hěn hǎo.
这让我觉得很激动。我相信我会表现得很好。

해석   지난주에 저는 성공적으로 한 회사에 채용되었습니다. 구체적인 상황은 이러했습니다. 당시 한 회사에서 통역을 할 줄 아는 사람이 필요했는데, 저도 마침 통역 일을 하고 싶어 지원하게 되었습니다. 면접을 볼 때, 저는 저의 장점을 모두 말했고, 그들에게 저는 풍부한 전문 지식과 통역 경험이 있어서, 그들의 요구에 잘 부합한다고 말했습니다. 그들은 저를 만족해했고, 저에게 다음 주부터 출근하라고 했습니다. 이는 저로 하여금 감격스럽다고 느끼게 했습니다. 저는 제가 잘 할 거라고 믿습니다.

어휘   应聘上 yìngpìn shàng 채용되다   翻译 fānyì 통 통역하다, 번역하다   专业 zhuānyè 형 전문적이다   知识 zhīshi 지식   经验 jīngyàn 명 경험   符合 fúhé 통 부합하다   激动 jīdòng 감격스럽다   正好 zhènghǎo 부 마침   于是 yúshì 접 그래서   优点 yōudiǎn 명 장점   全部 quánbù 명 모두   丰富 fēngfù 형 풍부하다

· 对…满意 duì…mǎnyì ~에 만족하다

회의·발표

(1) 대표 활용 표현 🎧

工作意见 gōngzuò yìjiàn 업무 의견　获得了肯定 huòdéle kěndìng 인정을 받다　工作总结 gōngzuò zǒngjié 업무 총결산
准备材料 zhǔnbèi cáiliào 자료를 준비하다　提意见 tí yìjiàn 의견을 제기하다　和同事交流 hé tóngshì jiāoliú 동료와 의견을 나누다
举办会议 jǔbàn huìyì 회의를 열다　做调查 zuò diàochá 조사를 하다　意见不同 yìjiàn bùtóng 의견이 다르다

(2) 대표 문제의 핵심 표현 및 모범답변

 → "동료와 회의에서 업무 관련 의견을 제시했다."

⋮ 회의하는 사람 중 서 있는 여자를 '나'로 설정

STEP 1 이야기 주제 정하고 답변 연습하면서 핵심 표현 메모하기

<이야기 구조>	<핵심 표현 메모>	
① 이야기 도입	동료와 회의에서 업무 관련 의견을 제시했다	跟同事在会议上提出了工作意见
② 세부 내용	우리의 의견을 상세하게 말했다	详细地说了我们的意见
	지지를 표했다	表示了支持
	우리를 칭찬했다	表扬了我们
③ 느낀 점 및 생각	인정받았다	获得了肯定
	긍정적인 영향을 주었다	带来了积极的影响

STEP 2 메모한 표현과 답변 템플릿을 활용하여 답변하기

모범답변 🎧

 Shàng ge xīngqī wǒ gēn tóngshì zài huìyì shang tíchūle gōngzuò yìjiàn.
上个星期我跟同事在会议上提出了工作意见。

Shìqing de jīngguò shì zhèyàng de. Nàtiān jīnglǐ yāoqiú dàjiā duì gōngsī tí yìxiē yìjiàn. Yīncǐ wǒ hé tóngshì jiāoliúle
事情的经过是这样的。那天经理要求大家对公司提一些意见。因此我和同事交流了
yíxià, bǎ wǒmen de kànfǎ zhěnglǐle chūlai. Zài kāihuì de guòchéng zhōng, wǒmen xiángxì de shuōle wǒmen de yìjiàn,
一下，把我们的看法整理了出来。在开会的过程中，我们详细地说了我们的意见，
jīnglǐ bùjǐn biǎoshìle zhīchí, hái biǎoyángle wǒmen.
经理不仅表示了支持，还表扬了我们。

Zhè ràng wǒ juéde zìjǐ huòdéle kěndìng. Zhè cì jīnglì gěi wǒ dàilaile jījí de yǐngxiǎng.
这让我觉得自己获得了肯定。这次经历给我带来了积极的影响。

해석　지난주에 저는 동료와 회의에서 업무 관련 의견을 제시했습니다. 일의 과정은 이러했습니다. 그날 매니저는 모두에게 회사에 대해 의견을 제시하라고 했습니다. 그래서 저는 동료와 의견을 나누고 우리의 생각을 정리했습니다. 회의에서 우리는 우리의 의견을 상세하게 말했고, 매니저는 지지를 표했을 뿐만 아니라 우리를 칭찬하기도 했습니다. 이는 저로 하여금 자신이 인정받았다는 것을 느끼게 했습니다. 이번 경험은 저에게 긍정적인 영향을 주었습니다.

어휘　提出 tíchū 동 제시하다　意见 yìjiàn 명 의견　详细 xiángxì 형 상세하다　表示 biǎoshì 동 나타내다　支持 zhīchí 동 지지하다
表扬 biǎoyáng 동 칭찬하다　获得 huòdé 동 받다, 얻다　肯定 kěndìng 동 인정하다　积极 jījí 형 긍정적이다　因此 yīncǐ 접 그래서
交流 jiāoliú 동 의견을 나누다　看法 kànfǎ 명 생각　整理 zhěnglǐ 동 정리하다　经历 jīnglì 명 경험

· 不仅…, 还… bùjǐn…, hái… ~뿐만 아니라, ~도

업무

(1) 대표 활용 표현 🎧

请假 qǐngjià 휴가를 신청하다   工作内容 gōngzuò nèiróng 업무 내용   查材料 chá cáiliào 자료를 조사하다   出差 chūchāi 출장 가다
按时完成 ànshí wánchéng 제시간에 완성하다   发传真 fā chuánzhēn 팩스를 보내다   对工作负责 duì gōngzuò fùzé 업무에 책임을 지다

(2) 대표 문제의 핵심 표현 및 모범답변

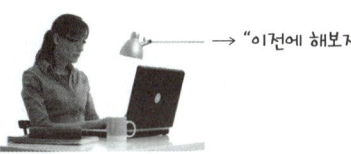

→ "이전에 해보지 않았던 새로운 업무를 했다."

STEP 1 이야기 주제 정하고 답변 연습하면서 핵심 표현 메모하기

<이야기 구조>   <핵심 표현 메모>

① 이야기 도입	이전에 해보지 않았던 새로운 업무를 했다 做了之前从没做过的新工作
② 세부 내용	그의 일을 하다 做他的工作 다른 업무를 배우다 学习其他工作内容 쉽지 않았다 不简单 많은 자료를 찾아보았다 查很多材料 경험이 풍부한 다른 동료에게 물어봤다 问其他经验丰富的同事
③ 느낀 점 및 생각	많은 것을 배웠다 学到了很多

STEP 2 메모한 표현과 답변 템플릿을 활용하여 답변하기

모범답변 🎧

 Wǒ zuìjìn zuòle zhīqián cóng méi zuòguo de xīn gōngzuò.
我最近做了之前从没做过的新工作。

Jùtǐ de qíngkuàng shì zhèyàng de. Dāngshí wǒ de tóngshì qǐngle yí ge yuè de jià, jīnglǐ jiù ràng wǒ zànshí zuò tā de
具体的情况是这样的。当时我的同事请了一个月的假，经理就让我暂时做他的
gōngzuò. Wǒ juéde zhè shì kěyǐ xuéxí qítā gōngzuò nèiróng de jīhuì, suǒyǐ yúkuài de jiēshòule xīn de rènwu.
工作。我觉得这是可以学习其他工作内容**的机会，所以愉快地接受了新的任务。**

Gōngzuò nèiróng bìng bù jiǎndān, yùdào bù dǒng de wèntí shí, wǒ huì qù chá hěn duō cáiliào. Yǒushí wǒ hái huì wèn
工作内容并不简单**，遇到不懂的问题时，我会去**查很多材料**。有时我还会**问
qítā jīngyàn fēngfù de tóngshì, tāmen dōu jījí de bāngzhùle wǒ.
其他经验丰富的同事**，他们都积极地帮助了我。**

Zhè ràng wǒ juéde zìjǐ xuédàole hěn duō. Wǒ xīwàng zìjǐ néng xuédào gèng duō de gōngzuò nèiróng.
这让我觉得自己学到了很多**。我希望自己能学到更多的工作内容。**

해석 저는 최근에 이전에 해보지 않았던 새로운 업무를 했습니다. 구체적인 상황은 이러했습니다. 당시 제 동료가 한 달 동안 휴가를 냈고, 매니저는 저에게 잠시 그의 일을 하라고 했습니다. 저는 다른 업무를 배울 수 있는 좋은 기회라고 생각해서 새로운 업무를 즐겁게 받아들였습니다. 업무 내용은 쉽지 않았고, 모르는 문제를 맞닥뜨렸을 때 저는 많은 자료를 찾아보았습니다. 때로는 경험이 풍부한 다른 동료에게 물어보기도 했으며, 그들은 모두 적극적으로 저를 도와주었습니다. 이는 저로 하여금 제 자신이 많은 것을 배웠다고 느끼게 했습니다. 저는 제가 더 많은 업무 내용을 배울 수 있기를 바랍니다.

어휘 内容 nèiróng 몡 내용   材料 cáiliào 몡 자료   经验 jīngyàn 몡 경험   丰富 fēngfù 휑 풍부하다   暂时 zànshí 휑 잠시
愉快 yúkuài 휑 즐겁다   接受 jiēshòu 동 받아들이다   任务 rènwu 몡 업무   积极 jījí 휑 적극적이다
····，所以······ suǒyǐ··· ~, 그래서 ~

실전연습

음원에 따라 1번과 2번의 답변 준비를 4분 동안 한번에 하세요. 그런 후에 각 문제에 대해 답변하세요.

[연습 1]   🎧 제2부분_유형_연습_1

1.

<이야기 구조>	<핵심 표현 메모>
① 이야기 도입	
② 세부 내용	
③ 느낀 점 및 생각	

2.

<이야기 구조>	<핵심 표현 메모>
① 이야기 도입	
② 세부 내용	
③ 느낀 점 및 생각	

[연습 2] 제2부분_유형_연습_2

1.

<이야기 구조>　<핵심 표현 메모>
① 이야기 도입
② 세부 내용
③ 느낀 점 및 생각

2.

<이야기 구조>　<핵심 표현 메모>
① 이야기 도입
② 세부 내용
③ 느낀 점 및 생각

모범답변 및 해석 p.139

실전연습

[연습 3] 🎧 제2부분_유형_연습_3

1.

<이야기 구조>	<핵심 표현 메모>
① 이야기 도입	
② 세부 내용	
③ 느낀 점 및 생각	

2.

<이야기 구조>	<핵심 표현 메모>
① 이야기 도입	
② 세부 내용	
③ 느낀 점 및 생각	

[연습 4]  제2부분_유형_연습_4

1.

<이야기 구조>	<핵심 표현 메모>
① 이야기 도입	
② 세부 내용	
③ 느낀 점 및 생각	

2.

<이야기 구조>	<핵심 표현 메모>
① 이야기 도입	
② 세부 내용	
③ 느낀 점 및 생각	

모범답변 및 해석 p.143

실전테스트

실제로 시험에 응시하는 것처럼, 음원에 따라 11-12번 답변 준비를 4분 동안 한번에 하고, 그다음 11번과 12번을 각각 2분 동안 답변해 보세요.

[테스트 1] 제2부분_실전테스트_1

11-12

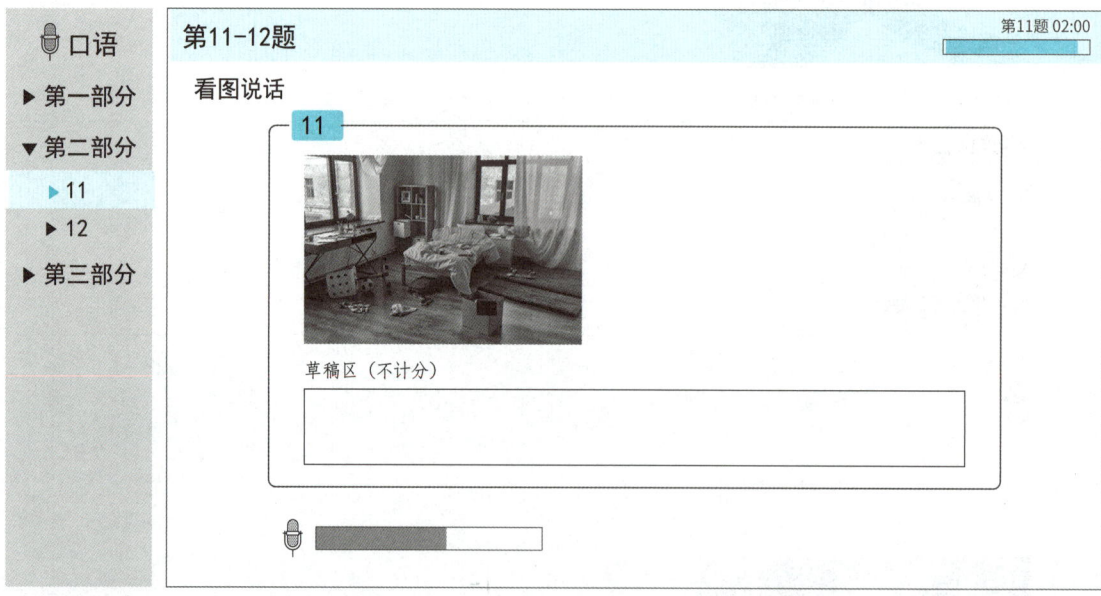

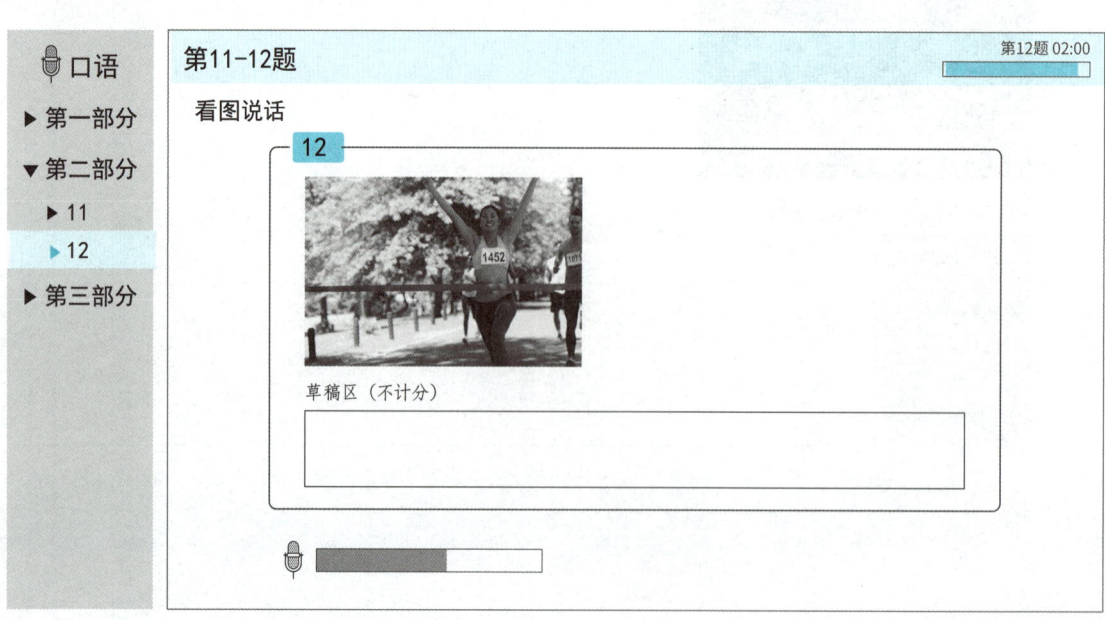

[테스트 2] 제2부분_실전테스트_2

11-12

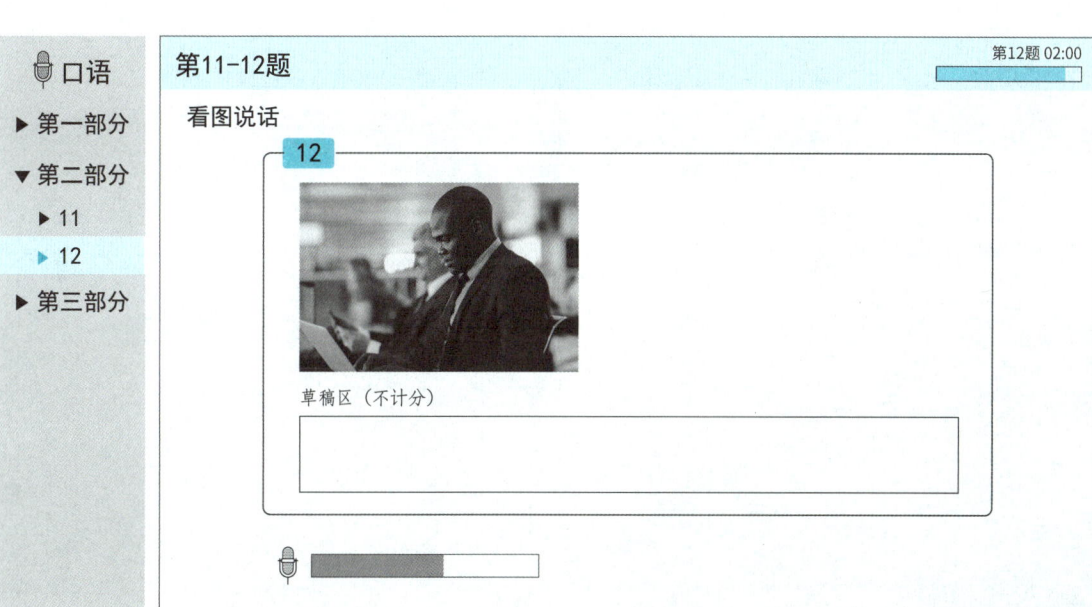

본교재동영상강의·무료학습자료제공
china.Hackers.com

제3부분

질문에 대답하기
回答问题

기초 다지기

스텝별 전략 익히기

STEP 1 질문 읽고 답변 연습하면서 핵심 표현 메모하기

STEP 2 메모한 표현과 답변 템플릿을 활용하여 답변하기

유형별 공략하기

1 선호하는 것을 묻는 질문

2 해결방안을 묻는 질문

3 소개를 요청하는 질문

4 가치관을 묻는 질문

실전테스트

제3부분 알아보기

제3부분 '질문에 대답하기'는 선호하는 것을 묻는 질문, 해결방안을 묻는 질문, 소개를 요청하는 질문, 가치관을 묻는 질문에 대해 자신의 생각을 논리적으로 답변하는 부분이에요.

■ 출제 개요

문제 번호	13번, 14번	합격을 위한 답변 포인트	☑ 발음을 정확하게 하기 ☑ 자연스럽고 유창하게 말하기 ☑ 문법적 오류가 없게 말하기 ☑ 중간에 멈추지 않고 말하기 ☑ 내용이 풍부하게 말하기
문제 수	2개		
답변 준비 시간	총 10분 2, 3부분이 합쳐진 준비 시간이에요		
문제 당 답변 시간	각 2분		

■ 시험 진행 순서

↳ 타이머가 제시돼요.

↳ 문제 번호가 표시돼요.

1. 디렉션 & 답변 준비 시간 [10분]

10분 동안 제2~3부분 총 4문제(11~14번)에 대한 답변 준비를 모두 끝내야 해요.

제1부분이 끝나면 화면에는 11번 문제와 메모 작성란이 제시되고, 답변 준비 시간이 10분이라는 음성이 나와요. 음성이 끝나면 화면 오른쪽 상단의 타이머가 10분으로 바뀌고 시간이 카운트돼요.

[음성] 好，现在开始准备第11到14题。可以在试卷上写提纲。
准备时间为10分钟。

그럼, 지금부터 11번~14번 문제를 준비하세요. 시험지에 개요를 메모해도 좋습니다. 준비 시간은 10분입니다.

제2부분 11~12번은 한 문제당 약 2분, 제3부분 13~14번은 한 문제당 약 3분을 써서 답변을 준비해요. 화면 왼쪽의 문제 번호를 클릭하면 해당 문제를 바로 볼 수 있어요.

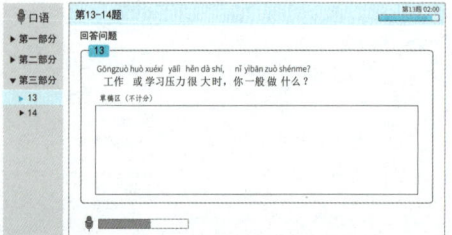

2. 답변 시간 [2분]

10분의 답변 준비 시간이 끝나면 화면에는 11번 문제와 메모 작성란이 보여지면서 지금부터 11번 문제의 답변을 시작하라는 음성이 나와요.

제2부분 12번 문제 2분의 답변 시간이 끝나면 자동으로 13번 문제로 넘어가서 13번 문제 답변 시간이 2분 주어져요.

[음성] 第12题结束。现在开始回答第13题。
12번 문제가 끝났습니다. 지금부터 13번 문제에 답변을 시작하세요.

13번 문제의 답변 시간이 끝나면 14번 문제로 넘어가요.

■ 출제 경향

제3부분 질문은 유형에 따라 선호하는 것을 묻는 질문, 해결방안을 묻는 질문, 소개를 요청하는 질문, 가치관을 묻는 질문이 출제돼요. 유형별로 어떤 질문들이 출제되는지 확인해보세요.

선호하는 것을 묻는 질문	Nǐ xǐhuan shénme yùndòng? 你喜欢什么运动？ 당신은 어떤 운동을 좋아하나요? Nǐ xǐhuan shān háishi hǎi? 你喜欢山还是海？ 당신은 산을 좋아하나요? 아니면 바다를 좋아하나요?
해결방안을 묻는 질문	Rúguǒ gōngsī lí jiā hěn yuǎn, nǐ huì zěnme zuò? 如果公司离家很远，你会怎么做？ 만약 회사가 집에서 멀다면, 당신은 어떻게 할 것인가요?
소개를 요청하는 질문	Qǐng jièshào nǐ zuì xǐhuan de Zhōngguó cài. 请介绍你最喜欢的中国菜。 당신이 가장 좋아하는 중국 음식을 소개해 주세요.
가치관을 묻는 질문	Xiànzài hěn duō rén zài shēnghuó zhōng lí bu kāi shǒujī, nǐ zěnme kàn? 现在很多人在生活中离不开手机，你怎么看？ 요즘 많은 사람들은 생활에서 휴대폰을 놓지 않는데, 당신은 어떻게 생각하나요?

■ 합격 비법

1. 질문 종류별 첫 문장 답변 방법을 잘 익혀두세요.

제3부분은 질문이 화면에 제시되므로 질문 문장을 거의 그대로 활용하여 답변의 첫 문장과 마무리 문장을 만들 수 있어요. 따라서 질문 종류별 첫 문장 답변 방법(p.74)을 잘 익혀두면, 답변 첫 문장과 마무리 문장을 빠르게 만들 수 있어서, 답변 준비 시간에 이 두 문장을 제외한 나머지를 더 집중해서 준비할 수 있어요.

2. 자신의 의견을 예시와 함께 논리적으로 답변하세요.

제3부분은 자신의 의견을 예시와 함께 논리적으로 답변해야 높은 점수를 받을 수 있어요. 2개 이상의 이유와 각각에 대한 예시를 나열하며 답변 시간을 최대한 활용해서 답변하세요.

3. 다양한 표현을 사용하여 풍부한 내용으로 유창하게 답변하세요.

제3부분은 제시된 질문에 대해 다양한 표현을 사용하여 풍부한 내용으로, 중간에 멈추지 않고, 유창하게 답변하는 것이 중요해요. 따라서 유형별 공략하기의 대표 활용 표현과 대표 문제의 모범답변을 익혀두면, 실제 시험장에서 다양한 표현을 사용하여 막힘 없이 답변을 할 수 있어요.

기초 다지기

1 질문 종류별 첫 문장 답변 방법 익히기 🎧 제3부분_기초_01

제3부분은 화면에 제시된 질문을 활용하여 답변의 첫 문장을 말할 수 있어요. 질문에 맞는 첫 문장 답변을 바로 할 수 있도록 HSKK 중급에서 자주 출제되는 질문 유형과 답변 방법을 익혀두세요. 그다음 음성을 듣고 답변을 큰 소리로 따라 말해보세요.

1. 선호하는 것을 묻는 질문

선호하는 것을 묻는 질문은 주로 **你喜欢A~?**(당신은 A를 좋아하나요?) 또는 **你喜欢A还是B?**(당신은 A를 좋아하나요? 아니면 B를 좋아하나요?)의 형태로 출제돼요. 이러한 질문에는 **你**를 **我**로 바꿔서 **我喜欢**(저는 ~을 좋아합니다)으로 답변을 시작하면 돼요.

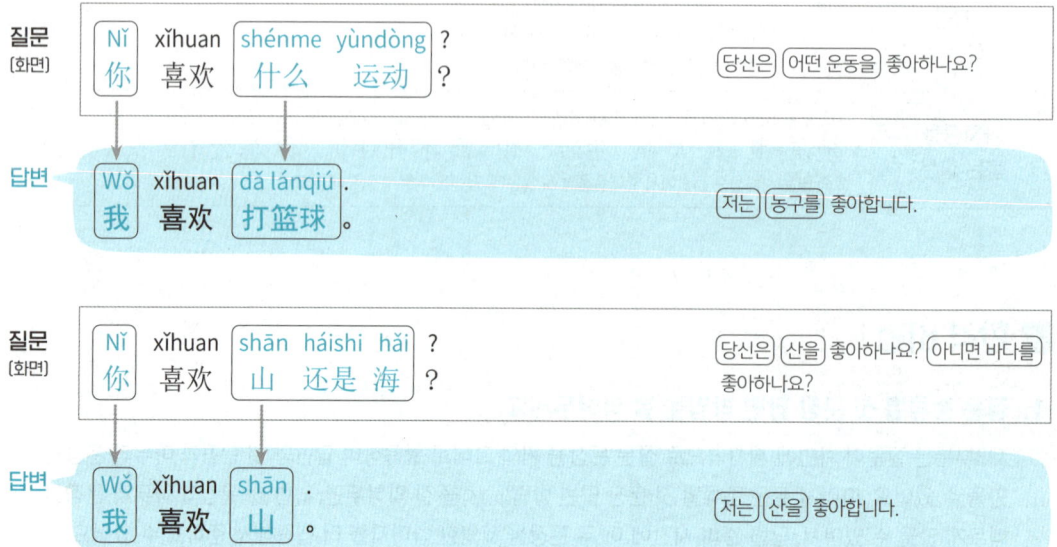

2. 해결방안을 묻는 질문

해결방안을 묻는 질문은 주로 **如果**(만약~)로 시작돼요. 이러한 질문에는 상황을 제시하는 질문의 앞 부분은 그대로 활용하고, 뒤에 **我会用以下两个方法解决这个问题**。또는 구체적인 해결방안을 넣어서 답변하면 돼요.

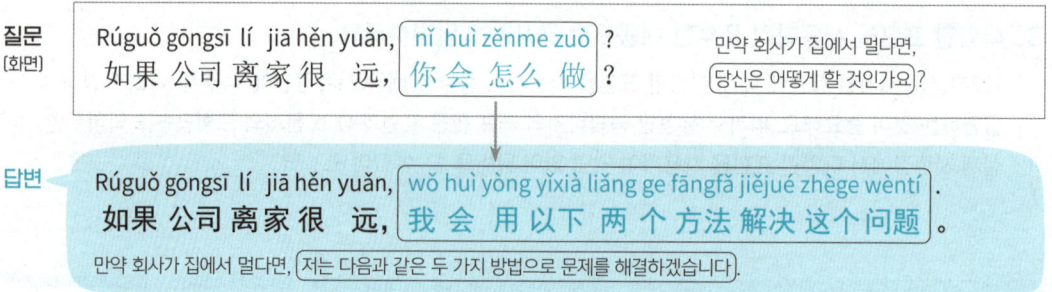

3. 소개를 요청하는 질문

'당신이 가장 좋아하는 중국 음식을 소개해 주세요'와 같이 소개 또는 설명을 요청하는 질문은 주로 **请**(~해 주세요)으로 시작돼요. 소개를 요청하는 질문에는 **我来**(제가 ~하겠습니다)로 답변을 시작하면 돼요.

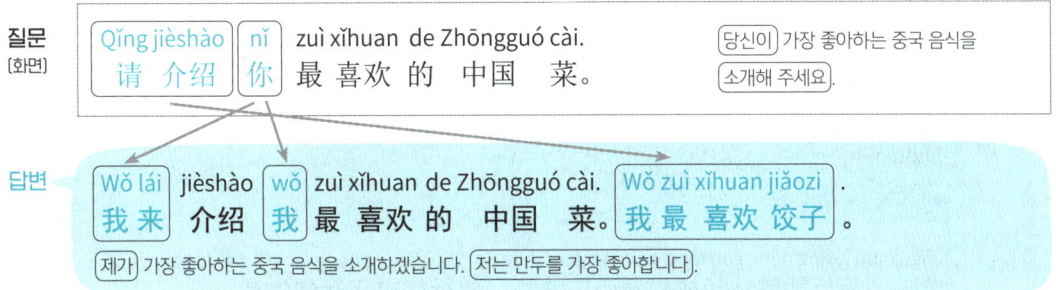

4. 가치관을 묻는 질문

가치관을 묻는 질문은 주로 **怎么看?/怎么理解?**(어떻게 생각하나요?/어떠한 견해가 있나요?), **谈谈你的看法**(당신의 견해를 말해보세요)의 형태로 출제돼요. 이러한 질문에는 **我觉得**(저는 ~라고 생각합니다)로 답변을 시작하면 돼요.

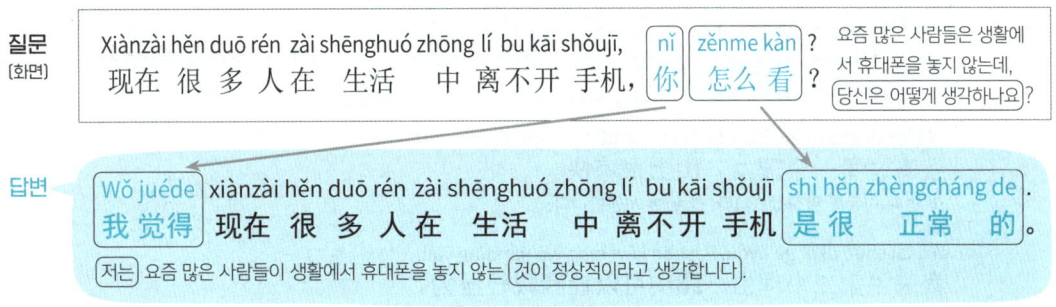

📋 **확인학습**

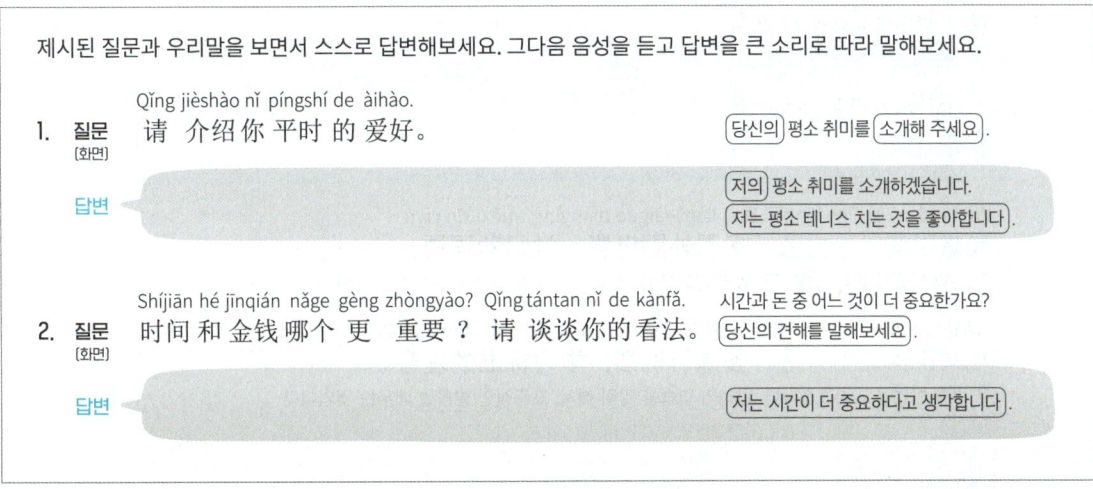

2 이유/방법·예시·마무리 표현 익히기 🎧 제3부분_기초_02

제3부분에서 주어진 질문에 대한 논리적인 답변의 뼈대를 쉽게 세울 수 있도록 이유나 방법을 제시할 때, 예시를 들 때, 마무리를 할 때 쓸 수 있는 표현과 같이 답변에 자주 사용되는 표현들을 음성으로 듣고 큰 소리로 따라하며 익혀두세요.

1. 이유나 방법을 제시할 때 쓸 수 있는 표현

01
Shǒuxiān,   Qícì,
首先，[   ]。其次，[   ]。

먼저, ~. 그 다음으로, ~

Shǒuxiān, lǚxíng néng gòu ràng wǒ fàngsōng shēnxīn. Qícì, lǚxíng néng fēngfù wǒ de shēnghuó.
首先，旅行能够让我放松身心。其次，旅行能丰富我的生活。
먼저, 여행은 제 몸과 마음을 편안하게 해줍니다. 그 다음으로, 여행은 제 삶을 풍요롭게 해줍니다.

02
Wǒ lái shuō dìyī ge lǐyóu.
我来说第一个理由。[   ]。

첫 번째 이유를 말하겠습니다. ~

Wǒ lái shuō dì èr ge lǐyóu.
我来说第二个理由。[   ]。

두 번째 이유를 말하겠습니다. ~

Wǒ lái shuō dìyī ge lǐyóu. Shānshang hěn liángkuai.
我来说第一个理由。山上很凉快。
첫 번째 이유를 말하겠습니다. 산 위는 시원합니다.

Wǒ lái shuō dì èr ge lǐyóu. Páshān kěyǐ ràng wǒ jiǎnqīng yālì.
我来说第二个理由。爬山可以让我减轻压力。
두 번째 이유를 말하겠습니다. 등산은 스트레스를 줄여줍니다.

03
Wǒ lái shuō dìyī ge fāngfǎ.
我来说第一个方法。[   ]。

첫 번째 방법을 말하겠습니다. ~

Wǒ lái shuō dì èr ge fāngfǎ.
我来说第二个方法。[   ]。

두 번째 방법을 말하겠습니다. ~

Wǒ lái shuō dìyī ge fāngfǎ. Duō kàn wàiguó diànyǐng, xuéxí xīn cíyǔ.
我来说第一个方法。多看外国电影，学习新词语。
첫 번째 방법을 말하겠습니다. 외국 영화를 많이 보고, 새로운 단어를 공부하는 것입니다.

Wǒ lái shuō dì èr ge fāngfǎ. Duō liànxí shuōhuà, xuéxí biāozhǔn de fāyīn.
我来说第二个方法。多练习说话，学习标准的发音。
두 번째 방법을 말하겠습니다. 말하기 연습을 많이 해서, 표준적인 발음을 배우는 것입니다.

2. 예시를 들 때 쓸 수 있는 표현

01 Bǐrú shuō,
比如说, [   ]。   예를 들어, ~

Bǐrú shuō, dǎ wǎngqiú kěyǐ duànliàn quánshēn.
比如说，打网球可以锻炼全身。
예를 들어, 테니스를 치면 온몸을 단련할 수 있습니다.

3. 마무리를 할 때 쓸 수 있는 표현

01 Zǒng de lái shuō,
总的来说, [   ]。   결론적으로 말하자면, ~

Zǒng de lái shuō, rúguǒ wǒ yǒu yí ge xīngqī de jiàqī, wǒ huì qù lǚxíng.
总的来说，如果我有一个星期的假期，我会去旅行。
결론적으로 말하자면, 만약 저에게 일주일간의 휴가가 있다면, 저는 여행을 갈 것입니다.

확인학습 제3부분_기초_02_확인학습

먼저 우리말을 보며 중국어 문장을 완성하여 스스로 말해보세요. 그다음 음성을 들으면서 큰 소리로 따라 말해보세요.

1. 먼저, 저는 제 자신을 진정시킬 것입니다.

   wǒ huì ràng zìjǐ lěngjìng xiàlai.
   _____, 我会让自己冷静下来。

2. 두 번째 이유를 말하겠습니다. 고궁은 교통이 매우 편리합니다.

   Gùgōng jiāotōng fēicháng fāngbiàn.
   _____。故宫交通非常方便。

3. 예를 들어, 저는 평소에 일이 바빠서 쉴 시간이 거의 없습니다.

   wǒ píngshí gōngzuò hěn máng, hěn shǎo yǒu shíjiān xiūxi.
   _____, 我平时工作很忙，很少有时间休息。

4. 결론적으로 말하자면, 저는 중국의 베이징을 가장 좋아합니다.

   wǒ zuì xǐhuan Zhōngguó de Běijīng.
   _____, 我最喜欢中国的北京。

 정답 1. 首先 2. 我来说第二个理由 3. 比如说 4. 总的来说

스텝별 전략 익히기

준비 시간 동안 질문 관련 답변 내용을 연습하고, 답변 시간 동안 짜임새 있게 말할 수 있도록 스텝별 전략 익히기를 익혀두세요.

STEP 1 질문 읽고 답변 연습하면서 핵심 표현 메모하기 [준비 시간 문제 당 약 3분 사용하기]

· 화면에 제시된 질문을 소리 내어 한 번 읽은 다음 곧바로 답변의 첫 문장을 중국어로 말하세요. 이후 곧바로 첫 문장에 대한 첫 번째 이유/방법과 예시, 두 번째 이유/방법과 예시를 중국어로 말해보면서 잊지 말아야 할 핵심 표현을 즉시 메모하세요. 이때 만능 답변 템플릿을 활용하면 짜임새 있는 답변을 좀 더 쉽고 빠르게 준비할 수 있어요.

· 이유/방법 2개 및 각각에 대한 예시에 사용할 표현을 메모해두면 답변할 때 잊지 않고 활용할 수 있어요.

· 준비 시간이 충분하지 않으므로 우리말로 답변 전체를 구상한 다음 중국어로 말해보는 것 보다, 아는 중국어 표현들을 계속 입밖으로 내보내면서 답변을 연습하는 것이 훨씬 유리해요.

Tip! · 주어진 10분 동안 제2, 3부분 4문제의 답변을 모두 준비해야 하므로 하나의 문제에 너무 오래 머물러 있지 않도록 주의해야 해요.
· 휴대폰 타이머를 10분으로 맞춰 놓고 그중 3분이 어느 정도인지 체감하면서 연습하면 도움이 돼요.
· 만약 제2부분 답변 준비에 시간을 많이 써서 남은 시간이 얼마 안된다면, 메모를 하지 말고 질문과 관련된 아는 중국어 표현을 가능한 많이 말하도록 하세요.

(예)

> Nǐ xǐhuan shān háishi hǎi?
> 你 喜欢 山 还是 海?

▶ 당신은 산을 좋아하나요? 아니면 바다를 좋아하나요? 라고 물었어요. 산과 바다 중에서 좋아하는 것을 선택하고, 메모란에 그 이유와 예시를 간략히 중국어로 작성하세요.

<답변 구조>   <핵심 표현 메모>

답변 구조		핵심 표현 메모
도입		산 山
전개	첫 번째 이유/방법	시원하다 很凉快 공기가 좋다 空气很好 건강에 좋다 对身体有好处
	두 번째 이유/방법	스트레스를 줄인다 减轻压力 아름다운 풍경 美丽的景色
마무리		산 山

* 도입과 마무리 부분은 화면에 제시되어 있는 질문을 보고 그대로 답변할 수 있으므로, 메모하지 않아도 돼요.

<만능 답변 템플릿>

도입		[질문 종류별 첫 문장 답변 방법(p.74)에 따라 답변]。
전개	첫 번째 이유/방법	**선택 1** **首先,** [첫 번째 이유/방법]。**比如说,** [예시]。 먼저, 예를 들어, **선택 2**　→ 理由(이유)와 方法(방법) 중에서 하나를 선택하여 답변에 활용하세요. **我来说第一个理由/方法。** [첫 번째 이유/방법]。**比如说,** [예시]。 첫 번째 이유/방법을 말하겠습니다. 예를 들어,
	두 번째 이유/방법	**선택 1** **其次,** [두 번째 이유/방법]。**比如说,** [예시]。 그 다음으로, 예를 들어, **선택 2** **我来说第二个理由/方法。** [두 번째 이유/방법]。**比如说,** [예시]。 두 번째 이유/방법을 말하겠습니다. 예를 들어,
마무리		**总的来说,** [도입 문장 그대로 다시 언급]。 결론적으로 말하자면,

* 왼쪽의 핵심 표현과 위의 만능 답변 템플릿을 활용하여 먼저 스스로 답변해보세요. 그다음 뒷 페이지에서 모범 답변을 확인해 보세요.

잠깐! 실제 시험은 제2부분과 제3부분 문제(11번~14번)에 대한 답변 준비 시간 10분이 한번에 주어지고, 10분의 준비 시간이 끝나면 11번부터 차례대로 답변을 해야 해요. 따라서 답변 준비 시간 10분 동안 제2부분 11번부터 제3부분 14번까지, 네 문제의 STEP1을 모두 해두어야 해요. 이후 각 문제의 답변 시간에 STEP2 활용해서 답변하면 돼요.

STEP 2 메모한 표현과 답변 템플릿을 활용하여 답변하기 [문제 당 2분]

주어지는 2분 동안 STEP 1에서 메모한 핵심 표현과 만능 답변 템플릿을 활용하여 준비한대로 답변하세요.
Tip! 휴대폰 타이머를 3분으로 맞춰놓고 연습하세요.

(예)

Nǐ xǐhuan shān háishi hǎi?
你 喜欢 山 还是 海？

<답변 구조>   <핵심 표현 메모>

도입		산 山
전개	첫 번째 이유/방법	시원하다 很凉快 공기가 좋다 空气很好 건강에 좋다 对身体有好处
	두 번째 이유/방법	스트레스를 줄인다 减轻压力 아름다운 풍경 美丽的景色
마무리		산 山

* 도입과 마무리 부분은 화면에 제시되어 있는 질문을 보고 그대로 답변할 수 있으므로, 메모하지 않아도 돼요.

모범답변 제3부분_스텝_모범답변

Wǒ xǐhuan shān.
我喜欢山。

Wǒ lái shuō dìyī ge lǐyóu. Shānshang hěn liángkuai, érqiě kōngqì hěn hǎo.
我来说第一个理由。山上很凉快，而且空气很好。

Bǐrú shuō, xiàtiān wǒ xǐhuan páshān. Yīnwèi shānshang liángkuai, érqiě kōngqì hěn xīnxiān, zhè duì shēntǐ yǒu hǎochù.
比如说，夏天我喜欢爬山。因为山上凉快，而且空气很新鲜，这对身体有好处。

Wǒ lái shuō dì èr ge lǐyóu. Páshān kěyǐ ràng wǒ jiǎnqīng yālì.
我来说第二个理由。爬山可以让我减轻压力。

Bǐrú shuō, yālì hěn dà shí, wǒ jiù qù páshān. Dāng wǒ kàndào měilì de jǐngsè shí, gǎnjué yālì jiǎnshǎo le.
比如说，压力很大时，我就去爬山。当我看到美丽的景色时，感觉压力减少了。

Zǒng de lái shuō, wǒ xǐhuan shān.
总的来说，我喜欢山。

해석 저는 산을 좋아합니다. 첫 번째 이유를 말하겠습니다. 산 위는 시원하고, 게다가 공기가 좋습니다. 예를 들어, 여름에 저는 등산하는 것을 좋아합니다. 산 위는 시원하고, 게다가 공기가 신선하기 때문에 건강에 좋습니다. 두 번째 이유를 말하겠습니다. 등산은 스트레스를 줄여줍니다. 예를 들어, 스트레스가 클 때, 저는 등산을 합니다. 아름다운 경치를 볼 때, 스트레스가 줄어드는 것이 느껴집니다. 결론적으로 말하자면, 저는 산을 좋아합니다.

어휘 凉快 liángkuai 혱 시원하다   空气 kōngqì 몡 공기   减轻 jiǎnqīng 통 줄여주다   压力 yālì 몡 스트레스   美丽 měilì 혱 아름답다   景色 jǐngsè 몡 경치   新鲜 xīnxiān 혱 신선하다   感觉 gǎnjué 통 느끼다   减少 jiǎnshǎo 통 줄다

· 对…有好处 duì…yǒu hǎochù ~에 좋다

실전연습 🎧 제3부분_스텝_실전연습

질문을 읽고 STEP 1과 STEP 2를 완성하세요. 이후 모범답변 음성을 들으며 여러번 따라 말해보세요.

1. Nǐ juéde zuì hǎo de jiǎnféi fāngfǎ shì shénme? Wèishénme?
   你觉得最好的减肥方法是什么？为什么？ 가장 좋은 다이어트 방법은 무엇이라고 생각하나요? 왜인가요?

STEP 1 질문 읽고 답변 연습하면서 핵심 표현 메모하기

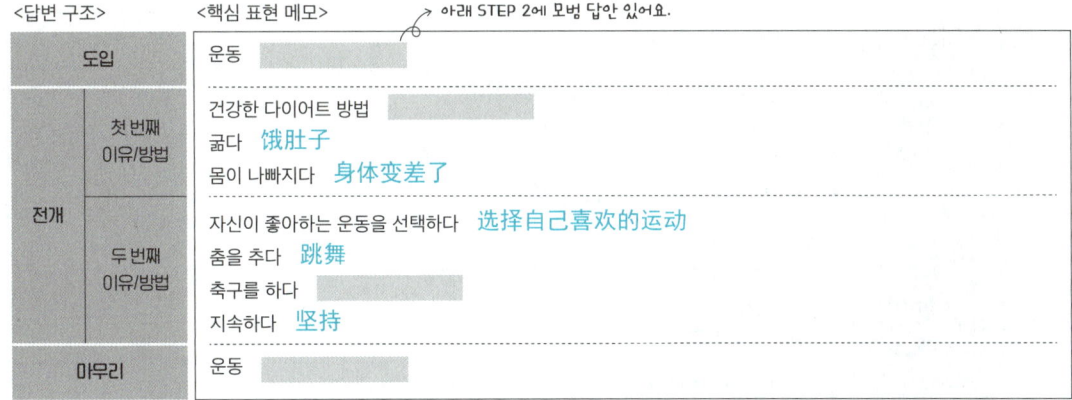

STEP 2 메모한 표현과 답변 템플릿을 활용하여 답변하기

모범답변

🎤 Wǒ juéde zuì hǎo de jiǎnféi fāngfǎ shì yùndòng.
我觉得最好的减肥方法是运动。

Shǒuxiān, wǒ rènwéi yùndòng shì zuì jiànkāng de jiǎnféi fāngfǎ. Bǐrú shuō, wǒ yǐqián wèile jiǎnféi, jīngcháng
首先，我认为运动是最健康的减肥方法。比如说，我以前为了减肥，经常_____。

Wǒ suīrán shòu le yìxiē, dàn   Hòulái wǒ měitiān zuò yùndòng, bùjǐn jiǎnféi chénggōng le,
我虽然瘦了一些，但_____。后来我每天做运动，不仅减肥成功了，

érqiě shēntǐ yě biàn hǎo le.
而且身体也变好了。

Qícì, yùndòng yǒu hěn duō zhǒng, jiǎnféi shí kěyǐ   Bǐrú shuō, yǒu rén xǐhuan
其次，运动有很多种，减肥时可以_____。比如说，有人喜欢_____，

yǒu rén xǐhuan tī zúqiú. Rénmen kěyǐ tōngguò xǐhuan de yùndòng lái jiǎnféi, zhèyàng gèng róngyì
有人喜欢踢足球。人们可以通过喜欢的运动来减肥，这样更容易_____。

Zǒng de lái shuō, wǒ juéde zuì hǎo de jiǎnféi fāngfǎ shì yùndòng.
总的来说，我觉得最好的减肥方法是运动。

해석 p.151

실전연습

2. Qǐng jièshào nǐ de péngyou.
请 介绍 你的 朋友。 당신의 친구를 소개해 주세요.

STEP 1 질문 읽고 답변 연습하면서 핵심 표현 메모하기

<답변 구조> <핵심 표현 메모>

도입	훌륭한 사람 **很棒的人**
전개 — 첫 번째 이유/방법	다른 사람이 어려움에 처하다 **别人遇到困难** 다른 사람을 도와주다 **去帮助他们** 길을 잃어버린 사람 목적지까지 데려다 주다 **带到了目的地**
전개 — 두 번째 이유/방법	인내심 있다 **很有耐心** 못 푸는 수학 문제가 있다 **有一道数学题不会做** 문제 푸는 방법 이해했다 **弄明白了**
마무리	훌륭한 사람 **很棒的人**

STEP 2 메모한 표현과 답변 템플릿을 활용하여 답변하기

모범답변

 Wǒ lái jièshào wǒ de péngyou, wǒ juéde tā shì yí ge _____.
我来介绍我的朋友，我觉得他是一个 _____。

Wǒ lái shuō dìyī ge lǐyóu. Zài _____ shí, wǒ de péngyou dōu huì _____. Bǐrú shuō,
我来说第一个理由。在 _____ 时，我的朋友都会 _____。比如说，
yǒu yìtiān wǒmen zài lùshang yùdàole mílù de rén, wǒ de péngyou bāng tā chákànle dìtú, hái bǎ tā _____.
有一天我们在路上遇到了 迷路的人，我的朋友帮他查看了地图，还把他 _____。

Wǒ lái shuō dì èr ge lǐyóu. Wǒ de péngyou _____. Bǐrú shuō, zhīqián wǒ _____,
我来说第二个理由。我的朋友 _____。比如说，之前我 _____，
wǒ de péngyou nàixīn de jiāole wǒ jiě tí fāngfǎ. Tā jiǎngdào dì sān biàn shí, wǒ zhōngyú _____.
我的朋友耐心地教了我 解题方法。他讲到第三遍时，我终于 _____。

Zǒng de lái shuō, wǒ juéde wǒ de péngyou shì yí ge _____.
总的来说，我觉得我的朋友是一个 _____。

해석 p.151

3. Rúguǒ nǐ yǒu yí ge xīngqī de jiàqī, nǐ huì zěnme ānpái zìjǐ de shíjiān?
如果你有一个星期的假期，你会怎么安排自己的时间？
만약 당신에게 일주일간의 휴가가 있다면, 시간을 어떻게 계획할 것인가요?

STEP 1 질문 읽고 답변 연습하면서 핵심 표현 메모하기

<답변 구조>   <핵심 표현 메모>

답변 구조		핵심 표현 메모
도입		여행을 갈 것이다
전개	첫 번째 이유/방법	몸과 마음을 편하게 하다　放松身心 걱정거리를 잊다　忘记烦恼 쉬다 업무에서의 걱정거리를 잊다　忘记工作上的烦恼
	두 번째 이유/방법	나의 삶을 풍요롭게 하다　丰富我的生活 아름다운 풍경을 보다 각종 맛있는 음식을 먹다 다양한 다른 사람들을 알다　认识很多不同的人
아무리		여행을 갈 것이다

STEP 2 메모한 표현과 답변 템플릿을 활용하여 답변하기

모범답변

Rúguǒ wǒ yǒu yí ge xīngqī de jiàqī, wǒ huì qù lǚxíng.
如果我有一个星期的假期，我会去旅行。

Shǒuxiān, lǚxíng nénggòu ràng wǒ　　　　　　　　，　　　　　　　。Bǐrú shuō, wǒ píngshí gōngzuò hěn máng, hěn shǎo yǒu shíjiān xiūxi. Chūqu lǚxíng de huà, wǒ kěyǐ zànshí fàngxia gōngzuò, fàngsōng shēnxīn,　　　　　　　　。
首先，旅行能够让我　　　　　　，　　　　　　。比如说，我平时工作很忙，很少有时间休息。出去旅行的话，我可以暂时放下工作，放松身心，　　　　　　。

Qícì, lǚxíng néng　　　　　　　。Bǐrú shuō, zài lǚxíng zhōng, wǒ néng kàndào měilì de jǐngsè, chīdào gè zhǒng měishí, hái néng　　　　　　。Zhèxiē jīnglì huì fēngfù wǒ de shēnghuó.
其次，旅行能　　　　　　。比如说，在旅行中，我能看到美丽的景色，吃到各种美食，还能　　　　　　。这些经历会丰富我的生活。

Zǒng de lái shuō, rúguǒ wǒ yǒu yí ge xīngqī de jiàqī, wǒ huì qù lǚxíng.
总的来说，如果我有一个星期的假期，我会去旅行。

해석 p.152

유형별 공략하기

제3부분에서는 선호하는 것을 묻는 질문, 해결방안을 묻는 질문, 소개를 요청하는 질문, 가치관을 묻는 질문이 출제돼요. 질문별로 빈출 질문을 익히고, 질문별로 자주 출제되는 주제별 대표 활용 표현 및 대표 문제의 모범답변을 큰 소리로 따라 말하면서 답변을 익히세요.

1 선호하는 것을 묻는 질문   🎧 제3부분_유형_01_선호

빈출 질문

일상생활 관련
좋아하는 취미나 계절, 음식 등 일상생활과 관련하여 선호하는 것을 묻는 질문이 출제돼요.

Nǐ xǐhuan kàn diànshìjù ma?
你 喜欢 看 电视剧 吗?   당신은 드라마 보는 것을 좋아하나요?

Zài chūn xià qiū dōng sì ge jìjié zhōng, nǐ zuì xǐhuan nǎge jìjié? Wèishénme?
在 春 夏 秋 冬 四个 季节 中, 你 最 喜欢 哪个 季节? 为什么?
봄, 여름, 가을, 겨울 사계절 중에서 당신은 어떤 계절을 가장 좋아하나요? 왜인가요?

학교·회사 관련
좋아하는 과목이나 직업 등 이와 관련하여 선호하는 것을 묻는 질문이 출제돼요.

Nǐ xǐhuan de zhíyè shì shénme? Wèishénme?
你 喜欢 的 职业 是 什么? 为什么?   당신이 선호하는 직업은 무엇인가요? 왜인가요?

Gōngzuò huò xuéxí yālì hěn dà shí, nǐ yìbān zuò shénme?
工作 或 学习 压力 很 大 时, 你 一般 做 什么?
업무나 공부에 대한 스트레스가 심할 때, 당신은 보통 무엇을 하나요?

중국문화 관련
좋아하는 중국의 도시나 먹거리, 여행지 등 중국문화와 관련하여 선호하는 것을 묻는 질문이 출제돼요.

Nǐ zuì xǐhuan Zhōngguó de nǎ zuò chéngshì?
你 最 喜欢 中国 的 哪 座 城市?   당신은 중국의 어느 도시를 가장 좋아하나요?

Nǐ duì Zhōngguó wénhuà gǎn xìngqù ma? Wèishénme?
你 对 中国 文化 感 兴趣 吗? 为什么?   당신은 중국문화에 관심이 많은가요? 왜인가요?

일상생활 관련

(1) 대표 활용 표현
看电视剧 kàn diànshìjù 드라마를 보다　交流感情 jiāoliú gǎnqíng 감정을 교류하다　得到放松 dédào fàngsōng 편안하다
温度刚刚好 wēndù gānggāng hǎo 온도가 딱 좋다　适合散步 shìhé sànbù 산책하기에 알맞다　见面的方式 jiànmiàn de fāngshì 만나는 방식

(2) 대표 문제의 핵심 표현 및 모범답변

> Nǐ xǐhuan kàn diànshìjù ma?
> 你 喜欢 看 电视剧 吗？　당신은 드라마 보는 것을 좋아하나요?

STEP 1 질문 읽고 답변 연습하면서 핵심 표현 메모하기

<답변 구조>		<핵심 표현 메모>
도입		드라마 보는 것을 좋아한다　喜欢看电视剧
전개	첫 번째 이유/방법	멋진 이야기　精彩的故事 사랑, 성공, 역사　感情的，成功的，历史的 다른 사람들의 삶을 이해할 수 있다　能了解不同人的生活
	두 번째 이유/방법	편안하게 한다　能让我得到放松 스트레스가 클 때　压力大的时候 나의 마음을 편안하게 한다　能让我心里感到舒服
마무리		드라마 보는 것을 좋아한다　喜欢看电视剧

STEP 2 메모한 표현과 답변 템플릿을 활용하여 답변하기

모범답변

> Wǒ xǐhuan kàn diànshìjù.
> 我喜欢看电视剧。
>
> Wǒ lái shuō dìyī ge lǐyóu. Diànshìjù zhōng yǒu hěn duō jīngcǎi de gùshi. Bǐrú shuō, diànshìjù zhōng yǒu guānyú
> 我来说第一个理由。电视剧中有很多精彩的故事。比如说，电视剧中有关于
> gǎnqíng de, chénggōng de, lìshǐ de gùshi. Qízhōng hěn duō dōu shì píngshí hěn nán yùdào de. Tōngguò diànshìjù,
> 感情的、成功的、历史的故事。其中很多都是平时很难遇到的。通过电视剧，
> wǒ néng liǎojiě bùtóng rén de shēnghuó.
> 我能了解不同人的生活。
>
> Wǒ lái shuō dì èr ge lǐyóu. Kàn diànshìjù néng ràng wǒ dédào fàngsōng. Bǐrú shuō, yālì dà de shíhou kàn diànshìjù,
> 我来说第二个理由。看电视剧能让我得到放松。比如说，压力大的时候看电视剧，
> kěyǐ dédào fàngsōng. Lìngwài, wǒ hěn xǐhuan tīng diànshìjù li de yīnyuè, zhè néng ràng wǒ xīnli gǎndào shūfu.
> 可以得到放松。另外，我很喜欢听电视剧里的音乐，这能让我心里感到舒服。
>
> Zǒng de lái shuō, Wǒ xǐhuan kàn diànshìjù.
> 总的来说，我喜欢看电视剧。

해석　저는 드라마를 보는 것을 좋아합니다. 첫 번째 이유를 말하겠습니다. 드라마에는 멋진 이야기가 많습니다. 예를 들어, 드라마에는 사랑, 성공, 역사와 관련된 이야기가 있습니다. 그중 많은 것들은 평소에 접하기 힘듭니다. 드라마를 통해 저는 다른 사람들의 삶을 이해할 수 있습니다. 두 번째 이유를 말하겠습니다. 드라마를 보면 편안해집니다. 예를 들어, 스트레스가 클 때 드라마를 보면 편안해집니다. 이 외에도 저는 드라마에 나오는 음악을 즐겨 듣는데, 그것은 저의 마음을 편안하게 해줍니다. 결론적으로 말하자면, 저는 드라마를 보는 것을 좋아합니다.

어휘　精彩 jīngcǎi 혱 멋지다　感情 gǎnqíng 몡 사랑　成功 chénggōng 혱 성공적이다　放松 fàngsōng 동 (마음을) 편안하게 하다

학교·회사 관련

(1) 대표 활용 표현 🎧

受人尊敬 shòu rén zūnjìng 사람들에게 존경을 받다　**经验丰富** jīngyàn fēngfù 경험이 풍부하다　**不错的收入** búcuò de shōurù 소득이 높다
让人羡慕 ràng rén xiànmù 부러워하다　**减轻压力** jiǎnqīng yālì 스트레스를 줄이다　**放松心情** fàngsōng xīnqíng 마음을 편안하게 하다

(2) 대표 문제의 핵심 표현 및 모범답변

> Nǐ xǐhuan de zhíyè shì shénme? Wèishénme?
> **你 喜欢 的 职业 是 什么？ 为什么？** 당신이 선호하는 직업은 무엇인가요? 왜인가요?

STEP 1 질문 읽고 답변 연습하면서 핵심 표현 메모하기

<답변 구조>　　　　　<핵심 표현 메모>

도입	의사 医生
전개 - 첫 번째 이유/방법	존경하다 尊敬 몸이 아프다 身体不舒服 사람들에게 희망을 가져다준다 给人们带来希望
전개 - 두 번째 이유/방법	소득이 높다 不错的收入 힘들다 辛苦 많은 사람들이 부러워한다 让很多人都羡慕
마무리	의사 医生

STEP 2 메모한 표현과 답변 템플릿을 활용하여 답변하기

모범답변 🎧

Wǒ xǐhuan de zhíyè shì yīshēng.
我喜欢的职业是医生。

Shǒuxiān, yīshēng shì shòu rén zūnjìng de zhíyè. Bǐrú shuō, dàduōshù rén shēntǐ bù shūfu shí, dōuhuì qù yīyuàn kàn
首先，医生是受人尊敬的职业。比如说，大多数人身体不舒服时，都会去医院看
yīshēng. Yīshēng bùjǐn huì gěi rénmen kànbìng, hái huì gěi rénmen dàilai xīwàng, suǒyǐ hěn duō rén zūnjìng yīshēng.
医生。医生不仅会给人们看病，还会给人们带来希望，所以很多人尊敬医生。

Qícì, zài yìbān qíngkuàng xià, jīngyàn fēngfù de yīshēng néng dédào búcuò de shōurù. Bǐrú shuō, suīrán dāng yīshēng
其次，在一般情况下，经验丰富的医生能得到不错的收入。比如说，虽然当医生
hěn xīnkǔ, dàn shōurù bǐ xǔduō zhíyè dōu gāo, zhè ràng hěn duō rén dōu xiànmù.
很辛苦，但收入比许多职业都高，这让很多人都羡慕。

Zǒng de lái shuō, wǒ xǐhuan de zhíyè shì yīshēng.
总的来说，我喜欢的职业是医生。

해석 제가 선호하는 직업은 의사입니다. 먼저, 의사는 사람들에게 존경을 받는 직업입니다. 예를 들어, 대부분의 사람들이 몸이 아플 때, 병원에 가서 진찰을 받습니다. 의사는 사람들에게 진료를 해줄 뿐만 아니라, 희망도 가져다줍니다. 그래서 많은 사람들이 의사를 존경합니다. 그 다음으로, 일반적으로 경험이 풍부한 의사는 소득이 높습니다. 예를 들어, 비록 의사가 되는 것은 힘들지만, 많은 직업보다 소득이 더 높으며, 이것은 많은 사람들이 부러워합니다. 결론적으로 말하자면, 제가 선호하는 직업은 의사입니다.

어휘 职业 zhíyè 몡 직업　尊敬 zūnjìng 통 존경하다　不舒服 bù shūfu 아프다　收入 shōurù 몡 소득　羡慕 xiànmù 통 부러워하다
情况 qíngkuàng 몡 상황　经验 jīngyàn 몡 경험　丰富 fēngfù 톙 풍부하다　辛苦 xīnkǔ 톙 힘들다　许多 xǔduō 주 매우 많다

· 不仅…, 还… bùjǐn…, hái… ~뿐만 아니라, ~도
· 虽然…, 但… suīrán…, dàn… 비록 ~이지만, 그러나~

중국문화 관련

(1) 대표 활용 표현 🎧

历史很长 lìshǐ hěn cháng 역사가 길다   **景色很美** jǐngsè hěn měi 풍경이 아름답다   **有名的地方** yǒumíng de dìfang 유명한 곳

吃到美食 chīdào měishí 맛있는 음식을 먹다   **有特点** yǒu tèdiǎn 특색있다   **少数民族** shǎoshù mínzú 소수민족

(2) 대표 문제의 핵심 표현 및 모범답변

> Nǐ zuì xǐhuan Zhōngguó de nǎ zuò chéngshì?
> **你最喜欢中国的哪座城市？** 당신은 중국의 어느 도시를 가장 좋아하나요?

STEP 1 질문 읽고 답변 연습하면서 핵심 표현 메모하기

<답변 구조>		<핵심 표현 메모>
도입		베이징 北京
전개	첫 번째 이유/방법	역사가 길다 历史很长 풍경이 아름답다 景色很美 유명한 곳 有名的地方 자연환경이 아름답다 自然环境很美
	두 번째 이유/방법	맛있는 음식을 먹다 吃到美食 베이징 카오야 北京烤鸭 카오야 가게 烤鸭店
마무리		베이징 北京

STEP 2 메모한 표현과 답변 템플릿을 활용하여 답변하기

모범답변 🎧

Wǒ zuì xǐhuan Zhōngguó de Běijīng.
我最喜欢中国的北京。

Shǒuxiān, Běijīng de lìshǐ hěn cháng, érqiě jǐngsè hěn měi. Bǐrú shuō, Běijīng yǒu Chángchéng, Gùgōng děng yǒumíng de
首先，北京的历史很长，而且景色很美。比如说，北京有长城、故宫等有名的
dìfang, érqiě zìrán huánjìng hěn měi. Běijīng yǒu hěn duō jǐngsè měilì de shān hé gōngyuán.
地方，而且自然环境很美。北京有很多景色美丽的山和公园。

Qícì, wǒ kěyǐ zài Běijīng chīdào měishí. Bǐrú shuō, Běijīng yǒu hěn duō hǎochī de, qízhōng wǒ zuì xǐhuan chī de shì
其次，我可以在北京吃到美食。比如说，北京有很多好吃的，其中我最喜欢吃的是
Běijīng kǎoyā. Zài Běijīng, dàochù dōu néng jiàndào kǎoyā diàn, wǒ suíshí dōu kěyǐ chīdào měiwèi de Běijīng kǎoyā.
北京烤鸭。在北京，到处都能见到烤鸭店，我随时都可以吃到美味的北京烤鸭。

Zǒng de lái shuō, wǒ zuì xǐhuan Zhōngguó de Běijīng.
总的来说，我最喜欢中国的北京。

해석 저는 중국의 베이징을 가장 좋아합니다. 먼저, 베이징은 역사가 길고, 게다가 풍경이 아름답습니다. 예를 들어, 베이징은 만리장성, 고궁 등 유명한 곳이 있고, 게다가 자연환경이 아름답습니다. 베이징에는 풍경이 아름다운 산과 공원이 많이 있습니다. 그 다음으로, 저는 베이징에서 맛있는 음식을 먹을 수 있습니다. 예를 들어, 베이징에는 맛있는 음식이 많이 있는데, 그중에서 제가 가장 좋아하는 것은 베이징 카오야입니다. 베이징에서는 카오야 가게를 곳곳에서 볼 수 있고, 맛있는 베이징 카오야를 언제든지 먹을 수 있습니다. 결론적으로 말하자면, 저는 중국의 베이징을 가장 좋아합니다.

어휘 **历史** lìshǐ 몡 역사   **景色** jǐngsè 몡 풍경, 경치   **自然** zìrán 몡 자연   **美食** měishí 맛있는 음식   **烤鸭** kǎoyā 몡 카오야, 오리구이
长城 Chángchéng 고유 만리장성   **美丽** měilì 휑 아름답다, 예쁘다

2 해결방안을 묻는 질문

🎧 제3부분_유형_02_해결방안

빈출 질문

일상생활 관련
친구가 실패를 겪었을 때, 자신의 가게를 열 기회가 있을 때와 같은 상황에 대해 해결방안을 묻는 질문이 출제돼요.

Rúguǒ nǐ de péngyou jīnglìle yí cì shībài, nǐ huì zěnme ānwèi tā?
如果你的朋友经历了一次失败，你会怎么安慰他?
만약 당신의 친구가 실패를 겪었다면, 당신은 그를 어떻게 위로할 것인가요?

Rúguǒ nǐ yǒu jīhuì kāi zìjǐ de diàn, nǐ huì kāi shénme diàn?
如果你有机会开自己的店，你会开什么店?
만약 당신에게 자신의 가게를 열 기회가 생긴다면, 당신은 어떤 가게를 열 것인가요?

학교·회사 관련
학교 친구가 나를 화나게 할 때, 회사가 집에서 멀 때와 같은 상황에 대해 해결방안을 묻는 질문이 출제돼요.

Rúguǒ nǐ de tóngxué zuòle ràng nǐ shēngqì de shì, nǐ huì zěnme zuò?
如果你的同学做了让你生气的事，你会怎么做?
만약 당신의 친구가 당신을 화나게 하는 일을 했다면, 당신은 어떻게 할 것인가요?

Rúguǒ gōngsī lí jiā hěn yuǎn, nǐ huì zěnme zuò?
如果公司离家很远，你会怎么做? 만약 회사가 집에서 멀다면, 당신은 어떻게 할 것인가요?

중국문화 관련
부모님이 중국에 오셨을 때, 중국 여행 계획과 같은 상황에 대해 해결방안을 묻는 질문이 출제돼요.

Rúguǒ nǐ de fùmǔ lái Zhōngguó, nǐ huì dài tāmen qù nǎli wánr?
如果你的父母来中国，你会带他们去哪里玩儿?
만약 당신의 부모님께서 중국에 오신다면, 당신은 그들을 어디에 데려갈 것인가요?

Rúguǒ nǐ yǒu qī tiān jiàqī qù Zhōngguó lǚyóu, nǐ huì zěnme ānpái shíjiān?
如果你有7天假期去中国旅游，你会怎么安排时间?
만약 당신이 7일간의 휴가 동안 중국으로 여행을 간다면, 당신은 시간을 어떻게 계획할 것인가요?

일상생활 관련

(1) 대표 활용 표현 🎧

陪在他身边 péizài tā shēnbiān 그의 곁에 있다　做开心的事情 zuò kāixīn de shìqing 즐거운 일을 한다
心情很差 xīnqíng hěn chà 기분이 좋지 않다　找到了满意的工作 zhǎodàole mǎnyì de gōngzuò 만족스러운 직장을 찾았다

(2) 대표 문제의 핵심 표현 및 모범답변

| Rúguǒ nǐ de péngyou jīnglìle yí cì shībài, nǐ huì zěnme ānwèi tā? 如果 你的 朋友 经历了一次失败，你会 怎么 安慰他？ | 만약 당신의 친구가 실패를 겪었다면, 당신은 그를 어떻게 위로할 것인가요? |

STEP 1 질문 읽고 답변 연습하면서 핵심 표현 메모하기

<답변 구조>		<핵심 표현 메모>	
도입		두 가지 방법	两个方法
전개	첫 번째 이유/방법	그의 곁에 함께 있다 그의 말을 듣다	陪在他身边 听他说话
	두 번째 이유/방법	즐거운 일을 한다 슬픈 일을 잊다 기분이 좋지 않다	做一些开心的事情 忘记难过的事 心情会很差
마무리		두 가지 방법	两个方法

STEP 2 메모한 표현과 답변 템플릿을 활용하여 답변하기

모범답변 🎧

Rúguǒ wǒ de péngyou jīnglìle yí cì shībài, wǒ huì yòng yǐxià liǎng ge fāngfǎ ānwèi tā.
如果我的朋友经历了一次失败，我会用以下两个方法安慰他。

Wǒ lái shuō dìyī ge fāngfǎ. Wǒ huì ānjìng de péizài tā shēnbiān. Bǐrú shuō, rén nánguò de shíhou, qíshí zuì xūyào yǒurén péizhe. Suǒyǐ wǒ huì péizài péngyou shēnbiān, tīng tā shuōhuà.
我来说第一个方法。我会安静地陪在他身边。比如说，人难过的时候，其实最需要有人陪着。所以我会陪在朋友身边，听他说话。

Wǒ lái shuō dì èr ge fāngfǎ. Wǒ huì hé péngyou yìqǐ zuò yìxiē kāixīn de shìqing, ràng péngyou wàngjì nánguò de shì. Bǐrú shuō, jīnglìle shībài hòu, rén de xīnqíng huì hěn chà, suǒyǐ wǒ huì hé péngyou qù zuò tā xiǎng zuò de shì, ràng tā kāixīn yìxiē.
我来说第二个方法。我会和朋友一起做一些开心的事情，让朋友忘记难过的事。比如说，经历了失败后，人的心情会很差，所以我会和朋友去做他想做的事，让他开心一些。

Zǒng de lái shuō, rúguǒ wǒ de péngyou jīnglìle yí cì shībài, wǒ huì yòng zhè liǎng ge fāngfǎ ānwèi tā.
总的来说，如果我的朋友经历了一次失败，我会用这两个方法安慰他。

해석 만약 제 친구가 실패를 겪었다면, 저는 다음과 같은 두 가지 방법으로 그를 위로할 것입니다. 첫 번째 방법을 말하겠습니다. 저는 조용히 그의 곁에 함께 있을 것입니다. 예를 들어, 사람이 괴로울 때는 사실 누군가가 함께 있는 것이 가장 필요합니다. 그래서 저는 친구 곁에서 그의 말을 들어줄 것입니다. 두 번째 방법을 말하겠습니다. 저는 친구와 함께 즐거운 일을 해서 친구가 슬픈 일을 잊게 할 것입니다. 예를 들어, 실패를 겪은 후 사람은 기분이 좋지 않습니다. 그래서 저는 친구와 같이 그가 하고 싶은 일을 하면서 그를 즐겁게 해줄 것입니다. 결론적으로 말하자면, 만약 제 친구가 실패를 겪었다면, 저는 이 두 가지 방법으로 그를 위로할 것입니다.

어휘 经历 jīnglì 图 겪다　失败 shībài 图 실패하다　安慰 ānwèi 图 위로하다　方法 fāngfǎ 圆 방법　陪 péi 图 곁에서 함께하다
开心 kāixīn 圈 즐겁다　心情 xīnqíng 圆 기분

· 陪在…身边 péizài…shēnbiān ~의 곁에 있다

학교·회사 관련

(1) 대표 활용 표현 🎧

冷静下来 lěngjìng xiàlai 진정시키다　发脾气 fā píqi 화를 내다　听解释 tīng jiěshì 설명을 듣는다　节约时间 jiéyuē shíjiān 시간을 아끼다
早点儿出门 zǎodiǎnr chūmén 일찍 나가다　早睡早起 zǎo shuì zǎo qǐ 일찍 자고 일찍 일어난다

(2) 대표 문제의 핵심 표현 및 모범답변

> Rúguǒ nǐ de tóngxué zuòle ràng nǐ shēngqì de shì, nǐ huì zěnme zuò?
> 如果你的同学做了让你生气的事，你会怎么做？
> 만약 당신의 친구가 당신을 화나게 하는 일을 했다면, 당신은 어떻게 할 것인가요?

STEP 1 질문 읽고 답변 연습하면서 핵심 표현 메모하기

<답변 구조> / <핵심 표현 메모>

답변 구조		핵심 표현 메모
도입		두 가지 방법　**两个方法**
전개	첫 번째 이유/방법	진정시키다　**冷静下来** 성급하게 화를 내지 않는다　**不会急着发脾气** 마음이 편안해지다　**放松一下**
	두 번째 이유/방법	친구에게 묻다　**问同学** 이유　**原因** 인내심 있게 그의 설명을 듣다　**耐心地听他解释**
마무리		두 가지 방법　**两个方法**

STEP 2 메모한 표현과 답변 템플릿을 활용하여 답변하기

모범답변 🎧

> Rúguǒ wǒ de tóngxué zuòle ràng wǒ shēngqì de shì, wǒ huì yòng yǐxià liǎng ge fāngfǎ jiějué zhège wèntí.
> 如果我的同学做了让我生气的事，我会用以下**两个方法**解决这个问题。
>
> Shǒuxiān, wǒ huì ràng zìjǐ lěngjìng xiàlai. Bǐrú shuō, wǒ bú huì jízhe fā píqi, érshì xiān qù zuò qítā shì, ràng zìjǐ shāowēi fàngsōng yíxià.
> 首先，我会让自己**冷静下来**。比如说，我**不会急着发脾气**，而是先去做其他事，让自己稍微**放松一下**。
>
> Qícì, wǒ huì shìzhe qù wèn tóngxué tā wèishénme zuòle ràng wǒ shēngqì de shì. Bǐrú shuō, wǒ huì zhǎo jīhuì wèn tóngxué tā zuò ràng wǒ shēngqì de shì de yuányīn, ránhòu nàixīn de tīng tā jiěshì. Shuōbudìng tā bú shì gùyì de, yǒu zìjǐ de yuányīn.
> 其次，我会试着去**问同学**他为什么做了让我生气的事。比如说，我会找机会问同学他做让我生气的事的**原因**，然后**耐心地听他解释**。说不定他不是故意的，有自己的原因。
>
> Zǒng de lái shuō, rúguǒ wǒ de tóngxué zuòle ràng wǒ shēngqì de shì, wǒ huì yòng zhè liǎng ge fāngfǎ jiějué zhège wèntí.
> 总的来说，如果我的同学做了让我生气的事，我会用这**两个方法**解决这个问题。

해석 만약 제 친구가 저를 화나게 하는 일을 했다면, 저는 다음과 같은 두 가지 방법으로 이 문제를 해결할 것입니다. 먼저, 저는 제 자신을 진정시킬 것입니다. 예를 들어, 저는 성급하게 화를 내지 않고, 우선 다른 일을 하면서 제 마음이 조금 편안해질 수 있게 할 것입니다. 그 다음으로, 왜 저를 화나게 하는 일을 했는지 친구에게 물어볼 것입니다. 예를 들어, 저는 기회를 봐서 저를 화나게 한 이유를 친구에게 물어본 후, 인내심 있게 그의 설명을 들을 것입니다. 그가 일부러 한 것이 아니라 자신만의 이유가 있을지도 모르기 때문입니다. 결론적으로 말하자면, 만약 제 친구가 저를 화나게 하는 일을 했다면, 저는 이 두 가지 방법으로 이 문제를 해결할 것입니다.

어휘 冷静 lěngjìng [형] 진정하다　发脾气 fā píqi 화를 내다　原因 yuányīn [명] 원인　耐心 nàixīn [형] 인내심이 있다
解释 jiěshì [동] 설명하다, 해명하다　稍微 shāowēi [부] 조금　故意 gùyì [부] 일부러

중국문화 관련

(1) 대표 활용 표현

非常有名 fēicháng yǒumíng 매우 유명하다　交通方便 jiāotōng fāngbiàn 교통이 편리하다　值得去看 zhídé qù kàn 가서 볼만 하다
热闹 rènao 시끌벅적하다

(2) 대표 문제의 핵심 표현 및 모범답변

Rúguǒ nǐ de fùmǔ lái Zhōngguó, nǐ huì dài tāmen qù nǎli wánr?
如果 你的父母来 中国，你会 带 他们 去哪里玩儿？　만약 당신의 부모님께서 중국에 오신다면, 당신은 그들을 어디에 데려갈 것인가요?

STEP 1 질문 읽고 답변 연습하면서 핵심 표현 메모하기

<답변 구조>　<핵심 표현 메모>

도입	고궁 故宫
전개 - 첫 번째 이유/방법	매우 유명하다 非常有名 볼만한 것들이 많이 있다 有很多值得看的东西 분명히 실망하지 않을 것이다 肯定不会失望的
전개 - 두 번째 이유/방법	교통이 매우 편리하다 交通非常方便 지하철을 타다 坐地铁 바로 도착하다 直接到
마무리	고궁 故宫

STEP 2 메모한 표현과 답변 템플릿을 활용하여 답변하기

모범답변

Rúguǒ wǒ de fùmǔ lái Zhōngguó, wǒ huì dài tāmen qù Gùgōng wánr.
如果我的父母来中国，我会带他们去故宫玩儿。

Wǒ lái shuō dìyī ge lǐyóu. Gùgōng fēicháng yǒumíng. Bǐrú shuō, Gùgōng yǒu hěn duō zhídé kàn de dōngxi, suǒyǐ tā shì
我来说第一个理由。故宫非常有名。比如说，故宫有很多值得看的东西，所以它是
hěn duō yóukè dōu xiǎng qù de dìfang. Rúguǒ wǒ de fùmǔ qù Gùgōng, kěndìng bú huì shīwàng de.
很多游客都想去的地方。如果我的父母去故宫，肯定不会失望的。

Wǒ lái shuō dì èr ge lǐyóu. Gùgōng jiāotōng fēicháng fāngbiàn. Bǐrú shuō, Gùgōng zài Běijīng shìqū, suǒyǐ zhǐyào zuò
我来说第二个理由。故宫交通非常方便。比如说，故宫在北京市区，所以只要坐
dìtiě, jiù néng zhíjiē dào, jiāotōng shífēn fāngbiàn.
地铁，就能直接到，交通十分方便。

Zǒng de lái shuō, rúguǒ wǒ de fùmǔ lái Zhōngguó, wǒ huì dài tāmen qù Gùgōng wánr.
总的来说，如果我的父母来中国，我会带他们去故宫玩儿。

해석　만약 부모님께서 중국에 오신다면, 저는 그들을 데리고 고궁에 놀러 갈 것입니다. 첫 번째 이유를 말하겠습니다. 고궁은 매우 유명합니다. 예를 들어, 고궁은 볼만한 것들이 많이 있어서 많은 관광객들이 가고 싶어하는 곳입니다. 만약 제 부모님께서 고궁에 가시면, 분명히 실망하시지 않을 겁니다. 두 번째 이유를 말하겠습니다. 고궁은 교통이 매우 편리합니다. 예를 들어, 고궁은 베이징 시내에 있어서 지하철을 타기만 하면 바로 도착할 수 있어, 교통이 매우 편리합니다. 결론적으로 말하자면, 만약 부모님께서 중국에 오신다면, 저는 그들을 데리고 고궁에 놀러 갈 것입니다.

어휘　值得 zhídé 동 ~할 만하다　肯定 kěndìng 부 분명히　失望 shīwàng 형 실망스럽다　交通 jiāotōng 명 교통
只要 zhǐyào 접 ~하기만 하면　直接 zhíjiē 형 바로　十分 shífēn 부 매우

3 소개를 요청하는 질문 🎧 제3부분_유형_03_소개 요청

빈출 질문

일상생활 관련
평소에 좋아하는 취미나 친구 등 일상생활과 관련하여 소개를 요청하는 질문이 출제돼요.

Qǐng jièshào nǐ píngshí de àihào.
请 介绍 你 平时 的 爱好。 당신의 평소 취미를 소개해 주세요.

Qǐng jièshào nǐ de péngyou.
请 介绍 你的 朋友。 당신의 친구를 소개해 주세요.

중국문화 관련
중국 명절이나 음식 등 중국문화와 관련하여 소개를 요청하는 질문이 출제돼요.

Qǐng jièshào yíxià nǐ liǎojiě de Zhōngguó jiérì.
请 介绍 一下 你 了解 的 中国 节日。 당신이 알고 있는 중국 명절에 대해 소개해 주세요.

Qǐng jièshào nǐ zuì xǐhuan de Zhōngguó cài.
请 介绍 你 最 喜欢 的 中国 菜。 당신이 가장 좋아하는 중국 음식을 소개해 주세요.

개인 경험 관련
자랑스러웠던 일, 기억에 남는 경험 등 개인적인 경험과 관련하여 소개를 요청하는 질문이 출제돼요.

Qǐng shuō yíxià ràng nǐ gǎndào jiāo'ào de shì.
请 说 一下 让 你 感到 骄傲 的 事。 당신이 자랑스러웠던 일에 대해 말해보세요.

Qǐng shuō yíxià zuì ràng nǐ nánwàng de jīnglì.
请 说 一下 最 让 你 难忘 的 经历。 가장 기억에 남는 경험에 대해 말해보세요.

일상생활 관련

(1) 대표 활용 표현

打网球 dǎ wǎngqiú 테니스를 치다　锻炼全身 duànliàn quánshēn 온몸을 단련하다　丰富 fēngfù 풍요롭게 하다
生活变得更有意思 shēnghuó biàn de gèng yǒu yìsi 생활이 더욱 재미있어지다
忘掉不开心的事 wàngdiào bù kāixīn de shì 안 좋은 일은 잊어버리다

(2) 대표 문제의 핵심 표현 및 모범답변

> Qǐng jièshào nǐ píngshí de àihào.
> 请 介绍 你 平时 的 爱好。　당신의 평소 취미를 소개해 주세요.

STEP 1 질문 읽고 답변 연습하면서 핵심 표현 메모하기

<답변 구조>　<핵심 표현 메모>

도입	테니스를 치다　打网球
전개 - 첫 번째 이유/방법	몸을 더 건강하게 한다　让身体变得更健康 온몸을 단련하다　锻炼全身 다이어트하다　减肥
전개 - 두 번째 이유/방법	풍요롭게 하다　丰富 주말 생활이 더욱 재미있어지다　周末生活变得更有意思了
마무리	테니스를 치다　打网球

STEP 2 메모한 표현과 답변 템플릿을 활용하여 답변하기

모범답변

> Wǒ lái jièshào wǒ píngshí de àihào. Wǒ píngshí xǐhuan dǎ wǎngqiú.
> 我来介绍我平时的爱好。我平时喜欢打网球。
>
> Wǒ lái shuō dìyī ge lǐyóu. Dǎ wǎngqiú huì ràng shēntǐ biàn de gèng jiànkāng. Bǐrú shuō, dǎ wǎngqiú kěyǐ duànliàn quánshēn, duì jiǎnféi yě yǒu bāngzhù. Wǒ juéde dǎ wǎngqiú hòu, shēntǐ biàn de gèng jiànkāng le.
> 我来说第一个理由。打网球会让身体变得更健康。比如说，打网球可以锻炼全身，对减肥也有帮助。我觉得打网球后，身体变得更健康了。
>
> Wǒ lái shuō dì èr ge lǐyóu. Dǎ wǎngqiú fēngfùle wǒ de zhōumò shēnghuó. Bǐrú shuō, zhīqián měi dào zhōumò, wǒ zhǐshì zài jiāli tǎngzhe kàn diànshì, ér xiànzài, wǒ dōu huì qù dǎ wǎngqiú. Wǒ de zhōumò shēnghuó biàn de gèng yǒu yìsi le.
> 我来说第二个理由。打网球丰富了我的周末生活。比如说，之前每到周末，我只是在家里躺着看电视，而现在，我都会去打网球。我的周末生活变得更有意思了。
>
> Zǒng de lái shuō, wǒ píngshí de àihào shì dǎ wǎngqiú.
> 总的来说，我平时的爱好是打网球。

해석　저의 평소 취미를 소개하겠습니다. 저는 평소에 테니스를 치는 것을 좋아합니다. 첫 번째 이유를 말하겠습니다. 테니스를 치는 것은 몸을 더 건강하게 합니다. 예를 들어, 테니스를 치면 온몸을 단련할 수 있어 다이어트에도 도움이 됩니다. 저는 테니스를 치고 나서 몸이 더 건강해졌다고 생각합니다. 두 번째 이유를 말하겠습니다. 테니스를 치는 것은 저의 주말 생활을 풍요롭게 합니다. 예를 들어, 이전에는 주말마다 집에 누워서 텔레비전만 봤습니다. 그러나 지금은 테니스를 치러 갑니다. 저의 주말 생활이 더욱 재미있어졌습니다. 결론적으로 말하자면, 저의 평소 취미는 테니스를 치는 것입니다.

어휘　平时 píngshí 몡 평소　打网球 dǎ wǎngqiú 테니스를 치다　减肥 jiǎnféi 동 다이어트하다　丰富 fēngfù 동 풍요롭게 하다
生活 shēnghuó 몡 생활, 삶　躺 tǎng 동 눕다
· 对…有帮助 duì…yǒu bāngzhù ~에 도움이 된다

중국문화 관련

(1) 대표 활용 표현

中秋节 Zhōngqiūjié 중추절　聚在一起 jùzài yìqǐ 모이다　吃月饼 chī yuèbǐng 위에빙을 먹다　吃饺子 chī jiǎozi 만두를 먹다
不同味道 bùtóng wèidao 맛이 다르다　看花灯 kàn huādēng 꽃등을 보다

(2) 대표 문제의 핵심 표현 및 모범답변

> Qǐng jièshào yíxià nǐ liǎojiě de Zhōngguó jiérì.
> 请 介绍 一下你了解的 中国 节日。　당신이 알고 있는 중국 명절에 대해 소개해 주세요.

STEP 1 질문 읽고 답변 연습하면서 핵심 표현 메모하기

<답변 구조>　　<핵심 표현 메모>

답변 구조		핵심 표현 메모
도입		중추절　中秋节
전개	첫 번째 이유/방법	온 가족이 모이다　全家人都会聚在一起 고향으로 내려가서 중추절을 보내다　回老家过中秋节 즐겁게 식사를 하고 이야기를 나누다　开心地吃饭、聊天
	두 번째 이유/방법	재미있는 활동　有趣的活动 달을 보다　看月亮 꽃등을 보다　看花灯 위에빙을 먹다　吃月饼
마무리		중추절　中秋节

STEP 2 메모한 표현과 답변 템플릿을 활용하여 답변하기

모범답변

Wǒ lái jièshào yíxià wǒ liǎojiě de Zhōngguó jiérì. Wǒ bǐjiào liǎojiě Zhōngguó de Zhōngqiūjié, yīnwèi tā shì hěn tèbié de jiérì.
我来介绍一下我了解的中国节日。我比较了解中国的中秋节，因为它是很特别的节日。

Wǒ lái shuō dìyī ge lǐyóu. Zhōngqiūjié nàtiān, quánjiārén dōu huì jùzài yìqǐ. Bǐrú shuō, jíshǐ zài bié de chéngshì,
我来说第一个理由。中秋节那天，全家人都会聚在一起。比如说，即使在别的城市，
huòzhě gōngzuò zài máng, rénmen yě huì huí lǎojiā guò Zhōngqiūjié. Quánjiārén huì jùzài yìqǐ kāixīn de chī fàn, liáotiān.
或者工作再忙，人们也会回老家过中秋节。全家人会聚在一起开心地吃饭、聊天。

Wǒ lái shuō dì èr ge lǐyóu. Zhōngqiūjié nàtiān yǒu hěn duō yǒuqù de huódòng. Bǐrú shuō, rénmen huì kàn yuèliang,
我来说第二个理由。中秋节那天有很多有趣的活动。比如说，人们会看月亮、
kàn huādēng, chī yuèbing. Chúle zhèxiē, hǎowán de huódòng hái yǒu hěn duō.
看花灯、吃月饼。除了这些，好玩的活动还有很多。

Zǒng de lái shuō, wǒ bǐjiào liǎojiě Zhōngguó de Zhōngqiūjié.
总的来说，我比较了解中国的中秋节。

해석　제가 알고 있는 중국 명절을 소개하겠습니다. 저는 중국의 중추절에 대해 비교적 잘 알고 있는데, 중추절은 특별한 명절이기 때문입니다. 첫 번째 이유를 말하겠습니다. 중추절에는 온 가족이 모입니다. 예를 들어, 설령 다른 도시에 있거나, 일이 아무리 바쁘더라도 사람들은 고향으로 내려가서 중추절을 보냅니다. 온 가족이 모여 즐겁게 식사를 하고 이야기를 나눕니다. 두 번째 이유를 말하겠습니다. 중추절에는 재미있는 활동이 많습니다. 예를 들어, 사람들은 달을 보고, 꽃등을 보고, 위에빙을 먹습니다. 이것들 말고도 재미있는 활동이 더 많습니다. 결론적으로 말하자면, 저는 중국의 중추절에 대해 비교적 잘 알고 있습니다.

어휘　中秋节 Zhōngqiūjié [고유] 중추절　聚 jù [동] 모이다　开心 kāixīn [형] 즐겁다　有趣 yǒuqù [형] 재미있다
· 即使…, 也… jíshǐ…, yě… 설령 ~하더라도

개인 경험 관련

(1) 대표 활용 표현

获得第一名 huòdé dìyī míng 1등을 하다 没有拿过奖 méiyǒu náguo jiǎng 상을 받은 적이 없다
终于获得了 zhōngyú huòdé le 드디어 받았다 参加翻译比赛 cānjiā fānyì bǐsài 통역 대회에 참가하다 自信 zìxìn 자신감있다

(2) 대표 문제의 핵심 표현 및 모범답변

> Qǐng shuō yíxià ràng nǐ gǎndào jiāo'ào de shì.
> 请 说 一下 让 你 感到 骄傲 的 事。 당신이 자랑스러웠던 일에 대해 말해보세요.

STEP 1 질문 읽고 답변 연습하면서 핵심 표현 메모하기

<답변 구조> <핵심 표현 메모>

도입	1등을 하다 获得第一名
전개 — 첫 번째 이유/방법	꾸준히 연습하다 坚持练习 포기한 적이 없다 没有放弃过 아무리 힘들고 피곤해도 再苦再累
전개 — 두 번째 이유/방법	좋은 성적 好的成绩 상을 받은 적이 없다 没有拿过奖 드디어 받았다 终于获得了
마무리	1등을 하다 获得第一名

STEP 2 메모한 표현과 답변 템플릿을 활용하여 답변하기

모범답변

Wǒ lái shuō yíxià ràng wǒ gǎndào jiāo'ào de shì. Zài yǔmáoqiú bǐsài zhōng huòdé dìyī míng zhè jiàn shì ràng wǒ gǎndào jiāo'ào.
我来说一下让我感到骄傲的事。在羽毛球比赛中获得第一名这件事让我感到骄傲。

Shǒuxiān, wèile zhège bǐsài, wǒ měitiān dōu jiānchí liànxí, cónglái méiyǒu fàngqì guo. Bǐrú shuō, zài zhǔnbèi bǐsài
首先，为了这个比赛，我每天都坚持练习，从来没有放弃过。比如说，在准备比赛
de guòchéng zhōng, wǒ jíshǐ zài kǔ zài lèi, yě měitiān dōu qù liànxí dǎ qiú le.
的过程中，我即使再苦再累，也每天都去练习打球了。

Qícì, wǒ dìyī cì huòdéle zhème hǎo de chéngjì. Bǐrú shuō, wǒ yǐqián yě cānjiā guo hěn duō bǐsài, dàn dōu méiyǒu
其次，我第一次获得了这么好的成绩。比如说，我以前也参加过很多比赛，但都没有
náguo jiǎng, dàn zhè cì zhōngyú huòdéle dìyī míng.
拿过奖，但这次终于获得了第一名。

Zǒng de lái shuō, zài yǔmáoqiú bǐsài zhōng huòdé dìyī míng zhè jiàn shì ràng wǒ gǎndào jiāo'ào.
总的来说，在羽毛球比赛中获得第一名这件事让我感到骄傲。

해석 제가 자랑스러웠던 일에 대해 말해보겠습니다. 배드민턴 대회에서 1등을 한 것이 자랑스럽습니다. 먼저, 이 대회를 위해, 저는 매일 꾸준히 연습하며, 지금까지 포기한 적이 없습니다. 예를 들어, 대회를 준비하는 과정에서 저는 아무리 힘들고 피곤해도 매일 배드민턴 치는 것을 연습하러 갔습니다. 그 다음으로, 저는 처음으로 이렇게 좋은 성적을 받았습니다. 예를 들어, 저는 예전에도 여러 대회를 참가했었지만 상을 받은 적이 없었습니다. 하지만 이번에는 드디어 1등을 했습니다. 결론적으로 말하자면, 배드민턴 대회에서 1등을 한 것이 자랑스럽습니다.

어휘 骄傲 jiāo'ào 휑 자랑스럽다 获得 huòdé 동 얻다, 취득하다 坚持 jiānchí 동 꾸준히 하다 放弃 fàngqì 동 포기하다
羽毛球 yǔmáoqiú 명 배드민턴 从来 cónglái 閈 지금까지 过程 guòchéng 명 과정 即使 jíshǐ 젭 (설령) ~하더라도
苦 kǔ 휑 힘들다

· 再…, 也… zài…, yě… 아무리 ~하더라도

4 가치관을 묻는 질문

🎧 제3부분_유형_04_가치관

빈출 질문

학교·회사 관련
학습 방법이나 업무 능력 등 학교나 회사와 관련하여 가치관을 묻는 질문이 출제돼요.

Nǐ juéde zěnyàng cái néng xuéhǎo wàiyǔ? Qǐng tántan nǐ de kànfǎ.
你觉得怎样才能学好外语？请谈谈你的看法。
당신은 어떻게 해야 외국어를 잘 배울 수 있다고 생각하나요? 당신의 견해를 말해보세요.

Nǐ juéde zìjǐ nǎ fāngmiàn de nénglì duì gōngzuò yǒu bāngzhù?
你觉得自己哪方面的能力对工作有帮助？
당신은 자신의 어떤 방면의 능력이 업무에 도움된다고 생각하나요?

과학기술 관련
휴대폰이나 온라인 수업 등 과학기술과 관련하여 가치관을 묻는 질문이 출제돼요.

Xiànzài hěn duō rén zài shēnghuó zhōng lí bu kāi shǒujī, nǐ zěnme kàn?
现在很多人在生活中离不开手机，你怎么看？
요즘 많은 사람들은 생활에서 휴대폰을 놓지 않는데, 당신은 어떻게 생각하나요?

Yǒu rén shuō "shàng wǎngkè de huà, xuéxí xiàoguǒ huì biàn chà", nǐ zěnme kàn?
有人说"上网课的话，学习效果会变差"，你怎么看？
어떤 사람은 '온라인 수업은 학습 효과가 떨어진다'고 하는데, 당신은 어떻게 생각하나요?

삶의 태도 관련
시간과 돈 중에서 어떤 것이 중요한지 등과 같이 삶의 태도를 묻는 질문이 출제돼요.

Shíjiān hé jīnqián nǎge gèng zhòngyào? Qǐng tántan nǐ de kànfǎ.
时间和金钱哪个更重要？请谈谈你的看法。
시간과 돈 중 어느 것이 더 중요한가요? 당신의 견해를 말해보세요.

Duìyú "hǎo de kāishǐ jiù shì chénggōng de yíbàn" zhè jù huà, nǐ shì zěnme lǐjiě de?
对于"好的开始就是成功的一半"这句话，你是怎么理解的？
'좋은 시작은 성공의 반이다'이 말에 대해, 당신은 어떠한 견해를 가지고 있나요?

학교·회사 관련

(1) 대표 활용 표현 🎧

查词典 chá cídiǎn 사전을 찾다   多练习说话 duō liànxí shuōhuà 말하기 연습을 많이 하다   写文章 xiě wénzhāng 글을 쓰다
提高工作质量 tígāo gōngzuò zhìliàng 업무의 질을 향상시키다   遇到问题 yùdào wèntí 문제를 맞닥뜨리다   学历史 xué lìshǐ 역사를 배우다

(2) 대표 문제의 핵심 표현 및 모범답변

Nǐ juéde zěnyàng cái néng xuéhǎo wàiyǔ? Qǐng tántan nǐ de kànfǎ. 你觉得怎样才能学好外语？请谈谈你的看法。	당신은 어떻게 해야 외국어를 잘 배울 수 있다고 생각하나요? 당신의 견해를 말해보세요.

STEP 1 질문 읽고 답변 연습하면서 핵심 표현 메모하기

<답변 구조>   <핵심 표현 메모>

도입	두 가지 방법 两个方法
전개 - 첫 번째 이유/방법	외국 영화를 많이 본다 多看外国电影 새로운 단어를 공부한다 学习新词语 모르는 단어 不认识的词语 사전을 찾는다 查词典
전개 - 두 번째 이유/방법	말하기 연습을 많이 한다 多练习说话 외국인 친구와 교류한다 和外国朋友交流 외국어 실력이 향상된다 提高外语水平
마무리	두 가지 방법 两个方法

STEP 2 메모한 표현과 답변 템플릿을 활용하여 답변하기

모범답변 🎧

 Wǒ juéde yǒu yǐxià liǎng ge fāngfǎ néng xuéhǎo wàiyǔ. Wǒ lái tántan wǒ de kànfǎ.
我觉得有以下**两个方法**能学好外语。我来谈谈我的看法。

Wǒ lái shuō dìyī ge fāngfǎ. Duō kàn wàiguó diànyǐng, xuéxí xīn cíyǔ. Bǐrú shuō, wǒ kàn wàiguó diànyǐng shí, yǒu bú
我来说第一个方法。**多看外国电影，学习新词语**。比如说，我看外国电影时，有**不**
rènshi de cíyǔ, jiù huì chá cídiǎn. Tōngguò zhè zhǒng fāngfǎ, wǒ néng xuédào hěn duō xīn de cíyǔ.
认识的词语，就会**查词典**。通过这种方法，我能学到很多新的词语。

Wǒ lái shuō dì èr ge fāngfǎ. Duō liànxí shuōhuà, xuéxí biāozhǔn de fāyīn. Bǐrú shuō, yào jīngcháng hé wàiguó péngyou
我来说第二个方法。**多练习说话**，学习标准的发音。比如说，要经常**和外国朋友**
jiāoliú, zhèyàng bùjǐn kěyǐ tígāo wàiyǔ shuǐpíng, érqiě hái kěyǐ liànxí zhèngquè de fāyīn.
交流，这样不仅可以**提高外语水平**，而且还可以练习正确的发音。

Zǒng de lái shuō, wǒ juéde zhè liǎng ge fāngfǎ néng xuéhǎo wàiyǔ.
总的来说，我觉得这**两个方法**能学好外语。

해석 저는 다음과 같은 두 가지 방법으로 외국어를 잘 배울 수 있다고 생각합니다. 제 견해를 말해보겠습니다. 첫 번째 방법을 말하겠습니다. 외국 영화를 많이 보고, 새로운 단어를 공부하는 것입니다. 예를 들어, 저는 외국 영화를 볼 때, 모르는 단어가 있으면, 사전을 찾습니다. 이러한 방법으로 저는 많은 새로운 단어를 배울 수 있었습니다. 두 번째 방법을 말하겠습니다. 말하기 연습을 많이 해서, 표준적인 발음을 배우는 것입니다. 예를 들어, 외국인 친구와 자주 교류하면 외국어 실력이 향상될 뿐만 아니라, 정확한 발음도 연습할 수 있습니다. 결론적으로 말하자면, 저는 이 두 가지 방법으로 외국어를 잘 배울 수 있다고 생각합니다.

어휘 看法 kànfǎ 명 견해   词语 cíyǔ 명 단어   标准 biāozhǔn 형 표준이다   发音 fāyīn 명 발음   正确 zhèngquè 형 정확하다
· 不仅…，而且… bùjǐn…, érqiě… ~뿐만 아니라, ~도

과학기술 관련

(1) 대표 활용 표현 🎧

发信息 fā xìnxī 메시지를 보내다　打电话 dǎ diànhuà 전화를 하다　变得更方便了 biàn de gèng fāngbiàn le 더 편해지다
拍照 pāizhào 사진을 찍다　看新闻 kàn xīnwén 뉴스를 보다　网上上课 wǎngshàng shàngkè 온라인 수업을 하다

(2) 대표 문제의 핵심 표현 및 모범답변

> Xiànzài hěn duō rén zài shēnghuó zhōng lí bu kāi shǒujī, nǐ zěnme kàn?
> 现在 很 多 人 在 生活 中 离不开手机，你 怎么 看？
>
> 요즘 많은 사람들은 생활에서 휴대폰을 놓지 않는데, 당신은 어떻게 생각하나요?

STEP 1 질문 읽고 답변 연습하면서 핵심 표현 메모하기

<답변 구조>　　　<핵심 표현 메모>

도입	정상적이다 **很正常**
전개 첫 번째 이유/방법	다른 사람과 소통할 때 휴대폰을 사용해야 한다 **和别人交流时，需要用到手机**
	휴대폰으로 메시지를 보내거나 전화를 한다 **用手机发信息或打电话**
	소통이 더 편리해졌다 **交流变得更方便了**
전개 두 번째 이유/방법	우리의 삶을 풍요롭게 한다 **丰富了我们的生活**
	사진을 찍고, 쇼핑을 하며, 뉴스를 본다 **拍照、购物、看新闻**
마무리	정상적이다 **很正常**

STEP 2 메모한 표현과 답변 템플릿을 활용하여 답변하기

모범답변 🎧

 Wǒ juéde xiànzài hěn duō rén zài shēnghuó zhōng lí bu kāi shǒujī shì hěn zhèngcháng de.
我觉得现在很多人在生活中离不开手机是很正常的。

Shǒuxiān, zài hěn duō qíngkuàng xià, hé biérén jiāoliú shí, xūyào yòngdào shǒujī. Bǐrú shuō, zài rìcháng shēnghuó hé
首先，在很多情况下，和别人交流时，需要用到手机。比如说，在日常生活和
gōngzuò zhōng, hěn duō rén xǐhuan yòng shǒujī fā xìnxī huò dǎ diànhuà. Yǒule shǒujī, jiāoliú biàn de gèng fāngbiàn le.
工作中，很多人喜欢用手机发信息或打电话。有了手机，交流变得更方便了。

Qícì, shǒujī fēngfùle wǒmen de shēnghuó. Bǐrú shuō, píngshí wǒmen kěyǐ yòng shǒujī pāizhào, gòuwù, kàn
其次，手机丰富了我们的生活。比如说，平时我们可以用手机拍照、购物、看
xīnwén, hái kěyǐ zuò qítā yǒuqù de shì. Yǒule shǒujī, wǒmen de shēnghuó biàn de gèng fēngfù le.
新闻，还可以做其他有趣的事。有了手机，我们的生活变得更丰富了。

Zǒng de lái shuō, wǒ juéde xiànzài hěn duō rén zài shēnghuó zhōng lí bu kāi shǒujī shì hěn zhèngcháng de.
总的来说，我觉得现在很多人在生活中离不开手机是很正常的。

해석 저는 요즘 많은 사람들이 생활에서 휴대폰을 놓지 않는 것이 정상적이라고 생각합니다. 먼저, 많은 상황에서 다른 사람과 소통할 때 휴대폰을 사용해야 합니다. 예를 들어, 일상생활과 직장에서 많은 사람들은 휴대폰으로 메시지를 보내거나 전화를 하는 것을 좋아합니다. 휴대폰이 생김으로써 소통이 더 편리해졌습니다. 그 다음으로, 휴대폰은 우리의 삶을 풍요롭게 합니다. 예를 들어, 평소에 우리는 휴대폰으로 사진을 찍고, 쇼핑을 하며, 뉴스도 보고 다른 재미있는 일도 할 수 있습니다. 휴대폰이 생겨서 우리의 삶은 더 풍요로워졌습니다. 결론적으로 말하자면, 요즘 많은 사람들이 생활에서 휴대폰을 놓지 않는 것이 정상적이라고 생각합니다.

어휘 生活 shēnghuó 몡 생활, 삶　正常 zhèngcháng 톙 정상적이다　交流 jiāoliú 통 소통하다　信息 xìnxī 몡 메시지
拍照 pāizhào 통 사진을 찍다　购物 gòuwù 통 쇼핑을 하다　情况 qíngkuàng 몡 경우, 상황　丰富 fēngfù 통 풍요롭게 하다
平时 píngshí 몡 평소　有趣 yǒuqù 톙 재미있다

· 在…中… zài… zhōng… ~에서

삶의 태도 관련

(1) 대표 활용 표현

过了就没有了 guòle jiù méiyǒu le 지나면 없어진다　一去不回 yí qù bù huí 한번 가면 돌아오지 않는다
买不到时间 mǎi bu dào shíjiān 시간을 살 수 없다　正确的方向 zhèngquè de fāngxiàng 올바른 방향
过程中学到很多东西 guòchéng zhōng xuédào hěn duō dōngxi 과정 중에 많은 것들을 배우다　先做计划 xiān zuò jìhuà 먼저 계획을 세운다

(2) 대표 문제의 핵심 표현 및 모범답변

> Shíjiān hé jīnqián nǎge gèng zhòngyào? Qǐng tántan nǐ de kànfǎ.
> 时间和金钱哪个更重要？请谈谈你的看法。
>
> 시간과 돈 중 어느 것이 더 중요한가요?
> 당신의 견해를 말해보세요.

STEP 1 질문 읽고 답변 연습하면서 핵심 표현 메모하기

<답변 구조>　　　　<핵심 표현 메모>

도입	시간이 더 중요하다　时间更重要
전개 - 첫 번째 이유/방법	지나면 없어진다　过了就没有了 한번 가면 돌아오지 않는다　一去不回 다시 벌다　再赚回来
전개 - 두 번째 이유/방법	시간을 살 수 없다　买不到时间 아무리 많은 돈이 있어도 다시 사올 수 없다　有再多的钱也不能再买回来 돈으로 바꾸다　换来金钱
마무리	시간이 더 중요하다　时间更重要

STEP 2 메모한 표현과 답변 템플릿을 활용하여 답변하기

모범답변

> Wǒ juéde shíjiān gèng zhòngyào. Wǒ lái tántan wǒ de kànfǎ.
> 我觉得时间更重要。我来谈谈我的看法。
>
> Shǒuxiān, shíjiān guòle jiù méiyǒu le, shíjiān shì yí qù bù huí de. Bǐrú shuō, bùguǎn yǐqián duōme měihǎo, guòqù
> 首先，时间过了就没有了，时间是一去不回的。比如说，不管以前多么美好，过去
> le jiù zài yě bù néng huídào yǐqián. Rán'ér jīnqián méiyǒu le, hái kěyǐ zài zhuàn huílai.
> 了就再也不能回到以前。然而金钱没有了，还可以再赚回来。
>
> Qícì, zài duō de jīnqián yě mǎi bu dào shíjiān, dàn shíjiān kěyǐ huànlai jīnqián. Bǐrú shuō, rúguǒ shíjiān bèi làngfèi
> 其次，再多的金钱也买不到时间，但时间可以换来金钱。比如说，如果时间被浪费
> diào le, jíshǐ yǒu zài duō de qián yě bù néng zài mǎi huílai. Dàn cháng shíjiān de nǔlì hé jīlěi de jīngyàn kěyǐ huànlai jīnqián.
> 掉了，即使有再多的钱也不能再买回来。但长时间的努力和积累的经验可以换来金钱。
>
> Zǒng de lái shuō, wǒ juéde shíjiān gèng zhòngyào.
> 总的来说，我觉得时间更重要。

해석　저는 시간이 더 중요하다고 생각합니다. 제 견해를 말해보겠습니다. 먼저, 시간은 지나면 없어지고 시간은 한번 가면 돌아오지 않습니다. 예를 들어, 예전이 얼마나 좋았든지 간에 지나면 다시는 예전으로 돌아갈 수 없습니다. 그러나 돈은 없어지면 다시 벌 수 있습니다. 그 다음으로, 아무리 많은 돈이라도, 시간은 살 수 없지만, 시간은 돈으로 바꿀 수 있습니다. 예를 들어, 만약 시간이 낭비되면 설령 아무리 많은 돈이 있어도 다시 사올 수 없습니다. 하지만 오랜 노력과 축적한 경험은 돈으로 바꿀 수 있습니다. 결론적으로 말하자면, 저는 시간이 더 중요하다고 생각합니다.

어휘　赚 zhuàn 동 (돈을) 벌다　不管 bùguǎn 접 ~하든지 간에　然而 rán'ér 접 그러나　浪费 làngfèi 동 낭비하다
积累 jīlěi 동 축적하다, 쌓다　经验 jīngyàn 명 경험

실전연습

음원을 따라, 1번과 2번의 답변 준비를 6분 동안 한번에 하세요. 그런 후에 각 문제에 대해 답변하세요.

[연습 1] 🎧 제3부분_유형_연습_1

1. Zài chūn xià qiū dōng sì ge jìjié zhōng, nǐ zuì xǐhuan nǎge jìjié? Wèishénme?
   在 春 夏 秋 冬 四个季节 中，你最喜欢哪个季节？为什么？

   <답변 구조> <핵심 표현 메모>

도입	
전개 — 첫 번째 이유/방법	
전개 — 두 번째 이유/방법	
마무리	

2. Rúguǒ gōngsī lí jiā hěn yuǎn, nǐ huì zěnme zuò?
   如果 公司 离家很远，你会怎么做？

   <답변 구조> <핵심 표현 메모>

도입	
전개 — 첫 번째 이유/방법	
전개 — 두 번째 이유/방법	
마무리	

[연습 2] 제3부분_유형_연습_2

1. Qǐng jièshào nǐ zuì xǐhuan de Zhōngguó cài.
   请 介绍你最 喜欢的 中国 菜。

   <답변 구조>   <핵심 표현 메모>

도입	
전개 - 첫 번째 이유/방법	
전개 - 두 번째 이유/방법	
마무리	

2. Nǐ juéde zìjǐ nǎ fāngmiàn de nénglì duì gōngzuò yǒu bāngzhù?
   你觉得自己哪 方面 的能力对 工作 有 帮助？

   <답변 구조>   <핵심 표현 메모>

도입	
전개 - 첫 번째 이유/방법	
전개 - 두 번째 이유/방법	
마무리	

모범답변 및 해석 p.153

> 실전연습

[연습 3] 제3부분_유형_연습_3

Nǐ duì Zhōngguó wénhuà gǎn xìngqù ma? Wèishénme?
1. 你对 中国 文化 感 兴趣吗？为什么？

<답변 구조>		<핵심 표현 메모>
도입		
전개	첫 번째 이유/방법	
	두 번째 이유/방법	
마무리		

Yǒu rén shuō "shàng wǎngkè de huà, xuéxí xiàoguǒ huì biàn chà", nǐ zěnme kàn?
2. 有人 说 "上 网课 的话，学习 效果 会 变 差"，你 怎么 看？

<답변 구조>		<핵심 표현 메모>
도입		
전개	첫 번째 이유/방법	
	두 번째 이유/방법	
마무리		

[연습 4] 🎧 제3부분_유형_연습_4

1. Qǐng shuō yíxià zuì ràng nǐ nánwàng de jīnglì.
   请 说 一下 最 让 你 难忘 的经历。

   <답변 구조>
   | 도입 |
   | 전개 — 첫 번째 이유/방법 |
   | 전개 — 두 번째 이유/방법 |
   | 마무리 |

   <핵심 표현 메모>

2. Rúguǒ nǐ yǒu qī tiān jiàqī qù Zhōngguó lǚyóu, nǐ huì zěnme ānpái shíjiān?
   如果你有 7 天 假期去 中国 旅游，你会 怎么 安排时间？

   <답변 구조>
   | 도입 |
   | 전개 — 첫 번째 이유/방법 |
   | 전개 — 두 번째 이유/방법 |
   | 마무리 |

   <핵심 표현 메모>

모범답변 및 해석 p.157

실전테스트

실제로 시험에 응시하는 것처럼, 음원에 따라 13-14번 답변 준비를 6분 동안 한번에 하고, 그다음 13번과 14번을 각각 2분 동안 답변해 보세요.

[테스트 1] 제3부분_실전테스트_1

13-14

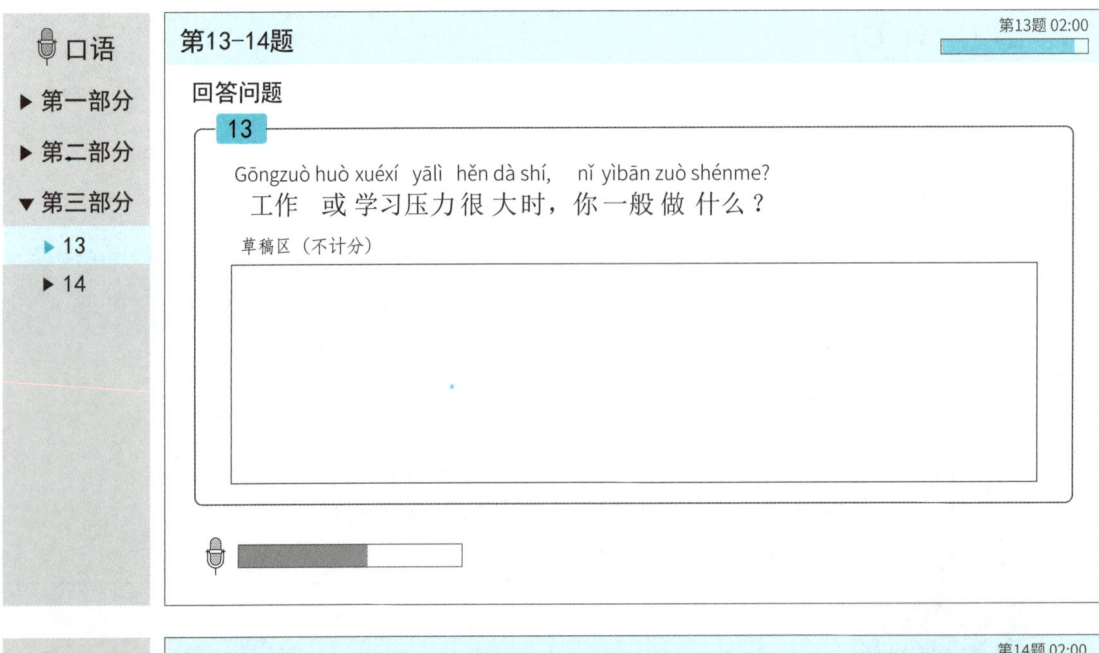

[테스트 2] 제3부분_실전테스트_2

13-14

🎤 口语
▶ 第一部分
▶ 第二部分
▼ 第三部分
　▶ 13
　▶ 14

第13-14题　　　　　　　　　　　　　　　　第13题 02:00

回答问题

13

Nǐ xǐhuan shénme yùndòng?
你 喜欢 什么 运动？

草稿区（不计分）

🎤 口语
▶ 第一部分
▶ 第二部分
▼ 第三部分
　▶ 13
　▶ 14

第13-14题　　　　　　　　　　　　　　　　第14题 02:00

回答问题

14

Rúguǒ nǐ yǒu jīhuì huídào guòqù, nǐ huì xuǎnzé huíqu, háishi réngrán huì xuǎnzé liúzài xiànzài?
如果 你 有 机会 回到 过去，你 会 选择 回去，还是 仍然 会 选择 留在 现在？

草稿区（不计分）

모범답변 및 해석 p.161

본교재동영상강의·무료학습자료제공
china.Hackers.com

실전모의고사

실전모의고사 1 [유튜브로 보는 실전모의고사]

실전모의고사 2

실전모의고사 3

실전모의고사 4

실전모의고사 5

* 실제 시험을 보는 것처럼 실전모의고사를 풀어보세요.
* 교재에 수록된 실전모의고사1은 유튜브에서 실제 시험 환경과 동일하게 문제를 풀어 볼 수 있어요.
* 搜狗(sogou) 프로그램을 컴퓨터에 설치한 후, 컴퓨터의 메모장을 활용하여 답변을 준비해보세요.
  (sogou 프로그램 설치방법 p.9)

실전모의고사 1

〈유튜브로 보는 실전모의고사〉 바로가기

新汉语水平考试
HSK 口试(中级)

注 意

一、HSK口试(中级)分三部分：

    1. 听后重复(10题，5分钟)

    2. 看图说话(2题，4分钟)

    3. 回答问题(2题，4分钟)

二、全部考试约23分钟(含准备时间10分钟)。

第一部分

第1-10题：听后重复

第二部分

第11-12题：看图说话

11. （2分钟）

12. （2分钟）

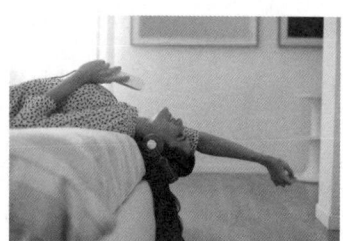

第三部分

第13-14题：回答问题

13. Rúguǒ zài gōngzuò zhōng yùdào kùnnan, nǐ huì zěnme zuò?
如果在工作中遇到困难，你会怎么做？（2分钟）

14. Hé péngyou jiāoliú shí yǒu de rén xǐhuan jiànmiàn, yǒu de rén xǐhuan dǎ diànhuà, yǒu de rén xǐhuan fā duǎnxìn. Nǐ xǐhuan nǎ zhǒng fāngshì? Wèishénme?
和朋友交流时有的人喜欢见面，有的人喜欢打电话，有的人喜欢发短信。你喜欢哪种方式？为什么？（2分钟）

실전모의고사 2

新汉语水平考试
HSK 口试(中级)

注 意

一、HSK 口试(中级)分三部分：

    1. 听后重复(10题，5分钟)

    2. 看图说话(2题，4分钟)

    3. 回答问题(2题，4分钟)

二、全部考试约23分钟(含准备时间10分钟)。

第一部分

第1-10题：听后重复

第二部分

第11-12题：看图说话

11. （2分钟）

12. （2分钟）

第三部分

第13-14题：回答问题

13. 请 介绍 上学 时你最喜欢 上 的课。（2分钟）

14. 你认为 坚持 阅读有 什么 好处？请 谈谈你的看法。（2分钟）

실전모의고사
3

新汉语水平考试
HSK 口试(中级)

注　意

一、HSK 口试(中级)分三部分：

　　1. 听后重复(10题，5分钟)

　　2. 看图说话(2题，4分钟)

　　3. 回答问题(2题，4分钟)

二、全部考试约23分钟(含准备时间10分钟)。

第一部分

第1-10题：听后重复

第二部分

第11-12题：看图说话

11. （2分钟）

12. （2分钟）

第三部分

第13-14题：回答问题

13. Qǐng jiǎndān jièshào yíxià zuìjìn ràng nǐ gāoxìng de shìqing.
    请 简单 介绍 一下 最近 让 你 高兴 的 事情。（2分钟）

14. Nǐ rènwéi guòchéng hé jiéguǒ nǎge gèng zhòngyào? Qǐng tántan nǐ de kànfǎ.
    你认为 过程 和结果哪个 更 重要？请 谈谈 你 的 看法。（2分钟）

실전모의고사 4

新汉语水平考试
HSK 口试(中级)

注 意

一、HSK口试(中级)分三部分：

    1. 听后重复(10题，5分钟)

    2. 看图说话(2题，4分钟)

    3. 回答问题(2题，4分钟)

二、全部考试约23分钟(含准备时间10分钟)。

第一部分

第1-10题：听后重复

第二部分

第11-12题：看图说话

11. （2分钟）

12. （2分钟）

第三部分

第13-14题：回答问题

13. Nǐ xǐhuan zìjǐ zuò fàn chī háishi zài wàimian chī? Wèishénme?
    你喜欢自己做饭吃还是在外面吃？为什么？（2分钟）

14. Yǒuxiē rén shuō "xué Hànyǔ duì liǎojiě Zhōngguó wénhuà yǒu bāngzhù", nǐ zěnme kàn?
    有些人说"学汉语对了解中国文化有帮助"，你怎么看？（2分钟）

실전모의고사
5

新汉语水平考试
HSK 口试(中级)

注 意

一、HSK口试(中级)分三部分：

    1. 听后重复(10题，5分钟)

    2. 看图说话(2题，4分钟)

    3. 回答问题(2题，4分钟)

二、全部考试约23分钟(含准备时间10分钟)。

第一部分

第1-10题：听后重复

第二部分

第11-12题：看图说话

11. （2分钟）

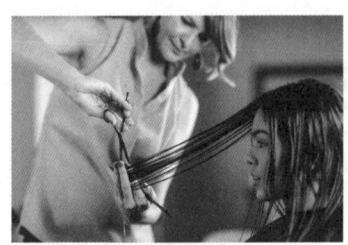

12. （2分钟）

第三部分

第13-14题：回答问题

13. Nǐ juéde zìjǐ de yōudiǎn shì shénme? Qǐng shuō yi shuō.
你觉得自己的优点是什么？请说一说。（2分钟）

14. Rúguǒ nǐ shì jīnglǐ, nǐ xiǎng zhāopìn shénmeyàng de rén? Wèishénme?
如果你是经理，你想招聘什么样的人？为什么？（2分钟）

본교재동영상강의·무료학습자료제공
china.Hackers.com

정답·모범답변·해석

제1부분	130
제2부분	137
제3부분	151
실전모의고사 1	165
실전모의고사 2	171
실전모의고사 3	177
실전모의고사 4	183
실전모의고사 5	189

제1부분

[유형별 공략하기] 실전연습 p.30

[연습 1]

파란색으로 표시된 부분은 한 덩어리로 특히 더 잘 익혀두세요.

1 Tā kàn qǐlai hěn shāngxīn.
她看起来很伤心。
그녀는 슬퍼보인다.

어휘 伤心 shāngxīn 형 슬퍼하다

2 Duìmiàn yǒu yì jiā yóujú.
对面有一家邮局。
맞은편에는 우체국이 있다.

어휘 对面 duìmiàn 명 맞은편, 건너편 邮局 yóujú 명 우체국

3 Nǐ bǐ yǐqián gāo le yìxiē.
你比以前高了一些。
당신은 예전보다 키가 좀 컸어요.

어휘 以前 yǐqián 명 예전

4 Zhù nǐ zhè cì yíqiè shùnlì.
祝你这次一切顺利。
모든 것이 순조롭기를 바랍니다.

어휘 一切 yíqiè 대 모든 것 顺利 shùnlì 형 순조롭다

5 Nà tiáo lù dǔchē tài yánzhòng le.
那条路堵车太严重了。
그 길은 차가 매우 심하게 막힌다.

어휘 堵车 dǔchē 동 차가 막히다 严重 yánzhòng 형 심하다

6 Jīnnián hánjià chūqu lǚyóu de rén hěn duō.
今年寒假出去旅游的人很多。
올해 겨울 방학에 여행가는 사람이 많다.

어휘 寒假 hánjià 명 겨울 방학

7 Zhè zhǒng kāfēi shēn shòu niánqīngrén de huānyíng.
这种咖啡深受年轻人的欢迎。
이런 커피는 젊은이들에게 인기가 있다.

어휘 深受…欢迎 shēn shòu…huānyíng 인기가 있다

8

Chúle Yīngyǔ, nǐ hái huì shénme yǔyán?
除了英语，你还会什么语言？

영어 이외에 당신은 또 어떤 언어를 할 수 있나요?

어휘   语言 yǔyán 몡 언어

9

Zuìjìn wǒ duì xiě wénzhāng bǐjiào gǎn xìngqù.
最近我对写文章比较感兴趣。

최근에 나는 글 쓰는 것에 비교적 관심이 있다.

어휘   文章 wénzhāng 몡 글

10

Xuéshengmen píngshí yīnggāi jījí duànliàn shēntǐ.
学生们平时应该积极锻炼身体。

학생들은 평소에 적극적으로 신체를 단련해야 한다.

어휘   平时 píngshí 몡 평소   积极 jījí 혱 적극적이다

[연습 2]

1

Jìnzhǐ zài cèsuǒ chōuyān.
禁止在厕所抽烟。

화장실에서 담배를 피우는 것을 금지합니다.

어휘   禁止 jìnzhǐ 동 금지하다   厕所 cèsuǒ 몡 화장실   抽烟 chōuyān 동 담배를 피우다

2

Wǒ xiāngxìn nǐ bú huì piàn wǒ.
我相信你不会骗我。

나는 당신이 나를 속이지 않을 것이라고 믿어요.

어휘   骗 piàn 동 속이다

3

Xièxie nǐ kāichē sòng wǒ huíjiā.
谢谢你开车送我回家。

운전해서 저를 집까지 바래다줘서 고마워요.

어휘   送 sòng 동 바래다주다

4

Nàge cài shízài shì tài là le.
那个菜实在是太辣了。

그 음식은 정말 너무 맵다.

어휘   实在 shízài 부 정말   辣 là 혱 맵다

5

Xīngqīwǔ de huìyì búyào chídào.
星期五的会议不要迟到。

금요일 회의는 지각하지 마세요.

어휘   会议 huìyì 몡 회의

6

Zuìjìn rénmen bú yuànyì shǐyòng xiànjīn.
最近人们不愿意使用现金。

최근에 사람들은 현금을 사용하고 싶어 하지 않는다.

어휘   使用 shǐyòng 동 사용하다   现金 xiànjīn 몡 현금

7
Qù dàshǐguǎn shí bié wàngle dài hùzhào.
去大使馆时别忘了带护照。

대사관에 갈 때 여권 챙기는 것을 잊지 마세요.

> 파란색으로 표시된 부분은 한 덩어리로 특히 더 잘 익혀두세요.

어휘 大使馆 dàshǐguǎn 명 대사관

8
Dǎ wǎngqiú shì yì zhǒng yǒuqù de yùndòng.
打网球是一种有趣的运动。

테니스를 치는 것은 재미있는 운동이다.

어휘 网球 wǎngqiú 명 테니스 有趣 yǒuqù 형 재미있다

9
Cóng wǒ jiā dào nàr yào liǎng ge xiǎoshí.
从我家到那儿要两个小时。

우리 집에서 거기까지 두 시간 걸린다.

어휘 从 cóng 개 ~에서(부터)

10
Wǒ duì zhège diàochá jiéguǒ hěn mǎnyì.
我对这个调查结果很满意。

나는 이 조사 결과에 만족한다.

어휘 调查 diàochá 동 조사하다 结果 jiéguǒ 명 결과

[연습 3]

1
Wǒ de àihào shì huàhuàr.
我的爱好是画画儿。

나의 취미는 그림을 그리는 것이다.

어휘 爱好 àihào 명 취미

2
Tā liǎ xiǎng zài zhōumò bānjiā.
他俩想在周末搬家。

그 두 사람은 주말에 이사를 하려고 한다.

어휘 俩 liǎ 수 두 사람

3
Zhè běn shū de nèiróng tài nán le.
这本书的内容太难了。

이 책에 있는 내용은 너무 어렵다.

어휘 内容 nèiróng 명 내용

4
Wǒ de xínglǐxiāng bǐjiào zhòng.
我的行李箱比较重。

나의 여행용 가방은 비교적 무겁다.

어휘 重 zhòng 형 무겁다

5
Wǒ qùnián huòdéle jiǎngjīn.
我去年获得了奖金。

나는 작년에 상여금을 받았다.

어휘 获得 huòdé 동 받다 奖金 jiǎngjīn 명 상여금

6
Xuéxiào guīdìng xuésheng bù néng chídào.
学校规定学生不能迟到。

학교는 학생들이 지각하면 안 된다고 규정하고 있다.

어휘 规定 guīdìng 동 규정하다

7
Qǐng bǎ zhège jùzi zài dú yí biàn.
请把这个句子再读一遍。

이 문장을 다시 한번 읽어보세요.

어휘 遍 biàn 양 번

8
Nà wèi zuòjiā de diànhuà yìzhí zhànxiàn.
那位作家的电话一直占线。

그 작가의 전화는 계속 통화 중이다.

어휘 一直 yìzhí 부 계속   占线 zhànxiàn 동 통화 중이다

9
Hǎo de chéngzhǎng huánjìng duì háizi hěn zhòngyào.
好的成长环境对孩子很重要。

좋은 성장 환경은 아이에게 중요하다.

어휘 重要 zhòngyào 형 중요하다

10
Tài hǎo le, càidān shang yǒu wǒ xiǎng cháng de xiǎochī.
太好了，菜单上有我想尝的小吃。

너무 잘 됐어요. 메뉴에 제가 맛보고 싶은 음식이 있네요.

어휘 尝 cháng 동 맛보다   小吃 xiǎochī 명 음식, 간식

[연습 4]

1
Xué yǔyán xūyào yǒu nàixīn.
学语言需要有耐心。

언어를 배우는 것은 인내심이 필요하다.

어휘 语言 yǔyán 명 언어   耐心 nàixīn 명 인내심

2
Zhège bīnguǎn de tiáojiàn fēicháng hǎo.
这个宾馆的条件非常好。

이 호텔의 조건은 매우 좋다.

어휘 条件 tiáojiàn 명 조건

3
Nàge dìfang xiàtiān wēndù hěn gāo.
那个地方夏天温度很高。

그 지역은 여름에 온도가 높다.

어휘 温度 wēndù 명 온도

4
Nín bìxū xiān fùkuǎn hòu shàng chē.
您必须先付款后上车。

반드시 먼저 결제하시고 차에 타셔야 합니다.

어휘 付款 fùkuǎn 동 결제하다

→ 파란색으로 표시된 부분은 한 덩어리로 특히 더 잘 익혀두세요.

5 Wǒ měitiān zuò gōnggòng qìchē shàngbān.
我每天坐公共汽车上班。

나는 매일 버스를 타고 출근한다.

어휘   上班 shàngbān 통 출근하다

6 Wǒmen yào hé dǎoyóu yìqǐ zǒu ma?
我们要和导游一起走吗?

저희 가이드와 함께 가야 하나요?

어휘   导游 dǎoyóu 명 가이드

7 Hěn bàoqiàn, wǒmen diàn bù néng shǐyòng xìnyòngkǎ.
很抱歉，我们店不能使用信用卡。

죄송합니다. 저희 가게는 신용카드 사용이 안 됩니다.

어휘   使用 shǐyòng 통 사용하다

8 Yì nián sìjì zhōng wǒ juéde qiūtiān zuì hǎo.
一年四季中我觉得秋天最好。

일년 사계절 중 나는 가을이 가장 좋다고 생각한다.

어휘   秋天 qiūtiān 명 가을

9 Māma kànshàng le yì zhāng lánsè de shāfā.
妈妈看上了一张蓝色的沙发。

어머니는 파란색 소파를 마음에 들어하셨다.

어휘   沙发 shāfā 명 소파

10 Zhè zhǒng yǎnjìng de zhìliàng hěn ràng rén fàngxīn.
这种眼镜的质量很让人放心。

이 종류의 안경 품질은 사람을 안심하게 한다.

어휘   眼镜 yǎnjìng 명 안경   质量 zhìliàng 명 품질, 퀄리티

실전테스트 p.32

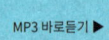

MP3 바로듣기 ▶

[테스트 1]

1 Wǒ zài Zhōngguó shēnghuóle shí nián.
我在中国生活了十年。

나는 중국에서 십 년간 생활했다.

어휘   生活 shēnghuó 통 생활하다

2 Shānshang de jǐngsè měilì jí le.
山上的景色美丽极了。

산 위의 경치는 매우 아름답다.

어휘   景色 jǐngsè 명 경치, 풍경   美丽 měilì 형 아름답다, 예쁘다

3
Fángjiān li yǒu yì zhāng shìjiè dìtú.
房间里有一张世界地图。

방 안에는 세계 지도 한 장이 있다.

어휘　世界 shìjiè 몡 세계, 세상

4
Wǒ wàngle yínhángkǎ de mìmǎ.
我忘了银行卡的密码。

저는 은행카드 비밀번호를 까먹었어요.

어휘　密码 mìmǎ 몡 비밀번호, 암호

5
Nǐ shì bu shì qù cānjiā kǎoshì le?
你是不是去参加考试了?

당신 시험을 보러 갔나요?

어휘　参加考试 cānjiā kǎoshì 시험을 보다

6
Gǎnxiè nín duì wǒ de zhīchí hé bāngzhù.
感谢您对我的支持和帮助。

저에 대한 지지와 도움에 감사합니다.

어휘　感谢 gǎnxiè 동 감사하다, 고맙다　支持 zhīchí 동 지지하다

7
Fàn hòu sànbù huì ràng wǒ xīnqíng hěn hǎo.
饭后散步会让我心情很好。

밥을 먹은 후 산책을 하는 것은 나를 기분 좋게 한다.

어휘　散步 sànbù 동 산책하다　心情 xīnqíng 몡 기분

8
Zhèxiē dōu shì róngyì xiěcuò de Hànzì.
这些都是容易写错的汉字。

이것들은 틀리게 쓰기 쉬운 한자다.

어휘　汉字 Hànzì 몡 한자

9
Qí zìxíngchē shí yídìng yào zhùyì ānquán.
骑自行车时一定要注意安全。

자전거를 탈 때는 반드시 안전에 주의해야 한다.

어휘　安全 ānquán 몡 안전

10
Bǐ guòqù gèng zhòngyào de shì jiānglái.
比过去更重要的是将来。

과거보다 더 중요한 것은 미래이다.

어휘　将来 jiānglái 몡 미래, 장래

[테스트 2]

1
Zhè zhǒng dòngwù hěn cōngming.
这种动物很聪明。

이 동물은 똑똑하다.

어휘　聪明 cōngming 혱 똑똑하다, 총명하다

> 파란색으로 표시된 부분은 한 덩어리로 특히 더 잘 익혀두세요.

2 🎤 Yàzhōu shì shìjiè shang zuì dà de zhōu.
亚洲是世界上最大的洲。

아시아는 세계에서 가장 큰 주이다.

어휘 亚洲 Yàzhōu [고유] 아시아

3 🎤 Nǎinai zuò de bāozi tèbié hǎochī.
奶奶做的包子特别好吃。

할머니께서 만드신 만두는 매우 맛있다.

어휘 包子 bāozi [명] 만두, 찐빵

4 🎤 Mèimei tán gāngqín tán de hěn búcuò.
妹妹弹钢琴弹得很不错。

여동생은 피아노를 잘 친다.

어휘 弹钢琴 tán gāngqín 피아노를 치다

5 🎤 Bié wàngle bǎ hùzhào fàngjin xínglǐxiāng.
别忘了把护照放进行李箱。

여권을 캐리어에 넣는 것을 잊지 마세요.

어휘 护照 hùzhào [명] 여권

6 🎤 Wáng lǎoshī duì tā de huídá shífēn mǎnyì.
王老师对他的回答十分满意。

왕 선생님은 그의 대답에 매우 만족했다.

어휘 十分 shífēn [부] 매우, 아주

7 🎤 Wǒmen míngtiān zǒulù qù shàngbān hǎo bu hǎo?
我们明天走路去上班好不好？

우리 내일 걸어서 출근하는 거 어때요?

어휘 走路 zǒulù [동] 걷다, 길을 가다

8 🎤 Yuèláiyuè duō de rén xuǎnzé chūguó liúxué.
越来越多的人选择出国留学。

점점 많은 사람들이 외국에 가서 유학하는 것을 선택한다.

어휘 留学 liúxué [동] 유학하다

9 🎤 Lǎoshī ràng tā cānjiā zhè cì shùxué bǐsài.
老师让她参加这次数学比赛。

선생님은 그녀에게 이번 수학 대회에 참가하라고 하셨다.

어휘 比赛 bǐsài [명] 대회   参加 cānjiā [동] 참가하다

10 🎤 Xièxie nǐ sòngle wǒ zhème hǎo de shēngrì lǐwù.
谢谢你送了我这么好的生日礼物。

저에게 이렇게 좋은 생일 선물을 줘서 고마워요.

어휘 礼物 lǐwù [명] 선물

제2부분

[스텝별 전략 익히기] 실전연습 p.45

MP3 바로듣기 ▶

1 Wǒ zuìjìn qù yīyuàn dǎzhēn le. Jùtǐ de qíngkuàng shì zhèyàng de. Dāngshí wǒ dùzi hěn téng, hái fāshāo le. Wǒ shì yí ge
我最近去医院打针了。具体的情况是这样的。当时我肚子很疼，还发烧了。我是一个
hàipà qù yīyuàn de rén, dàn méiyǒu qítā bànfǎ, zhǐhǎo qùle yīyuàn. Dàifu shuō wǒ chīhuàile dùzi, dǎzhēn chī yào
害怕去医院的人，但没有其他办法，只好去了医院。大夫说我吃坏了肚子，打针吃药
huì hǎo de gèng kuài. Suīrán wǒ hěn hàipà, dàn háishi yǒnggǎn de dǎzhēn le. Dǎzhēn chī yào hòu, wǒ juéde shēntǐ hǎole
会好得更快。虽然我很害怕，但还是勇敢地打针了。打针吃药后，我觉得身体好了
hěn duō. Tōngguò zhè jiàn shì, wǒ míngbaile jiànkāng de zhòngyàoxìng. Wǒ juédìng yǐhòu duō zhùyì shēntǐ.
很多。通过这件事，我明白了健康的重要性。我决定以后多注意身体。

해석　저는 최근에 병원에 가서 주사를 맞았습니다. 구체적인 상황은 이러했습니다. 당시 저는 배가 아프고 열도 났습니다. 저는 원래 병원에 가는 것을 두려워하는 사람이지만 다른 방법이 없어서 어쩔 수 없이 병원에 갔습니다. 의사는 제가 배탈이 났으니, 주사를 맞고 약을 먹으면 더 빨리 나을 것이라고 말했습니다. 비록 저는 두려웠지만 그러나 용감하게 주사를 맞았습니다. 주사를 맞고 약을 먹은 후 저는 몸이 많이 좋아진 것을 느꼈습니다. 이 일을 통해 저는 건강의 중요성을 알게 되었습니다. 저는 앞으로 건강에 더 신경을 쓸 것 입니다.

어휘　打针 dǎzhēn 동 주사를 맞다　情况 qíngkuàng 명 상황　当时 dāngshí 명 당시　只好 zhǐhǎo 부 어쩔 수 없이　大夫 dàifu 명 의사
　　　吃坏肚子 chīhuài dùzi 배탈이 나다　勇敢 yǒnggǎn 형 용감하다　通过 tōngguò 개 ~를 통해

· 虽然…, 但… suīrán…, dàn… 비록 ~이지만, 그러나 ~

2 Wǒ zuìjìn gēn nǚpéngyou qù shāngchǎng guàngjiē le. Shìqing de jīngguò shì zhèyàng de. Nàtiān wǒmen jìnle yì jiā píxié diàn,
我最近跟女朋友去商场逛街了。事情的经过是这样的。那天我们进了一家皮鞋店，
nǚpéngyou kàndàole yì shuāng hěn hǎokàn de píxié. Tā shìle yíxià hòu, fāxiàn nà shuāng píxié hěn shìhé tā, dànshì juéde
女朋友看到了一双很好看的皮鞋。她试了一下后，发现那双皮鞋很适合她，但是觉得
tài guì le. Wǒ shàng ge xīngqī nádàole dìyī fèn gōngzī, suǒyǐ xiǎng sòng tā ge lǐwù. Yúshì, wǒ jiù mǎile nà shuāng píxié
太贵了。我上个星期拿到了第一份工资，所以想送她个礼物。于是，我就买了那双皮鞋
sònggěile tā, tā fēicháng gǎndòng. Zhè ràng wǒ juéde hěn kāixīn, yīnwèi wǒmen yǒule yí ge měihǎo de huíyì.
送给了她，她非常感动。这让我觉得很开心，因为我们有了一个美好的回忆。

해석　저는 최근에 여자친구와 쇼핑 센터에 가서 쇼핑했습니다. 일의 과정은 이러했습니다. 그날 우리는 한 구두 가게에 들어갔는데, 여자친구가 예쁜 구두를 봤습니다. 그녀는 구두를 신어 보고, 그 구두가 그녀에게 잘 어울린다는 것을 알았지만, 너무 비싸다고 생각했습니다. 저는 지난주에 첫 월급을 받아서 그녀에게 선물을 주고 싶었습니다. 그래서 저는 그 구두를 사서 그녀에게 선물했는데 그녀는 매우 감동받았습니다. 이는 저로 하여금 즐겁다고 느끼게 했습니다. 왜냐하면 우리는 좋은 추억이 하나 생겼기 때문입니다.

어휘　商场 shāngchǎng 명 쇼핑 센터　逛街 guàng jiē 쇼핑하다, 거리를 구경하다　皮鞋店 píxié diàn 명 구두 가게　适合 shìhé 동 어울리다
　　　工资 gōngzī 명 월급　于是 yúshì 접 그래서　感动 gǎndòng 동 감동하다　开心 kāixīn 형 즐겁다　回忆 huíyì 동 추억하다

· …, 所以… …, suǒyǐ… ~, 그래서 ~

3

Shàng ge xīngqī wǒ zài gōngsī shǐyòng fùyìnjī shí yùdàole wèntí. Shìqing de jīngguò shì zhèyàng de. Nàtiān shì wǒ dìyī
上个星期我在公司使用复印机时遇到了问题。事情的经过是这样的。那天是我第一
tiān shàngbān, hái bú tài shúxi gōngzuò shang de shì. Zài shǐyòng fùyìnjī de guòchéng zhōng, fùyìnjī tūrán huài le, wǒ xiǎng
天上班，还不太熟悉工作上的事。在使用复印机的过程中，复印机突然坏了，我想
wènwen tóngshì, dàn yòu bù xiǎng dǎrǎo tāmen. Nà shí, yí ge tóngshì bāng wǒ xiūle fùyìnjī, hái shuō yùdào bù dǒng de
问问同事，但又不想打扰他们。那时，一个同事帮我修了复印机，还说遇到不懂的
kěyǐ jíshí wèn tā. Tōngguò zhè jiàn shì, wǒ míngbaile zài gōngzuò shang yùdào wèntí shí, yào jíshí wèn biérén.
可以及时问他。通过这件事，我明白了在工作上遇到问题时，要及时问别人。

해석 지난주에 저는 회사에서 복사기를 사용할 때 문제에 맞닥뜨렸습니다. 일의 과정은 이러했습니다. 그날은 저의 첫 출근날이라 아직 업무상의 일에 그다지 익숙하지 않았습니다. 복사기를 사용하는 과정에서 복사기가 갑자기 고장났습니다. 저는 동료들에게 물어보고 싶었지만, 그들을 방해하고 싶지 않았습니다. 그때 한 동료가 저 대신 복사기를 고쳐주었고, 모르는 게 있으면 그에게 바로 물어보면 된다고 했습니다. 이 일을 통해 저는 업무에서 모르는 문제에 맞닥뜨렸을 때 즉시 다른 사람에게 물어봐야 한다는 것을 알게 되었습니다.

어휘 使用 shǐyòng 통 사용하다 复印机 fùyìnjī 명 복사기 熟悉 shúxi 통 익숙하다 过程 guòchéng 명 과정 打扰 dǎrǎo 통 방해하다
及时 jíshí 부 즉시

· 在…的过程中 zài…de guòchéng zhōng ~을 하는 과정에서

[유형별 공략하기] 실전연습 p.64

[연습 1]

 → "차가 막혀서 약속에 지각했다."

<이야기 구조>	<핵심 표현 메모>	
① 이야기 도입	차가 막혀서 약속에 지각했다	因堵车而约会迟到了
② 세부 내용	한 시간 미리 출발했다	提前一个小时出发
	차가 심하게 막혔다	堵车非常严重
	30분 지각했다	迟到了半个小时
	미안하게 생각했다	觉得很不好意思
③ 느낀 점 및 생각	외출할 때 차가 막히는 상황을 고려해야 한다	出门时要考虑堵车的情况
	지하철 타는 것을 선택한다	选择坐地铁

모범답변

Shàng ge xīngqī wǒ yīn dǔchē ér yuēhuì chídào le.
上个星期我因堵车而约会迟到了。

Shìqing de jīngguò shì zhèyàng de. Nàtiān wǒ hé péngyou yǒu ge yuēhuì, wǒ yǐwéi tíqián yí ge xiǎoshí chūfā yě láidejí,
事情的经过是这样的。那天我和朋友有个约会，我以为提前一个小时出发也来得及，
dàn méi xiǎngdào dāngshí zhènghǎo shì xiàbān shíjiān, lùshang dǔchē fēicháng yánzhòng. Wǒ hěn zháojí, xiǎng bànfǎ
但没想到当时正好是下班时间，路上堵车非常严重。我很着急，想办法
zǒu gèng kuài de lù. Kěshì zuìhòu wǒ háishi chídàole bàn ge xiǎoshí. Wǒ gēn péngyou jiěshìle chídào de yuányīn,
走更快的路。可是最后我还是迟到了半个小时。我跟朋友解释了迟到的原因，
suīrán tā méiyǒu shēngqì, dàn wǒ háishi juéde hěn bùhǎoyìsi.
虽然他没有生气，但我还是觉得很不好意思。

Tōngguò zhè jiàn shì, wǒ míngbaile chūmén shí yào kǎolǜ dǔchē de qíngkuàng, xiàbān shíjiān zuìhǎo xuǎnzé zuò dìtiě.
通过这件事，我明白了出门时要考虑堵车的情况，下班时间最好选择坐地铁。

해석　지난주에 저는 차가 막혀서 약속에 지각했습니다. 일의 과정은 이러했습니다. 그날 저는 친구와 약속이 있었는데, 저는 한 시간 미리 출발해도 늦지 않을 줄 알았지만, 생각지도 못하게 그때는 마침 퇴근 시간이라 길에 차가 심하게 막혔습니다. 저는 초조해 하며 더 빠른 길을 갈 방법을 생각했습니다. 그러나 결국 저는 30분 지각했습니다. 저는 친구에게 지각한 이유를 설명했는데, 비록 그는 화를 내지 않았지만 그러나 저는 여전히 미안하게 생각했습니다. 이 일을 통해 저는 외출할 때 차가 막히는 상황을 고려해야 하며, 퇴근 시간에는 지하철 타는 것을 선택하는 것이 좋다는 것을 알게 되었습니다.

어휘　堵车 dǔchē 图 차가 막히다　约会 yuēhuì 圕 약속　提前 tíqián 圄 미리 ~하다　出发 chūfā 圄 출발하다　考虑 kǎolǜ 圄 고려하다
情况 qíngkuàng 圕 상황　以为 yǐwéi 圄 (~라고) 생각하다　来得及 láidejí 圄 (제 시간에) 늦지 않다　当时 dāngshí 圕 그때
正好 zhènghǎo 凬 마침　严重 yánzhòng 圕 심하다　可是 kěshì 圙 그러나　解释 jiěshì 圄 설명하다　原因 yuányīn 圕 원인
通过 tōngguò 凯 ~를 통해　最好 zuìhǎo 凬 ~하는 것이 좋다

· 虽然…, 但… suīrán…, dàn… 비록 ~이지만, 그러나 ~

2

→ "남편과 함께 가구를 옮겼다."

· · · 여자를 '나'로 설정

<이야기 구조>	<핵심 표현 메모>
① 이야기 도입	남편과 함께 가구를 옮겼다 跟丈夫一起搬了家具
② 세부 내용	익숙한 환경을 바꾸고 싶다 想改变一下熟悉的环境
	힘들었다 觉得很累
	달라진 환경을 보았다 看到不一样的环境
	즐거웠다 感到很开心
③ 느낀 점 및 생각	집안 환경이 우리에게 얼마나 중요한지 家里的环境对我们有多重要
	기분도 좋아졌다 心情也变好了

모범답변

Wǒ zuìjìn gēn zhàngfu yìqǐ bānle jiājù.
我最近跟丈夫一起搬了家具。

Jùtǐ de qíngkuàng shì zhèyàng de. Dāngshí wǒmen zhīsuǒyǐ juédìng bān jiājù, shì yīnwèi xiǎng gǎibiàn yíxià shúxi de huánjìng, shùnbiàn huàn yíxià xīnqíng. Zài bān jiājù de guòchéng zhōng, wǒmen dōu juéde hěn lèi, dàn kàndào bù yíyàng de huánjìng, xīnli gǎndào hěn kāixīn.
具体的情况是这样的。当时我们之所以决定搬家具，是因为想改变一下熟悉的环境，顺便换一下心情。在搬家具的过程中，我们都觉得很累，但看到不一样的环境，心里感到很开心。

Tōngguò zhè jiàn shì, wǒ míngbaile jiāli de huánjìng duì wǒmen yǒu duō zhòngyào. Gǎibiàn huánjìng hòu, wǒmen de xīnqíng yě biàn hǎo le.
通过这件事，我明白了家里的环境对我们有多重要。改变环境后，我们的心情也变好了。

해석 저는 최근에 남편과 함께 집에서 가구를 옮겼습니다. 구체적인 상황은 이러했습니다. 당시 우리가 가구를 옮기기로 결정한 까닭은 익숙한 환경을 바꾸는 김에 기분 전환도 하고 싶었기 때문입니다. 가구를 옮기는 과정에서, 우리는 힘들었지만, 달라진 환경을 보면서 마음이 즐거웠습니다. 이 일을 통해 저는 집안 환경이 우리에게 얼마나 중요한지 알게 되었습니다. 환경이 바뀌면서 우리의 기분도 좋아졌습니다.

어휘 家具 jiājù 몡 가구 改变 gǎibiàn 동 바꾸다 熟悉 shúxi 통 익숙하다 开心 kāixīn 형 즐겁다 心情 xīnqíng 몡 기분
情况 qíngkuàng 몡 상황 当时 dāngshí 몡 당시 顺便 shùnbiàn 부 ~하는 김에 过程 guòchéng 몡 과정
重要 zhòngyào 형 중요하다

· 之所以…, 是因为… zhīsuǒyǐ…, shì yīnwèi… ~한 까닭은, ~때문이다
· 在…的过程中 zài…de guòchéng zhōng ~하는 과정에서

[연습 2]

1
→ "졸업 파티에 참석했다."

젊은 남자를 '나'로 설정

<이야기 구조>	<핵심 표현 메모>
① 이야기 도입	졸업 파티에 참석했다 　参加了毕业晚会
② 세부 내용	교수님을 안았다 　抱着教授 그에게 감사하다는 말을 많이 했다 　说了很多感谢他的话 앞으로 계속 열심히 하라고 나를 격려했다 　鼓励我以后继续努力 그는 우리를 위해 많은 것을 바쳤다 　他为我们付出了很多 함께 사진을 찍었다 　一起拍了照片
③ 느낀 점 및 생각	우리가 정말 졸업한다 　我们真的要毕业了 사회에 유용한 사람이 될 수 있다 　能成为对社会有用的人

모범답변

Shàng ge xīngqī wǒ cānjiāle bìyè wǎnhuì.
上个星期我参加了毕业晚会。

Jùtǐ de qíngkuàng shì zhèyàng de. Dāngshí zài bìyè wǎnhuì shang, wǒ bàozhe jiàoshòu, shuōle hěn duō gǎnxiè tā de huà.
具体的情况是这样的。当时在毕业晚会上，我抱着教授，说了很多感谢他的话。

Jiàoshòu yě gǔlì wǒ yǐhòu jìxù nǔlì, zhè ràng wǒ hěn gǎndòng. Wǒ rènwéi wǒmen zhīsuǒyǐ nénggòu shùnlì bìyè,
教授也鼓励我以后继续努力，这让我很感动。我认为我们之所以能够顺利毕业，

shì yīnwèi jiàoshòu jiàoyù hé bāngzhùle wǒmen. Zhè sān nián lái tā wèi wǒmen fùchūle hěn duō. Zài wǎnhuì jiéshù shí,
是因为教授教育和帮助了我们。这三年来他为我们付出了很多。在晚会结束时，

wǒmen hé jiàoshòu yìqǐ pāile zhàopiàn.
我们和教授一起拍了照片。

Zhè ràng wǒ juéde wǒmen zhēnde yào bìyè le. Wǒ xīwàng wǒmen yǐhòu dōu néng chéngwéi duì shèhuì yǒuyòng de rén.
这让我觉得我们真的要毕业了。我希望我们以后都能成为对社会有用的人。

해석 지난주에 저는 졸업 파티에 참석했습니다. 구체적인 상황은 이러했습니다. 당시 졸업 파티에서 저는 교수님을 안으면서 그에게 감사하다는 말을 많이 했습니다. 교수님도 앞으로 계속 열심히 하라고 저를 격려해 주셨고, 이는 저를 감동하게 했습니다. 저는 우리가 무사히 졸업할 수 있었던 까닭은 교수님이 우리를 교육해 주시고 도움을 주셨기 때문이라고 늘 생각해 왔습니다. 지난 3년 동안 그는 우리를 위해 많은 것을 바쳤습니다. 저녁 파티가 마칠 때쯤, 우리는 교수님과 함께 사진을 찍었습니다. 이는 저로 하여금 우리가 정말 졸업했다는 것을 느끼게 했습니다. 저는 우리 모두 앞으로 사회에 유용한 사람이 될 수 있으면 좋겠습니다.

어휘 参加 cānjiā 동 참가하다　毕业 bìyè 동 졸업하다　晚会 wǎnhuì 명 (저녁) 파티　抱 bào 동 안다　教授 jiàoshòu 명 교수
感谢 gǎnxiè 동 감사하다　鼓励 gǔlì 동 격려하다　继续 jìxù 동 계속하다　拍 pāi 동 찍다　成为 chéngwéi 동 ~이 되다
社会 shèhuì 명 사회　感动 gǎndòng 형 감동하다, 감동시키다　顺利 shùnlì 형 무사하다, 순조롭다　教育 jiàoyù 동 교육하다

2

→ "동창과 식당에서 저녁을 먹었다."

여자를 '나'로 설정

<이야기 구조>	<핵심 표현 메모>
① 이야기 도입	동창과 식당에서 저녁을 먹었다 和同学在餐厅吃了晚餐
② 세부 내용	공통적인 취미 共同的兴趣爱好 즐겁게 이야기를 나누었다 聊得很开心 나와 사귀고 싶다 想和我在一起 나도 그를 좋아한다 我也喜欢他 승낙했다 同意了
③ 느낀 점 및 생각	행복했다 很幸福 그와 즐겁게 하루하루를 보내고 싶다 跟他开心地过每一天

모범답변

Shàng ge xīngqī wǒ hé tóngxué zài cāntīng chīle wǎncān.
上个星期我和同学在餐厅吃了晚餐。

Shìqing de jīngguò shì zhèyàng de. Nàtiān chīfàn de shíhou, wǒmen liáole hěn duō. Wǒmen yǒu hěn duō gòngtóng de
事情的经过是这样的。那天吃饭的时候，我们聊了很多。我们有很多共同的
xìngqù àihào, suǒyǐ liáo de hěn kāixīn. Chīwán wǎnfàn hòu, tā tūrán duì wǒ shuō, tā xǐhuan wǒ hěn jiǔ le, xiǎng hé
兴趣爱好，所以聊得很开心。吃完晚饭后，他突然对我说，他喜欢我很久了，想和
wǒ zài yìqǐ. Wǒ méi xiǎngdào tā huì xiàng wǒ biǎobái. Qíshí wǒ yě xǐhuan tā, suǒyǐ jiù tóngyì le.
我在一起。我没想到他会向我表白。其实我也喜欢他，所以就同意了。

Zhè ràng wǒ juéde hěn xìngfú. Wǒ xiǎng yǐhòu gēn tā kāixīn de guò měi yìtiān.
这让我觉得很幸福。我想以后跟他开心地过每一天。

해석　지난주에 저는 동창과 식당에서 저녁을 먹었습니다. 일의 과정은 이러했습니다. 그날 밥 먹으면서 우리는 많은 이야기를 나눴습니다. 우리는 공통적인 취미가 많아서 즐겁게 이야기를 나누었습니다. 저녁을 다 먹고 나서, 갑자기 그는 저에게 저를 오랫동안 좋아했고 저와 사귀고 싶다고 말했습니다. 저는 그가 고백할 줄 몰랐습니다. 사실 저도 그를 좋아해서 승낙했습니다. 이는 저로 하여금 행복하다고 느끼게 했습니다. 저는 앞으로 그와 즐겁게 하루하루를 보내고 싶습니다.

어휘　餐厅 cāntīng 圐 식당　共同 gòngtóng 휑 공통의　幸福 xìngfú 휑 행복하다　开心 kāixīn 휑 즐겁다　表白 biǎobái 됭 고백하다
　　　…, 所以… …, suǒyǐ… ~, 그래서 ~

[연습 3]

1  → "친구와 함께 축구 경기를 봤다."

환호하는 남자 중 한 명을 '나'로 설정

<이야기 구조>   <핵심 표현 메모>

① 이야기 도입	친구와 함께 축구 경기를 봤다 和朋友一起看了足球比赛
② 세부 내용	우리가 관심 있는 축구 경기가 있었다 有我们感兴趣的足球比赛 우리 집에서 같이 봤다 来我家一起看 평소에 바쁘다 平时都很忙 경기만 있으면 같이 보곤 한다 只要有比赛，就会一起看 긴장되기도 하고 흥분되기도 했다 又紧张又兴奋
③ 느낀 점 및 생각	주말을 재미있게 보냈다 周末过得很有趣 즐거웠다 感到很开心

모범답변

Shàng ge xīngqī wǒ hé péngyou yìqǐ kànle zúqiú bǐsài.
上个星期我和朋友一起看了足球比赛。

Shìqing de jīngguò shì zhèyàng de. Nàtiān zhènghǎo yǒu wǒmen gǎn xìngqù de zúqiú bǐsài, yúshì wǒ yāoqǐngle
事情的经过是这样的。那天正好有我们感兴趣的足球比赛，于是我邀请了
péngyou lái wǒ jiā yìqǐ kàn. Wǒmen suīrán píngshí dōu hěn máng, dànshì měi cì zhǐyào yǒu bǐsài, jiù huì yìqǐ kàn.
朋友来我家一起看。我们虽然平时都很忙，但是每次只要有比赛，就会一起看。

Zài kàn bǐsài de guòchéng zhōng, wǒmen yòu jǐnzhāng yòu xīngfèn. Bǐsài jiéguǒ ràng wǒmen fēicháng mǎnyì.
在看比赛的过程中，我们又紧张又兴奋。比赛结果让我们非常满意。

Zhè ràng wǒ juéde zhōumò guò de hěn yǒuqù. Hé péngyou zài yìqǐ shí, wǒ zǒngshì gǎndào hěn kāixīn.
这让我觉得周末过得很有趣。和朋友在一起时，我总是感到很开心。

해석   지난주에 저는 친구와 함께 축구 경기를 봤습니다. 일의 과정은 이러했습니다. 그날 마침 우리가 관심 있는 축구 경기가 있어서 저는 친구를 우리 집에 초대해서 같이 봤습니다. 우리는 비록 평소에 바쁘지만, 매번 경기만 있으면 같이 보곤 합니다. 경기를 보는 과정에 우리는 긴장되기도 하고 흥분되기도 했습니다. 경기 결과는 우리를 매우 만족시켰습니다. 이는 저로 하여금 주말을 재미있게 보냈다는 것을 느끼게 했습니다. 친구와 함께 있을 때 저는 항상 즐겁습니다.

어휘   平时 píngshí 몡 평소   只要 zhǐyào 쩹 ~하기만 하면   正好 zhènghǎo 튀 마침   于是 yúshì 쩹 그래서, 이리하여
过程 guòchéng 몡 과정   紧张 jǐnzhāng 톙 긴장해 있다   兴奋 xīngfèn 톙 흥분하다   结果 jiéguǒ 몡 결과
满意 mǎnyì 통 만족하다   周末 zhōumò 몡 주말   有趣 yǒuqù 톙 재미있다   开心 kāixīn 톙 즐겁다

· 虽然⋯, 但是⋯ suīrán⋯, dànshì⋯ 비록 ~이지만, 그러나 ~

2  → "매니저님과 회의에 참석하지 못할 뻔했다."

<이야기 구조>	<핵심 표현 메모>	
① 이야기 도입	매니저님과 회의에 참석하지 못할 뻔했다	和经理差点儿没能参加会议
② 세부 내용	회의 자료를 가져오지 않았다	没带会议材料
	매니저에게 이 일을 말했다	告诉经理这件事
	나를 혼내지 않았다	没有批评我
	동료에게 자료를 보내달라고 했다	让同事把材料发过来
③ 느낀 점 및 생각	미안했다	很不好意思
	업무에서 더욱 꼼꼼하게 하다	在工作上更细心一些

모범답변

Shàng ge xīngqi wǒ hé jīnglǐ chàdiǎnr méi néng cānjiā huìyì.
上个星期我和经理差点儿没能参加会议。

Shìqing de jīngguò shì zhèyàng de. Nàtiān wǒ hé jīnglǐ chūchāi, zài fēijī shang, wǒ fāxiàn zìjǐ méi dài huìyì cáiliào.
事情的经过是这样的。那天我和经理出差，在飞机上，我发现自己没带会议材料。

Méiyǒu nàge cáiliào, wǒmen jiù bù néng cānjiā huìyì. Wǒ jǐnzhāng de gàosu jīnglǐ zhè jiàn shì, tā méiyǒu pīpíng wǒ,
没有那个材料，我们就不能参加会议。我紧张地告诉经理这件事，他没有批评我，

zhǐshì ràng wǒ xià cì zhùyì. Dào mùdìdì hòu, jīnglǐ ràng tóngshì bǎ cáiliào fā guòlai. Zài tóngshì de bāngzhù xià,
只是让我下次注意。到目的地后，经理让同事把材料发过来。在同事的帮助下，

wǒmen shùnlì de cānjiāle huìyì.
我们顺利地参加了会议。

Zhè ràng wǒ juéde hěn bùhǎoyìsi, yīnwèi wǒ gěi jīnglǐ hé tóngshì dàilaile máfan. Wǒ juédìng yǐhòu zài gōngzuò shang
这让我觉得很不好意思，因为我给经理和同事带来了麻烦。我决定以后在工作上

gèng xìxīn yìxiē.
更细心一些。

해석 지난주에 저는 매니저님과 회의에 참석하지 못할 뻔했습니다. 일의 과정은 이러했습니다. 그날 저는 매니저님과 출장을 갔는데, 비행기에서 저는 제가 회의 자료를 가져오지 않은 것을 발견했습니다. 그 자료가 없으면 우리는 회의에 참석할 수 없었습니다. 저는 긴장하며 매니저님에게 이 일을 말했는데 그는 저를 혼내지 않았고, 다음에 주의하라고만 했습니다. 목적지에 도착한 후 매니저님은 동료에게 자료를 보내달라고 했습니다. 동료의 도움으로 우리는 회의를 무사히 참석했습니다. 이는 저로 하여금 미안함을 느끼게 했는데, 제가 매니저님과 동료에게 폐를 끼쳤기 때문입니다. 저는 앞으로 업무에서 더욱 꼼꼼하게 하기로 결심했습니다.

어휘 差点儿 chàdiǎnr 團 하마터면   材料 cáiliào 囲 자료   批评 pīpíng 통 혼내다   出差 chūchāi 통 출장가다
紧张 jǐnzhāng 통 긴장해 있다   目的地 mùdìdì 團 목적지   顺利 shùnlì 통 순조롭다   麻烦 máfan 통 폐를 끼치다

· 在…的帮助下 zài…de bāngzhù xià ~의 도움으로

[연습 4]

1

 → "도서관에서 소설을 읽었다."

<이야기 구조>	<핵심 표현 메모>
① 이야기 도입	도서관에서 소설을 읽었다　在图书馆读了小说
② 세부 내용	도서관에 가서 책을 반납했다　去图书馆还书 나의 주의를 사로잡았다　吸引了我的注意 줄곧 읽고 싶었던 소설　一直想读的小说 너무 훌륭했다　非常精彩 내 생각을 써내려 갔다　写下了自己的想法
③ 느낀 점 및 생각	즐거웠다　很开心 더 많은 책을 읽는다　读更多有趣的书

모범답변

Wǒ zuìjìn zài túshūguǎn dúle xiǎoshuō.
我最近在图书馆读了小说。

Shìqing de jīngguò shì zhèyàng de. Nàtiān wǒ qù túshūguǎn huán shū hòu, xiǎng zhǎo yì běn xīn de shū lái dú yi dú.
事情的经过是这样的。那天我去图书馆还书后，想找一本新的书来读一读。

Dāngshí yǒu běn shū xīyǐnle wǒ de zhùyì, zǐxì yí kàn, yuánlái shì wǒ yìzhí xiǎng dú de xiǎoshuō. Wǒ zhǎole zuòwèi zuò xiàlai, rènzhēn de dúle qǐlai. Nà běn xiǎoshuō guǒrán fēicháng jīngcǎi, méiyǒu ràng wǒ shīwàng. Tā bùjǐn hěn yǒuqù, nèiróng yě hěn fēngfù. Wǒ yìbiān dú xiǎoshuō, yìbiān xiěxiale zìjǐ de xiǎngfǎ.
当时有本书吸引了我的注意，仔细一看，原来是我一直想读的小说。我找了座位坐下来，认真地读了起来。那本小说果然非常精彩，没有让我失望。它不仅很有趣，内容也很丰富。我一边读小说，一边写下了自己的想法。

Zhè ràng wǒ juéde hěn kāixīn. Wǒ xiǎng yǐhòu jīngcháng lái túshūguǎn dú gèng duō yǒuqù de shū.
这让我觉得很开心。我想以后经常来图书馆读更多有趣的书。

해석 저는 최근에 도서관에서 소설을 읽었습니다. 일의 과정은 이러했습니다. 그날 저는 도서관에 가서 책을 반납한 후, 새로운 책을 찾아서 읽어보려고 했습니다. 당시 제 주의를 사로잡았던 책이 한 권 있었는데, 자세히 보니 제가 줄곧 읽고 싶었던 소설이었습니다. 저는 자리를 잡고 앉아서 열심히 읽기 시작했습니다. 그 소설은 역시나 너무 훌륭해서 저를 실망시키지 않았습니다. 그 책은 흥미로울 뿐만 아니라 또한 내용도 풍부했습니다. 저는 소설을 읽으면서 제 생각을 써내려 갔습니다. 이는 저로 하여금 즐겁다고 느끼게 했습니다. 저는 앞으로 도서관에 자주 와서 더 많은 재미있는 책을 읽고 싶습니다.

어휘 小说 xiǎoshuō 몡 소설　还 huán 툉 반납하다　吸引 xīyǐn 툉 사로잡다　精彩 jīngcǎi 휑 훌륭하다　当时 dāngshí 몡 당시　仔细 zǐxì 휑 자세하다, 꼼꼼하다　原来 yuánlái 튀 원래　座位 zuòwèi 몡 자리　果然 guǒrán 튀 역시나　失望 shīwàng 툉 실망하다　有趣 yǒuqù 휑 재미있다　内容 nèiróng 몡 내용　丰富 fēngfù 휑 풍부하다　开心 kāixīn 휑 즐겁다

· 不仅…, 还… bùjǐn…, hái… ~뿐만 아니라, 또한 ~
· 一边…一边… yìbiān…yìbiān… ~을 하면서 ~하다

2
→ "하마터면 중국어 시험을 보지 못할 뻔 했다."

┈┈ 시험 보는 학생 중 한 명을 '나'로 설정

<이야기 구조>	<핵심 표현 메모>
① 이야기 도입	하마터면 중국어 시험을 보지 못할 뻔했다 差点儿没能参加汉语考试
② 세부 내용	연필과 지우개 챙기는 것을 깜빡했다 忘了带铅笔和橡皮 매우 초조했다 非常着急 학생이 상황을 알았다 同学知道情况 나에게 연필을 빌려주었다 借给我一支铅笔 지우개를 나에게 나눠주었다 橡皮分给了我 순조롭게 시험을 봤다 顺利地参加了考试
③ 느낀 점 및 생각	시험 전의 준비가 중요하다 考试前的准备很重要

모범답변

Shànggèxīngqī wǒ chàdiǎnr méi néng cānjiā Hànyǔ kǎoshì.
上个星期我差点儿没能参加汉语考试。

Shìqing de jīngguò shì zhèyàng de. Nàtiān wǒ qù cānjiāle Hànyǔ kǎoshì, dàn yóuyú zǎoshang chūmén tài jí, wàngle dài
事情的经过是这样的。那天我去参加了汉语考试，但由于早上出门太急，忘了带
qiānbǐ hé xiàngpí. Zhège kǎoshì duì wǒ lái shuō hěn zhòngyào, suǒyǐ wǒ fēicháng zháojí. Zhè shí zuòzài wǒ qiánmian de
铅笔和橡皮。这个考试对我来说很重要，所以我非常着急。这时坐在我前面的
tóngxué zhīdào qíngkuàng hòu, jiè gěi wǒ yì zhī qiānbǐ, hái bǎ zìjǐ de xiàngpí fēn gěile wǒ. Zài tā de bāngzhù xià, wǒ
同学知道情况后，借给我一支铅笔，还把自己的橡皮分给了我。在他的帮助下，我
shùnlì de cānjiāle kǎoshì.
顺利地参加了考试。

Zhè ràng wǒ juéde kǎoshì qián de zhǔnbèi hěn zhòngyào. Lìngwài, rúguǒ yǐhòu biérén yùdàole zhè zhǒng shìqing, wǒ
这让我觉得考试前的准备很重要。另外，如果以后别人遇到了这种事情，我
yě huì bāngzhù tā.
也会帮助他。

해석   지난주에 저는 하마터면 중국어 시험을 보지 못할 뻔했습니다. 일의 과정은 이러했습니다. 그날 저는 중국어 시험을 보러 갔는데, 아침에 너무 급하게 나오느라 연필과 지우개 챙기는 것을 깜빡했습니다. 이 시험이 저에게 매우 중요해서, 저는 매우 초조했습니다. 이때 제 앞에 앉아 있던 학생이 상황을 알고 저에게 연필을 빌려주었고, 자신의 지우개까지 저에게 나눠주었습니다. 그의 도움으로, 저는 순조롭게 시험을 봤습니다. 이는 저로 하여금 시험 전의 준비가 중요하다는 것을 느끼게 했습니다. 그 외에도 만약 나중에 다른 사람에게 이런 일이 생기면, 저도 그를 도울 것입니다.

어휘   橡皮 xiàngpí 몡 지우개   顺利 shùnlì 톙 순조롭다   另外 lìngwài 젭 이 밖에

· …, 所以… …, suǒyǐ… ~, 그래서 ~
· 在…的帮助下 zài…de bāngzhù xià ~의 도움으로

실전테스트 p.68

[테스트 1]

11  → "집을 깨끗하게 청소했다."

<이야기 구조>	<핵심 표현 메모>
① 이야기 도입	집을 깨끗하게 청소했다　把家里收拾得干干净净
② 세부 내용	계속 바빴다　一直很忙 드디어 쉬게 되었다　终于休息了 더럽고 지저분하다　又脏又乱 몇 시간이 걸렸다　花了好几个小时 옷 한 벌을 찾았다　找到了一件衣服
③ 느낀 점 및 생각	청소를 자주 해야 한다　要经常打扫卫生 자신의 물건을 잘 챙겨야 한다　要收好自己的东西

모범답변

Shàng ge xīngqī wǒ bǎ jiāli shōushi de gāngānjìngjìng.
上个星期我把家里收拾得干干净净。

Jùtǐ de qíngkuàng shì zhèyàng de. Dāngshí wǒ yìzhí hěn máng, méiyǒu xiūxi de shíjiān, ér nàtiān wǒ zhōngyú xiūxi le,
具体的情况是这样的。当时我一直很忙，没有休息的时间，而那天我终于休息了，
suǒyǐ juédìng bǎ jiāli shōushi yíxià. Yóuyú hěn cháng shíjiān méiyǒu dǎsǎo wèishēng, jiāli biàn de yòu zāng yòu luàn.
所以决定把家里收拾一下。由于很长时间没有打扫卫生，家里变得又脏又乱。
Wǒ huāle hǎo jǐ ge xiǎoshí, cái bǎ fángjiān dǎsǎo wán. Wǒ hái zài xiāngzi li zhǎodàole yí jiàn yīfu, ér nà jiàn yīfu shì
我花了好几个小时，才把房间打扫完。我还在箱子里找到了一件衣服，而那件衣服是
wǒ zhǎole hěn jiǔ dōu méiyǒu zhǎodào de.
我找了很久都没有找到的。

Tōngguò zhè jiàn shì, wǒ míngbaile píngshí yào jīngcháng dǎsǎo wèishēng, érqiě zài jiāli yě yào shōuhǎo zìjǐ de dōngxi.
通过这件事，我明白了平时要经常打扫卫生，而且在家里也要收好自己的东西。

해석　지난주에 저는 집을 깨끗하게 청소했습니다. 구체적인 상황은 이러했습니다. 당시 저는 계속 바빠서 쉴 틈이 없었는데, 그날 드디어 쉬게 돼서 집을 좀 청소하기로 했습니다. 오랫동안 청소하지 않았기 때문에 집이 더럽고 지저분해졌습니다. 저는 몇 시간이 걸려서 겨우 방을 다 청소했습니다. 저는 박스에서 옷 한 벌을 찾았는데, 그 옷은 제가 오랫동안 찾아도 찾지 못했던 옷이었습니다. 이 일을 통해 저는 평소에 청소를 자주 해야 하고, 또한 집에서도 자신의 물건을 잘 챙겨야 한다는 것을 알게 되었습니다.

어휘　收拾 shōushi 동 청소하다　脏 zāng 형 더럽다　乱 luàn 형 지저분하다　当时 dāngshí 명 당시　由于 yóuyú 접 ~때문에
　　　箱子 xiāngzi 명 박스　明白 míngbai 동 알다　平时 píngshí 명 평소
　　　…, 所以… …, suǒyǐ… ~, 그래서~

12
→ "학교에서 개최한 달리기 대회에 참가했다."

<이야기 구조>	<핵심 표현 메모>
① 이야기 도입	학교에서 개최한 달리기 대회에 참가했다 参加了学校举办的跑步比赛
② 세부 내용	바로 신청했다 马上就报名了 많은 어려움을 겪었다 遇到了不少困难 항상 자신을 격려했다 一直鼓励自己 1등을 했다 拿到了第一名
③ 느낀 점 및 생각	꾸준히 하면 성공할 수 있다 坚持就能成功

모범답변

Shàng ge xīngqī wǒ cānjiāle xuéxiào jǔbàn de pǎobù bǐsài.
上个星期我参加了学校举办的跑步比赛。

Jùtǐ de qíngkuàng shì zhèyàng de. Dāngshí wǒ tīngdào xuéxiào yào jǔbàn pǎobù bǐsài yǐhòu, mǎshàng jiù bàomíng le.
具体的情况是这样的。当时我听到学校要举办跑步比赛以后，马上就报名了。

Zài zhǔnbèi bǐsài de guòchéng zhōng, wǒ yùdàole bù shǎo kùnnan, juéde hěn xīnkǔ, dànshì wǒ yìzhí gǔlì zìjǐ, bìng
在准备比赛的过程中，我遇到了不少困难，觉得很辛苦，但是我一直鼓励自己，并

jiānchíle xiàlai. Bǐsài nàtiān, wǒ pǎodàole zuìhòu, hái nádàole dìyī míng.
坚持了下来。比赛那天，我跑到了最后，还拿到了第一名。

Tōngguò zhè jiàn shì, wǒ míngbaile jiānchí jiù néng chénggōng. Wǒ xīwàng zìjǐ yǐhòu jíshǐ yùdào kùnnan, yě néng jiānchí
通过这件事，我明白了坚持就能成功。我希望自己以后即使遇到困难，也能坚持

xiàqu.
下去。

해석　지난주에 저는 학교에서 개최한 달리기 대회에 참가했습니다. 구체적인 상황은 이러했습니다. 당시 저는 학교에서 달리기 대회가 개최된다는 것을 듣고, 바로 신청했습니다. 대회를 준비하는 과정에서 저는 많은 어려움을 겪었고, 힘들었지만 항상 자신을 격려하며 꾸준히 했습니다. 대회 날, 저는 마지막까지 달렸으며 1등까지 했습니다. 이 일을 통해 저는 꾸준히 하면 성공할 수 있다는 것을 알게 되었습니다. 저는 앞으로 설령 힘든 일을 맞닥뜨리더라도 스스로가 견뎌낼 수 있으면 좋겠습니다.

어휘　举办 jǔbàn 통 개최하다　报名 bàomíng 통 신청하다　困难 kùnnan 명 어려움　鼓励 gǔlì 통 격려하다
坚持 jiānchí 통 꾸준히 하다　成功 chénggōng 통 성공하다　过程 guòchéng 명 과정
· 即使…, 也… jíshǐ…, yě… 설령 ~하더라도

[테스트 2]

11 → "아주 예쁜 원피스를 샀다."

<이야기 구조>	<핵심 표현 메모>	
① 이야기 도입	아주 예쁜 원피스를 샀다	买了一条很好看的连衣裙
② 세부 내용	백화점에 구경하러 갔다	去逛百货商店了
	원피스가 마음에 들었다	看上了一条连衣裙
	세일 중이다	在打折
	바로 그것을 샀다	马上就买了它
③ 느낀 점 및 생각	매우 만족스러웠다	非常满意
	행복한 일	幸福的事情

모범답변

Shàng ge xīngqī wǒ mǎile yì tiáo hěn hǎokàn de liányīqún.
上个星期我买了一条很好看的连衣裙。

Shìqing de jīngguò shì zhèyàng de. Nàtiān wǒ hěn zǎo xiàbān, yúshì jiù qù guàng bǎihuò shāngdiàn le. Wǒ yìbiān guàng yìbiān kàn diànli de yīfu. Wǒ kànshàngle yì tiáo liányīqún, názhe tā zài jìngzi qián kànle yíxià, juéde nàge yánsè fēicháng shìhé wǒ. Diànyuán gàosu wǒ nà tiáo qúnzi zài dǎzhé, suǒyǐ wǒ mǎshàng jiù mǎile tā.
事情的经过是这样的。那天我很早下班，于是就去逛百货商店了。我一边逛一边看店里的衣服。我看上了一条连衣裙，拿着它在镜子前看了一下，觉得那个颜色非常适合我。店员告诉我那条裙子在打折，所以我马上就买了它。

Zhè ràng wǒ juéde fēicháng mǎnyì. Néng mǎidào shìhé zìjǐ de yīfu shì yí jiàn hěn xìngfú de shìqing.
这让我觉得非常满意。能买到适合自己的衣服是一件很幸福的事情。

해석 지난주에 저는 아주 예쁜 원피스를 샀습니다. 일의 과정은 이러했습니다. 그날 저는 일찍 퇴근을 해서 백화점에 구경하러 갔습니다. 저는 돌아다니면서 가게에 있는 옷을 구경했습니다. 저는 원피스가 마음에 들어서 그것을 들고 거울 앞에서 봤는데, 그 색깔이 저한테 매우 잘 어울린다고 생각했습니다. 점원은 저에게 그 치마가 세일 중이라고 해서 저는 바로 그것을 샀습니다. 이는 저로 하여금 매우 만족스럽다고 느끼게 했습니다. 자신에게 어울리는 옷을 산다는 것은 행복한 일입니다.

어휘 连衣裙 liányīqún 몡 원피스 逛 guàng 툉 구경하다, 거닐다 百货商店 bǎihuò shāngdiàn 몡 백화점 打折 dǎzhé 툉 할인하다 幸福 xìngfú 혱 행복하다 于是 yúshì 젭 그래서 镜子 jìngzi 몡 거울 适合 shìhé 툉 어울리다

· 一边…一边… yìbiān… yìbiān… ~을 하면서 ~하다
· …, 所以… …, suǒyǐ… ~, 그래서 ~

12  → "면접을 보러 갔다."

<이야기 구조>	<핵심 표현 메모>
① 이야기 도입	면접을 보러 갔다　去参加了一场面试
② 세부 내용	일찍 갔다　很早就去了 밖에서 순서를 기다렸다　在外面等顺序 매우 긴장했다　挺紧张的 면접을 위해 오랜시간 준비를 했다　为面试做了很长时间的准备 자기소개를 연습했다　练习自我介绍 면접에 합격했다는 문자　面试通过的短信
③ 느낀 점 및 생각	열심히 노력하면 좋은 결과를 얻을 수 있다　好好努力就能获得好的结果

모범답변

Shàng ge xīngqī wǒ qù cānjiāle yì chǎng miànshì.
上个星期我去参加了一场面试。

Jùtǐ de qíngkuàng shì zhèyàng de. Dāngshí wǒ hěn zǎo jiù qùle nà jiā gōngsī. Gōngsī de zhíyuán ràng wǒ zuòzài wàimian děng shùnxù. Wǒ kànle kàn zhōuwéi, fāxiàn chúle wǒ yǐwài, háiyǒu hěn duō rén zài děng miànshì. Qíshí wǒ tǐng jǐnzhāng de, yīnwèi wǒ hěn xiǎng zài nà jiā gōngsī gōngzuò, suǒyǐ wèi miànshì zuòle hěn cháng shíjiān de zhǔnbèi. Wǒ zài bàngōngshì wàimian yìbiān děng yìbiān liànxí zìwǒ jièshào. Děngle dàgài shí fēnzhōng, wǒ jiù jìnqu miànshì le. Jǐ shù hòu, wǒ shōudàole miànshì tōngguò de duǎnxìn.
具体的情况是这样的。当时我很早就去了那家公司。公司的职员让我坐在外面等顺序。我看了看周围，发现除了我以外，还有很多人在等面试。其实我挺紧张的，因为我很想在那家公司工作，所以为面试做了很长时间的准备。我在办公室外面一边等一边练习自我介绍。等了大概十分钟，我就进去面试了。几天后，我收到了面试通过的短信。

Tōngguò zhè jiàn shì, wǒ míngbaile hǎohāo nǔlì jiù néng huòdé hǎo de jiéguǒ.
通过这件事，我明白了好好努力就能获得好的结果。

해석　지난주에 저는 면접을 보러 갔습니다. 구체적인 상황은 이러했습니다. 당시 저는 그 회사에 일찍 갔습니다. 회사 직원은 저에게 밖에 앉아서 순서를 기다리라고 했습니다. 주위를 둘러보니 저를 제외하고, 많은 사람이 면접을 기다리고 있었습니다. 사실 저는 매우 긴장했는데, 그 회사에서 일하고 싶기 때문에, 면접을 위해 오랜시간 준비를 했습니다. 저는 사무실 밖에서 기다리면서 자기소개를 연습했습니다. 대략 10분 쯤 기다렸고, 저는 면접을 보러 들어갔습니다. 며칠 뒤, 저는 면접에 합격했다는 문자를 받았습니다. 이 일을 통해 저는 열심히 노력하면 좋은 결과를 얻을 수 있다는 것을 알게 되었습니다.

어휘　面试 miànshì 동 면접을 보다　顺序 shùnxù 명 순서　挺 tǐng 부 매우　紧张 jǐnzhāng 형 긴장하다　通过 tōngguò 동 통과하다　短信 duǎnxìn 명 문자　获得 huòdé 동 얻다　结果 jiéguǒ 명 결과　职员 zhíyuán 명 직원　周围 zhōuwéi 명 주위
·一边…一边… yìbiān… yìbiān… ~을 하면서 ~하다

제3부분

[스텝별 전략 익히기] 실전연습 p.81

MP3 바로듣기 ▶

1
Wǒ juéde zuì hǎo de jiǎnféi fāngfǎ shì yùndòng. Shǒuxiān, wǒ rènwéi yùndòng shì zuì jiànkāng de jiǎnféi fāngfǎ. Bǐrú shuō,
我觉得最好的减肥方法是运动。首先，我认为运动是最健康的减肥方法。比如说，
wǒ yǐqián wèile jiǎnféi, jīngcháng è dùzi. Wǒ suīrán shòule yìxiē, dàn shēntǐ biàn chà le. Hòulái wǒ měitiān zuò yùndòng,
我以前为了减肥，经常饿肚子。我虽然瘦了一些，但身体变差了。后来我每天做运动，
bùjǐn jiǎnféi chénggōng le, érqiě shēntǐ yě biàn hǎo le. Qícì, yùndòng yǒu hěn duō zhǒng, jiǎnféi shí kěyǐ xuǎnzé zìjǐ
不仅减肥成功了，而且身体也变好了。其次，运动有很多种，减肥时可以选择自己
xǐhuan de yùndòng. Bǐrú shuō, yǒu rén xǐhuan tiàowǔ, yǒu rén xǐhuan tī zúqiú. Rénmen kěyǐ tōngguò xǐhuan de yùndòng lái
喜欢的运动。比如说，有人喜欢跳舞，有人喜欢踢足球。人们可以通过喜欢的运动来
jiǎnféi, zhèyàng gèng róngyì jiānchí. Zǒng de lái shuō, wǒ juéde zuì hǎo de jiǎnféi fāngfǎ shì yùndòng.
减肥，这样更容易坚持。总的来说，我觉得最好的减肥方法是运动。

해석 저는 가장 좋은 다이어트 방법은 운동이라고 생각합니다. 먼저, 저는 운동이 가장 건강한 다이어트 방법이라고 생각합니다. 예를 들어, 저는 예전에 다이어트를 하려고 자주 굶었습니다. 저는 비록 살이 조금 빠졌지만, 몸이 나빠졌습니다. 그 후 저는 매일 운동을 했고, 다이어트에 성공했을 뿐만 아니라 몸도 좋아졌습니다. 그 다음으로, 운동은 여러 가지가 있어서, 다이어트를 할 때 자신이 좋아하는 운동을 선택할 수 있습니다. 예를 들어, 어떤 사람은 춤을 추는 것을 좋아하고, 어떤 사람은 축구하는 것을 좋아합니다. 사람들은 좋아하는 운동으로 다이어트를 할 수 있어 더 쉽게 지속할 수 있습니다. 결론적으로 말하자면, 저는 가장 좋은 다이어트 방법은 운동이라고 생각합니다.

어휘 减肥 jiǎnféi 동 다이어트하다, 살을 빼다　方法 fāngfǎ 명 방법　首先 shǒuxiān 대 먼저　比如 bǐrú 동 예를 들어　饿肚子 è dùzi 굶다
成功 chénggōng 동 성공하다　其次 qícì 대 그 다음　通过 tōngguò 개 ~를 통해　坚持 jiānchí 동 지속하다
· 虽然…, 但… suīrán…, dàn… 비록 ~지만, 그러나~
· 不仅…, 而且… bùjǐn…, érqiě… ~뿐만 아니라, ~도

2
Wǒ lái jièshào wǒ de péngyou, wǒ juéde tā shì yí ge hěn bàng de rén. Wǒ lái shuō dìyī ge lǐyóu. Zài biérén yùdào kùnnan
我来介绍我的朋友，我觉得他是一个很棒的人。我来说第一个理由。在别人遇到困难
shí, wǒ de péngyou dōu huì qù bāngzhù tāmen. Bǐrú shuō, yǒu yìtiān wǒmen zài lùshang yùdàole mílù de rén, wǒ de
时，我的朋友都会去帮助他们。比如说，有一天我们在路上遇到了迷路的人，我的
péngyou bāng tā chákànle dìtú, hái bǎ tā dàidàole mùdìdì. Wǒ lái shuō dì èr ge lǐyóu. Wǒ de péngyou hěn yǒu nàixīn.
朋友帮他查看了地图，还把他带到了目的地。我来说第二个理由。我的朋友很有耐心。
Bǐrú shuō, zhīqián wǒ yǒu yí dào shùxuétí bú huì zuò, wǒ de péngyou nàixīn de jiāole wǒ jiě tí fāngfǎ. Tā jiǎngdào dì sān
比如说，之前我有一道数学题不会做，我的朋友耐心地教了我解题方法。他讲到第三
biàn shí, wǒ zhōngyú nòng míngbai le. Zǒng de lái shuō, wǒ juéde wǒ de péngyou shì yí ge hěn bàng de rén.
遍时，我终于弄明白了。总的来说，我觉得我的朋友是一个很棒的人。

해석 제 친구를 소개하겠습니다. 저는 그가 훌륭한 사람이라고 생각합니다. 첫 번째 이유를 말하겠습니다. 다른 사람들이 어려움에 처했을 때, 제 친구는 그들을 도와줍니다. 예를 들어, 어느 날 저희는 거리에서 길을 잃은 사람을 만났는데, 제 친구는 그를 도와 지도를 봐주었으며, 그를 목적지까지 데려다 주었습니다. 두 번째 이유를 말하겠습니다. 제 친구는 인내심이 많습니다. 예를 들어, 이전에 제가 못 푸는 수학 문제가 있었는데, 제 친구는 인내심 있게 문제 푸는 방법을 가르쳐주었습니다. 그가 세 번째 말했을 때, 저는 마침내 이해했습니다. 결론적으로 말하자면, 저는 제 친구가 훌륭한 사람이라고 생각합니다.

어휘 棒 bàng 휑 훌륭하다 困难 kùnnan 휑 어려움 迷路 mílù 동 길을 잃다 目的地 mùdìdì 몡 목적지
耐心 nàixīn 휑 인내심이 있다, 끈기 있다 遍 biàn 양 번, 차례 弄 nòng 동 하다, 다루다
· 在…时 zài…shí ~할 때

3
Rúguǒ wǒ yǒu yí ge xīngqī de jiàqī, wǒ huì qù lǚxíng. Shǒuxiān, Lǚxíng nénggòu ràng wǒ fàngsōng shēnxīn, wàngjì fánnǎo.
如果我有一个星期的假期，我会去旅行。首先，旅行能够让我放松身心，忘记烦恼。
Bǐrú shuō, wǒ píngshí gōngzuò hěn máng, hěn shǎo yǒu shíjiān xiūxi. Chūqu lǚxíng de huà, wǒ kěyǐ zànshí fàngxia gōngzuò,
比如说，我平时工作很忙，很少有时间休息。出去旅行的话，我可以暂时放下工作，
fàngsōng shēnxīn, wàngjì gōngzuò shang de fánnǎo. Qícì, lǚxíng néng fēngfù wǒ de shēnghuó. Bǐrú shuō, zài lǚxíng zhōng,
放松身心，忘记工作上的烦恼。其次，旅行能丰富我的生活。比如说，在旅行中，
wǒ néng kàndào měilì de jǐngsè, chīdào gè zhǒng měishí, hái néng rènshi hěn duō bùtóng de rén. Zhèxiē jīnglì huì fēngfù
我能看到美丽的景色，吃到各种美食，还能认识很多不同的人。这些经历会丰富
wǒ de shēnghuó. Zǒng de lái shuō, rúguǒ wǒ yǒu yí ge xīngqī de jiàqī, wǒ huì qù lǚxíng.
我的生活。总的来说，如果我有一个星期的假期，我会去旅行。

해석 만약 저에게 일주일간의 휴가가 있다면, 저는 여행을 갈 것입니다. 먼저, 여행은 제 몸과 마음을 편안하게 해주고 걱정거리를 잊게 해줍니다. 예를 들어, 저는 평소에 일이 바빠서 쉴 시간이 거의 없습니다. 여행을 가면, 저는 일을 잠시 내려놓고 몸과 마음을 편하게 하며, 업무에서의 걱정거리를 잊을 수 있습니다. 그 다음으로, 여행은 제 삶을 풍요롭게 해줍니다. 예를 들어, 여행 중에 저는 아름다운 풍경을 볼 수 있고 각종 맛있는 음식을 먹을 수 있으며, 다양한 사람들을 만날 수 있습니다. 이 경험들은 저의 삶을 풍요롭게 할 것입니다. 결론적으로 말하자면, 만약 저에게 일주일간의 휴가가 있다면, 저는 여행을 갈 것입니다.

어휘 旅行 lǚxíng 동 여행하다 放松 fàngsōng 동 (마음을) 편안하게 하다, 긴장을 풀다 烦恼 fánnǎo 휑 걱정스럽다, 괴롭다
平时 píngshí 몡 평소 暂时 zànshí 휑 잠시 丰富 fēngfù 동 풍요롭게 하다 生活 shēnghuó 몡 삶 美丽 měilì 휑 아름답다
景色 jǐngsè 몡 풍경 经历 jīnglì 몡 경력

· 在…中 zài…zhōng ~중에

[유형별 공략하기] 실전연습 p.100

[연습 1]

1 Zài chūn xià qiū dōng sì ge jìjié zhōng, nǐ zuì xǐhuan nǎge jìjié? Wèishénme?
在 春 夏 秋 冬 四个 季节 中, 你 最 喜欢 哪个 季节? 为什么?
봄, 여름, 가을, 겨울 사계절 중에서 당신은 어떤 계절을 가장 좋아하나요? 왜인가요?

<답변 구조>		<핵심 표현 메모>
도입		봄 春天
전개	첫 번째 이유/방법	기온이 딱 좋다 温度刚刚好 춥지도 덥지도 않다 不冷不热 산책하기 좋다 适合散步
	두 번째 이유/방법	새로운 시작을 나타내다 表示新的开始 많은 꽃이 피다 很多花都会开 새로운 희망을 갖다 有新的希望
마무리		봄 春天

모범답변

Zài chūn xià qiū dōng sì ge jìjié zhōng, wǒ zuì xǐhuan chūntiān.
在春夏秋冬四个季节中，我最喜欢春天。

Wǒ lái shuō dìyī ge lǐyóu. Chūntiān wēndù gānggāng hǎo, shìhé zài wàimian huódòng. Bǐrú shuō, chūntiān bù lěng
我来说第一个理由。春天温度刚刚好，适合在外面活动。比如说，春天不冷
bú rè, tiānqì ràng rén juéde hěn shūfu, suǒyǐ shìhé sànbù, páshān huòzhě zuò qítā huódòng.
不热，天气让人觉得很舒服，所以适合散步、爬山或者做其他活动。

Wǒ lái shuō dì èr ge lǐyóu. Chūntiān biǎoshì xīn de kāishǐ. Bǐrú shuō, chūntiān hěn duō huā dōu huì kāi, shùshang yě
我来说第二个理由。春天表示新的开始。比如说，春天很多花都会开，树上也
kāishǐ zhǎng xīn de yèzi. Zhè ràng wǒ juéde yíqiè dōu zài chóngxīn kāishǐ, ràng wǒ xīnli yǒu xīn de xīwàng.
开始长新的叶子。这让我觉得一切都在重新开始，让我心里有新的希望。

Zǒng de lái shuō, zài chūn xià qiū dōng sì ge jìjié zhōng, wǒ zuì xǐhuan chūntiān.
总的来说，在春夏秋冬四个季节中，我最喜欢春天。

해석 봄, 여름, 가을, 겨울 사계절 중에서 저는 봄을 가장 좋아합니다. 첫 번째 이유를 말하겠습니다. 봄에는 기온이 딱 좋아서 밖에서 활동하기 좋습니다. 예를 들어, 봄은 춥지도 덥지도 않으며, 날씨가 쾌적합니다. 그래서 산책, 등산이나 다른 활동을 하기 좋습니다. 두 번째 이유를 말하겠습니다. 봄은 새로운 시작을 나타냅니다. 예를 들어, 봄에는 많은 꽃이 피고, 나무에도 새로운 잎이 자라나기 시작합니다. 이것은 모든 것이 다시 시작한다고 느끼게 하며, 저의 마음 속에 새로운 희망을 갖게 합니다. 결론적으로 말하자면, 봄, 여름, 가을, 겨울 사계절 중에서 저는 봄을 가장 좋아합니다.

어휘 温度 wēndù 몡 기온, 온도   刚刚 gānggāng 튀 딱, 공교롭게   适合 shìhé 동 좋다, 적합하다   散步 sànbù 동 산책하다
理由 lǐyóu 몡 이유   活动 huódòng 동 활동하다   表示 biǎoshì 동 나타내다   比如 bǐrú 동 예를 들어   叶子 yèzi 몡 잎
一切 yíqiè 때 모든 것   重新 chóngxīn 튀 다시

· 在…中 zài…zhōng ~중에

2

Rúguǒ gōngsī lí jiā hěn yuǎn, nǐ huì zěnme zuò?
如果 公司 离家 很远，你会 怎么做？
만약 회사가 집에서 멀다면, 당신은 어떻게 할 것인가요?

<답변 구조> <핵심 표현 메모>

답변 구조		핵심 표현 메모
도입		두 가지 방법　两个方法
전개	첫 번째 이유/방법	회사 근처로 이사를 가서 살다　搬到公司附近住 집을 빌리다　租房子 시간을 많이 절약하다　节约很多时间
	두 번째 이유/방법	조금 일찍 나가다　早一点儿出门 일찍 자고 일찍 일어나다　早睡早起
마무리		두 가지 방법　两个方法

모범답변

Rúguǒ gōngsī lí jiā hěn yuǎn, wǒ huì yòng yǐxià liǎng ge fāngfǎ jiějué zhège wèntí.
如果公司离家很远，我会用以下两个方法解决这个问题。

Shǒuxiān, wǒ kěnéng huì bāndào gōngsī fùjìn zhù. Bǐrú shuō, wǒ kěyǐ zài gōngsī fùjìn zū fángzi, zhèyàng néng jiéyuē hěn duō shíjiān, zhèxiē shíjiān néng yònglai zuò bié de shì.
首先，我可能会搬到公司附近住。比如说，我可以在公司附近租房子，这样能节约很多时间，这些时间能用来做别的事。

Qícì, shàngbān shí wǒ huì zǎo yìdiǎnr chūmén. Bǐrú shuō, wèile shàngbān bù chídào, wǒ huì zǎo shuì zǎo qǐ, zhèyàng jiù búyòng dānxīn zǎoshang yùdào dǔchē de qíngkuàng.
其次，上班时我会早一点儿出门。比如说，为了上班不迟到，我会早睡早起，这样就不用担心早上遇到堵车的情况。

Zǒng de lái shuō, rúguǒ gōngsī lí jiā hěn yuǎn, wǒ huì yòng zhè liǎng ge fāngfǎ jiějué zhège wèntí.
总的来说，如果公司离家很远，我会用这两个方法解决这个问题。

해석　만약 회사가 집에서 멀다면, 저는 다음과 같은 두 가지 방법으로 이 문제를 해결할 것입니다. 먼저, 저는 회사 근처로 이사를 가서 살 것 같습니다. 예를 들어, 저는 회사 근처에 집을 빌릴 수 있는데, 이렇게 하면 시간을 많이 절약할 수 있고, 이 시간은 다른 일을 하는데 쓸 수 있습니다. 그 다음으로, 출근할 때 저는 조금 일찍 나갈 것입니다. 예를 들어, 회사에 지각하지 않기 위해 저는 일찍 자고 일찍 일어날 것입니다. 이렇게 하면 아침에 차가 막힐 걱정을 하지 않아도 됩니다. 결론적으로 말하자면, 만약 회사가 집에서 멀다면, 저는 이 두 가지 방법으로 이 문제를 해결할 것입니다.

어휘　租 zū 동 (집을) 빌리다, 임대하다　节约 jiéyuē 동 절약하다　首先 shǒuxiān 대 먼저　其次 qícì 대 그 다음
堵车 dǔchē 동 차가 막히다　情况 qíngkuàng 명 상황

· 为了… wèile… ~하기 위해

[연습 2]

1 Qǐng jièshào nǐ zuì xǐhuan de Zhōngguó cài.
请 介绍 你 最 喜欢 的 中国 菜。
당신이 가장 좋아하는 중국 음식을 소개해 주세요.

<답변 구조> <핵심 표현 메모>

도입		만두 饺子
전개	첫 번째 이유/방법	다양한 맛의 만두를 먹다 吃不同味道的饺子
		고기나 야채를 넣다 放肉或者菜
		맛있는 만두를 많이 먹을 수 있다 吃到很多美味的饺子
	두 번째 이유/방법	만들기 편하다 做起来很方便
		뜨거운 물에 넣다 放在热水里
마무리		만두 饺子

모범답변

Wǒ lái jièshào wǒ zuì xǐhuan de Zhōngguó cài. Wǒ zuì xǐhuan jiǎozi.
我来介绍我最喜欢的中国菜。我最喜欢饺子。

Shǒuxiān, jiǎozi yǒu hěn duō zhǒng, wǒ kěyǐ chī bùtóng wèidao de jiǎozi. Bǐrú shuō, jiǎozi li kěyǐ fàng ròu huòzhě
首先，饺子有很多种，我可以吃不同味道的饺子。比如说，饺子里可以放肉或者
cài, shènzhì hái kěyǐ fàng jīdàn. Suǒyǐ wǒ kěyǐ chīdào hěn duō měiwèi de jiǎozi.
菜，甚至还可以放鸡蛋。所以我可以吃到很多美味的饺子。

Qícì, jiǎozi zuò qǐlai hěn fāngbiàn. Bǐrú shuō, wǒ xiàbān bǐjiào wǎn, huòzhě bù xiǎng zuò fàn de shíhou, zhǐyào zài
其次，饺子做起来很方便。比如说，我下班比较晚，或者不想做饭的时候，只要在
chāoshì mǎi yì bāo jiǎozi, fàngzài rèshuǐ li, guò yíhuìr jiù néng chīdào le.
超市买一包饺子，放在热水里，过一会儿就能吃到了。

Zǒng de lái shuō, wǒ zuì xǐhuan de Zhōngguó cài shì jiǎozi.
总的来说，我最喜欢的中国菜是饺子。

해석 제가 가장 좋아하는 중국 음식을 소개하겠습니다. 저는 만두를 가장 좋아합니다. 먼저, 만두는 종류가 다양해서 저는 다양한 맛의 만두를 먹을 수 있습니다. 예를 들어, 만두 안에 고기나 야채를 넣을 수 있고, 심지어는 달걀을 넣을 수도 있습니다. 그래서 저는 맛있는 만두를 많이 먹을 수 있습니다. 그 다음으로, 만두는 만들기 편합니다. 예를 들어, 제가 늦게 퇴근하거나 밥을 하기 싫을 때, 마트에서 만두 한 봉지를 사서 뜨거운 물에 넣기만 하면 잠시 후에 바로 먹을 수 있습니다. 결론적으로 말하자면, 제가 가장 좋아하는 중국 음식은 만두입니다.

어휘 饺子 jiǎozi 명 만두 味道 wèidao 명 맛 甚至 shènzhì 접 심지어
· ⋯的时候 ⋯de shíhou ~할 때
· 只要⋯, 就⋯ zhǐyào⋯, jiù⋯ ~하기만 하면

2

Nǐ juéde zìjǐ nǎ fāngmiàn de nénglì duì gōngzuò yǒu bāngzhù?
你觉得自己哪方面的能力对工作有帮助？
당신은 자신의 어떤 방면의 능력이 업무에 도움된다고 생각하나요?

<답변 구조> / <핵심 표현 메모>

구조		핵심 표현 메모
도입		소통 능력 交流能力
전개	첫 번째 이유/방법	오해가 거의 생기지 않는다 很少出现误会 중요한 업무 내용에 대해 소통한다 交流重要的工作内容 문제가 거의 생기지 않는다 很少出问题
	두 번째 이유/방법	문제를 더 빨리 해결한다 更快地解决问题 즉시 동료들과 소통한다 及时与同事们交流
마무리		소통 능력 交流能力

모범답변

Wǒ juéde zìjǐ de jiāoliú nénglì duì gōngzuò yǒu bāngzhù.
我觉得自己的交流能力对工作有帮助。

Shǒuxiān, wǒ jīngcháng hé tóngshì jiāoliú gōngzuò shang de shìqing, suǒyǐ hěn shǎo chūxiàn wùhuì. Bǐrú shuō, wǒ
首先，我经常和同事交流工作上的事情，所以很少出现误会。比如说，我
měitiān kāishǐ gōngzuò zhīqián, dōu huì hé tóngshìmen jiāoliú zhòngyào de gōngzuò nèiróng, suǒyǐ hěn shǎo chūxiàn
每天开始工作之前，都会和同事们交流重要的工作内容，所以很少出现
bú bìyào de wùhuì, yě hěn shǎo chū wèntí.
不必要的误会，也很少出问题。

Qícì, jījí de jiāoliú kěyǐ ràng wǒ gèng kuài de jiějué wèntí. Bǐrú shuō, dāng wǒ zài gōngzuò shang yùdào wèntí shí,
其次，积极的交流可以让我更快地解决问题。比如说，当我在工作上遇到问题时，
huì jíshí yǔ tóngshìmen jiāoliú, zhèyàng kěyǐ gèng kuài de zhǎodào jiějué bànfǎ.
会及时与同事们交流，这样可以更快地找到解决办法。

Zǒng de lái shuō, wǒ juéde zìjǐ de jiāoliú nénglì duì gōngzuò yǒu bāngzhù.
总的来说，我觉得自己的交流能力对工作有帮助。

해석 저는 저의 소통 능력이 업무에 도움이 된다고 생각합니다. 먼저, 저는 직장 동료들과 업무적인 일에 대해 자주 소통하기 때문에, 오해가 거의 생기지 않습니다. 예를 들어, 저는 매일 일을 시작하기 전에 항상 동료들과 중요한 업무 내용에 대해 소통합니다. 그래서 불필요한 오해가 거의 생기지 않으며, 문제도 거의 생기지 않습니다. 그 다음으로, 적극적인 소통은 제가 문제를 더 빨리 해결하게 해줍니다. 예를 들어, 업무적으로 문제가 생겼을 때, 저는 즉시 동료들과 소통합니다. 이렇게 하면 더 빨리 해결 방법을 찾을 수 있습니다. 결론적으로 말하자면, 저는 저의 소통 능력이 업무에 도움이 된다고 생각합니다.

어휘 方面 fāngmiàn 몡 방면   能力 nénglì 몡 능력   交流 jiāoliú 통 소통하다   出现 chūxiàn 통 생기다, 나타나다
误会 wùhuì 몡 오해   内容 nèiróng 몡 내용   及时 jíshí 用 즉시   积极 jījí 형 적극적이다   与 yǔ 깨 ~와(과)

· 对…有帮助 duì…yǒu bāngzhù ~에 도움이 된다
· 当…时 dāng…shí ~할 때

[연습 3]

1

Nǐ duì Zhōngguó wénhuà gǎn xìngqù ma? Wèishénme?
你对 中国 文化 感 兴趣 吗? 为什么?

당신은 중국문화에 관심이 많은가요? 왜인가요?

<답변 구조>   <핵심 표현 메모>

도입		관심이 많다 感兴趣
전개	첫 번째 이유/방법	5천 년의 역사를 가지고 있다 有五千年的历史 독특한 특징이 있다 有独特的特点
	두 번째 이유/방법	중국문화가 풍부하다 中国文化很丰富 소수민족 少数民族 언어와 문화가 모두 다르다 语言和文化都不相同
마무리		관심이 많다 感兴趣

모범답변

Wǒ duì Zhōngguó wénhuà hěn gǎn xìngqù.
我对中国文化很感兴趣。

Shǒuxiān, Zhōngguó wénhuà hěn yǒu zìjǐ de tèdiǎn. Bǐrú shuō, Zhōngguó yǒu wǔ qiān nián de lìshǐ, suǒyǐ zài chī,
首先，中国文化很有自己的特点。比如说，中国有五千年的历史，所以在吃、
chuān, zhù fāngmiàn yǒu dútè de tèdiǎn. Zhōngguórén de shēnghuó xíguàn yě hé qítā guójiā de rén bùtóng.
穿、住方面有独特的特点。中国人的生活习惯也和其他国家的人不同。

Qícì, wǒ juéde Zhōngguó wénhuà hěn fēngfù. Bǐrú shuō, Zhōngguó yǒu hěn duō shǎoshù mínzú, tāmen shēnghuó zài
其次，我觉得中国文化很丰富。比如说，中国有很多少数民族，他们生活在
bùtóng de dìfang, měi ge dìfang de yǔyán hé wénhuà dōu bù xiāngtóng. Suǒyǐ wǒ juéde Zhōngguó wénhuà hěn
不同的地方，每个地方的语言和文化都不相同。所以我觉得中国文化很
fēngfù, yě hěn yǒu yìsi.
丰富，也很有意思。

Zǒng de lái shuō, wǒ duì Zhōngguó wénhuà hěn gǎn xìngqù.
总的来说，我对中国文化很感兴趣。

해석   저는 중국문화에 관심이 많습니다. 먼저, 중국문화는 그만의 특징이 있습니다. 예를 들어, 중국은 5천 년의 역사를 가지고 있기 때문에 먹는 것, 입는 것, 거주하는 것의 측면에서 독특한 특징이 있습니다. 중국인의 생활습관도 다른 나라 사람들과 다릅니다. 그 다음으로, 저는 중국문화가 풍부하다고 생각합니다. 예를 들어, 중국에는 많은 소수민족이 있는데, 그들은 서로 다른 곳에서 살고 있으며, 지역마다 언어와 문화가 모두 다릅니다. 그래서 저는 중국문화가 풍부하고, 또 재미있다고 생각합니다. 결론적으로 말하자면, 저는 중국문화에 관심이 많습니다.

어휘   独特 dútè [형] 독특하다   特点 tèdiǎn [명] 특징   丰富 fēngfù [형] 풍부하다
少数民族 shǎoshù mínzú [명] 소수민족[중국에서는 한족(汉族)을 제외한 다른 민족을 가리킴]   语言 yǔyán [명] 언어
相同 xiāngtóng [형] 서로 같다   方面 fāngmiàn [명] 측면   生活 shēnghuó [명] 생활

2

Yǒurén shuō "shàng wǎngkè de huà, xuéxí xiàoguǒ huì biàn chà", nǐ zěnme kàn?
有人 说 " 上 网课的话, 学习 效果 会 变 差", 你 怎么 看?
어떤 사람은 '온라인 수업은 학습 효과가 떨어진다'고 하는데, 당신은 어떻게 생각하나요?

<답변 구조>   <핵심 표현 메모>

도입		온라인 수업은 학습 효과가 떨어진다	上网课的话，学习效果会变差
전개	첫 번째 이유/방법	학생들은 선생님과 소통할 기회가 부족하다	学生缺少与老师交流的机会
		바로 질문할 수 없다	不能及时提问
	두 번째 이유/방법	주변 학습 환경의 영향을 받는다	受到周围学习环境的影响
		학교에서처럼 열심히 공부하기 쉽지 않다	很难像在学校时一样认真学习
마무리		온라인 수업은 학습 효과가 떨어진다	上网课的话，学习效果会变差

모범답변

Yǒu rén shuō "shàng wǎngkè de huà, xuéxí xiàoguǒ huì biàn chà", wǒ yě shì zhèyàng rènwéi de.
有人说"上网课的话，学习效果会变差"，我也是这样认为的。

Shǒuxiān, shàng wǎngkè de huà, xuéshēng quēshǎo yǔ lǎoshī jiāoliú de jīhuì. Bǐrú shuō, shàng wǎngkè shí, xuéshēng
首先，上网课的话，学生缺少与老师交流的机会。比如说，上网课时，学生
hěn nán zài kètáng shang hùxiāng tǎolùn xuéxí wèntí, yě bù néng jíshí tíwèn, zhè huì yǐngxiǎng xuéxí xiàoguǒ.
很难在课堂上互相讨论学习问题，也不能及时提问，这会影响学习效果。

Qícì, shàng wǎngkè shí, huì shòudào zhōuwéi xuéxí huánjìng de yǐngxiǎng. Bǐrú shuō, jiālǐ de huánjìng gēn xuéxiào bù
其次，上网课时，会受到周围学习环境的影响。比如说，家里的环境跟学校不
yíyàng, jiālǐ bǐjiào shūfu, érqiě shēnbiān méiyǒu lǎoshī hé qítā tóngxué. Suǒyǐ shàng wǎngkè shí, xuéshēng hěn nán
一样，家里比较舒服，而且身边没有老师和其他同学。所以上网课时，学生很难
xiàng zài xuéxiào shí yíyàng rènzhēn xuéxí.
像在学校时一样认真学习。

Zǒng de lái shuō, wǒ yě rènwéi shàng wǎngkè de huà, xuéxí xiàoguǒ huì biàn chà.
总的来说，我也认为上网课的话，学习效果会变差。

해석   어떤 사람은 '온라인 수업은 학습 효과가 떨어진다'고 하는데, 저도 그렇게 생각합니다. 먼저, 온라인 수업을 하면 학생들은 선생님과 소통할 기회가 부족해집니다. 예를 들어, 온라인 수업을 들을 때 학생들은 수업시간에 서로 학습 문제를 토론하기 어렵고, 바로 질문할 수도 없습니다. 이는 학습 효과에 영향을 줍니다. 그 다음으로, 온라인 수업을 들을 때는 주변 학습 환경의 영향을 받습니다. 예를 들어, 집안의 환경은 학교와 다르며, 집안이 비교적 편안합니다. 게다가 주변에 선생님이나 다른 학생들이 없기 때문에 온라인 수업을 할 때 학생들은 학교에서처럼 열심히 공부하기 쉽지 않습니다. 결론적으로 말하자면, 저도 온라인 수업은 학습 효과가 떨어진다고 생각합니다.

어휘   网课 wǎngkè 몡 온라인 수업, 인터넷 강의   效果 xiàoguǒ 몡 효과   缺少 quēshǎo 통 부족하다   与 yǔ 젭 ~와(과)
交流 jiāoliú 통 소통하다, 교류하다   及时 jíshí 튀 바로, 즉시   提问 tíwèn 통 질문하다   周围 zhōuwéi 몡 주변
互相 hùxiāng 튀 서로   讨论 tǎolùn 통 토론하다

· 受到…的影响 shòudào…de yǐngxiǎng ~의 영향을 받다
· 跟…不一样 gēn…bù yíyàng ~와 다르다

[연습 4]

1 Qǐng shuō yíxià zuì ràng nǐ nánwàng de jīnglì.
请 说 一下 最 让 你 难忘 的 经历。
가장 기억에 남는 경험에 대해 말해보세요.

<답변 구조>   <핵심 표현 메모>

답변 구조		핵심 표현 메모
도입		번역 대회에 참가하다 参加翻译比赛
전개	첫 번째 이유/방법	많은 지식을 쌓다 增长了许多知识 번역 능력이 향상되다 翻译能力得到了提高
	두 번째 이유/방법	자신감 自信 좋은 성적을 받았다 得到了很好的成绩
마무리		번역 대회에 참가하다 参加翻译比赛

모범답변

Wǒ lái shuō yíxià zuì ràng wǒ nánwàng de jīnglì. Zuì ràng wǒ nánwàng de jīnglì shì cānjiā fānyì bǐsài zhè jiàn shì.
我来说一下最让我难忘的经历。最让我难忘的经历是参加翻译比赛这件事。

Shǒuxiān, nà cì jīnglì shǐ wǒ zēngzhǎngle xǔduō zhīshi. Bǐrú shuō, wèile cānjiā fānyì bǐsài, wǒ xuéxíle hěn duō
首先，那次经历使我增长了许多知识。比如说，为了参加翻译比赛，我学习了很多
xīn de dāncí hé jùzi. Zài zhège guòchéng zhōng, wǒ de fānyì nénglì dédàole tígāo.
新的单词和句子。在这个过程中，我的翻译能力得到了提高。

Qícì, nà cì jīnglì gěile wǒ hěn dà de zìxìn. Bǐrú shuō, yóuyú wǒ zài fānyì bǐsài shang dédàole hěn hǎo de
其次，那次经历给了我很大的自信。比如说，由于我在翻译比赛上得到了很好的
chéngjì, suǒyǐ wǒ biàn de gèngjiā zìxìn le.
成绩，所以我变得更加自信了。

Zǒng de lái shuō, zuì ràng wǒ nánwàng de jīnglì shì cānjiā fānyì bǐsài zhè jiàn shì.
总的来说，最让我难忘的经历是参加翻译比赛这件事。

해석 제가 가장 기억에 남는 경험에 대해 말해보겠습니다. 제가 가장 기억에 남는 경험은 번역 대회에 참가한 것입니다. 먼저, 그 경험은 제가 많은 지식을 쌓게 했습니다. 예를 들어, 번역 대회에 참가하기 위해 저는 새로운 단어와 문장을 많이 배웠습니다. 이 과정에서 저의 번역 능력이 향상되었습니다. 그 다음으로, 그 때의 경험은 저에게 큰 자신감을 주었습니다. 예를 들어, 번역 대회에서 좋은 성적을 받았기 때문에 저는 더 자신감이 생겼습니다. 결론적으로 말하자면, 제가 가장 기억에 남는 경험은 번역 대회에 참가한 것입니다.

어휘 经历 jīnglì 몡 경험   翻译 fānyì 동 번역하다, 통역하다   增长 zēngzhǎng 동 쌓다, 늘어나다   许多 xǔduō 수 (매우) 많다
知识 zhīshi 몡 지식   能力 nénglì 몡 능력   自信 zìxìn 몡 자신감   过程 guòchéng 몡 과정   由于 yóuyú 접 ~때문에

· 为了… wèile… ~하기 위해
· 在这个过程中 zài zhège guòchéng zhōng 이 과정에서

2 Rúguǒ nǐ yǒu qī tiān jiàqī qù Zhōngguó lǚyóu, nǐ huì zěnme ānpái shíjiān?
如果 你 有 7 天 假期去 中国 旅游，你会 怎么 安排时间？
만약 당신이 7일간의 휴가 동안 중국으로 여행을 간다면, 당신은 시간을 어떻게 계획할 것인가요?

<답변 구조>		<핵심 표현 메모>
도입		몇 개의 다른 도시에 가다 　去几个不同的城市
전개	첫 번째 이유/방법	그만의 특징이 있다　有自己的特点
		가볼 만한 가치가 있다　值得去看
		다양한 경치를 보다　看不同的景色
	두 번째 이유/방법	시간을 꽉 채우다　安排得满满的
		한 곳에서만 돌아다니는 것을 좋아하지 않는다　不喜欢只在一个地方逛
마무리		몇 개의 다른 도시에 가다　去几个不同的城市

모범답변

Rúguǒ wǒ yǒu qī tiān jiàqī qù Zhōngguó lǚyóu, wǒ huì qù jǐ ge bùtóng de chéngshì.
如果我有7天假期去中国旅游，我会去几个不同的城市。

Wǒ lái shuō dìyī ge lǐyóu. Měi ge chéngshì dōu yǒu zìjǐ de tèdiǎn, dōu zhídé qù kàn. Bǐrú shuō, Běijīng yǒu Běijīng de měi, Shànghǎi yě yǒu Shànghǎi de měi, suǒyǐ wǒ xiǎng qù bùtóng de chéngshì, kàn bùtóng de jǐngsè.
我来说第一个理由。每个城市都有自己的特点，都值得去看。比如说，北京有北京的美，上海也有上海的美，所以我想去不同的城市，看不同的景色。

Wǒ lái shuō dì èr ge lǐyóu. Lǚyóu shí wǒ xǐhuan bǎ shíjiān ānpái de mǎnmǎn de. Bǐrú shuō, wǒ qù lǚyóu shí, xǐhuan zài jiào duǎn de shíjiān nèi qù hěn duō bùtóng de chéngshì, ér bù xǐhuan zhǐ zài yí ge dìfang guàng.
我来说第二个理由。旅游时我喜欢把时间安排得满满的。比如说，我去旅游时，喜欢在较短的时间内去很多不同的城市，而不喜欢只在一个地方逛。

Zǒng de lái shuō, rúguǒ wǒ yǒu qī tiān jiàqī qù Zhōngguó lǚyóu, wǒ huì qù jǐ ge bùtóng de chéngshì.
总的来说，如果我有7天假期去中国旅游，我会去几个不同的城市。

해석　만약 제가 7일간의 휴가 동안 중국으로 여행을 간다면, 저는 몇 개의 다른 도시에 갈 것입니다. 첫 번째 이유를 말하겠습니다. 도시마다 그만의 특징이 있어서, 모두 가볼 만한 가치가 있습니다. 예를 들어, 베이징은 베이징의 아름다움이 있고, 상하이는 상하이의 아름다움이 있습니다. 그래서 저는 다른 도시에 가서 다양한 경치를 보고 싶습니다. 두 번째 이유를 말하겠습니다. 여행할 때 저는 시간을 꽉 채우는 것을 좋아합니다. 예를 들어, 저는 여행을 갈 때 한 곳에서만 돌아다니는 것보다 짧은 시간에 여러 도시에 가는 것을 좋아합니다. 결론적으로 말하자면, 만약 제가 7일간의 휴가 동안 중국으로 여행을 간다면, 저는 몇 개의 다른 도시에 갈 것입니다.

어휘　安排 ānpái ⑧ (인원·시간 등을) 계획하다, 배정하다　特点 tèdiǎn ⑲ 특징, 특색　值得 zhídé ⑧ ~할 만한 가치가 있다
　　　景色 jǐngsè ⑲ 경치, 풍경　逛 guàng ⑧ 돌아다니다

실전테스트 p.104

[테스트 1]

13 Gōngzuò huò xuéxí yālì hěn dà shí, nǐ yìbān zuò shénme?
工作 或学习压力很 大时， 你 一般 做 什么？
업무나 공부에 대한 스트레스가 심할 때, 당신은 보통 무엇을 하나요?

<답변 구조>		<핵심 표현 메모>
도입		자전거를 타다 骑自行车
전개	첫 번째 이유/방법	땀을 흘리다 流汗 스트레스가 준다 减轻压力 매우 홀가분하다 感到非常舒服
	두 번째 이유/방법	기분이 좋아지다 心情会变好 마음을 편안하게 하다 放松心情
마무리		자전거를 타다 骑自行车

모범답변

Gōngzuò huò xuéxí yālì hěn dà shí, wǒ yìbān huì qù qí zìxíngchē.
工作或学习压力很大时，我一般会去骑自行车。

Wǒ lái shuō dìyī ge lǐyóu. Qí zìxíngchē shí huì liú hàn, liú hàn néng ràng wǒ jiǎnqīng yālì. Bǐrú shuō, měi cì wǒ dōu
我来说第一个理由。骑自行车时会流汗，流汗能让我减轻压力。比如说，每次我都
huì qí jǐ ge xiǎoshí de zìxíngchē, chū yìshēn hàn hòu zài xǐ ge zǎo, wǒ huì gǎndào fēicháng shūfu.
会骑几个小时的自行车，出一身汗后再洗个澡，我会感到非常舒服。

Wǒ lái shuō dì èr ge lǐyóu. Qí zìxíngchē de shíhou, wǒ de xīnqíng huì biàn hǎo. Bǐrú shuō, wǒ kěyǐ biān qí
我来说第二个理由。骑自行车的时候，我的心情会变好。比如说，我可以边骑
zìxíngchē biān kàn lùbiān bùtóng de jǐngsè, zhè kěyǐ ràng wǒ hěn hǎo de fàngsōng xīnqíng.
自行车边看路边不同的景色，这可以让我很好地放松心情。

Zǒng de lái shuō, gōngzuò huò xuéxí yālì hěn dà shí, wǒ yìbān huì qù qí zìxíngchē.
总的来说，工作或学习压力很大时，我一般会去骑自行车。

해석 업무나 공부에 대한 스트레스가 심할 때, 저는 보통 자전거를 타러 갑니다. 첫 번째 이유를 말하겠습니다. 자전거를 탈 때 땀을 흘리는데, 땀을 흘리는 것은 스트레스를 줄여줍니다. 예를 들어, 매번 저는 자전거를 몇 시간씩 타는데, 온 몸에 땀을 흘린 뒤 샤워를 하면, 저는 매우 홀가분합니다. 두 번째 이유를 말하겠습니다. 자전거를 탈 때 저는 기분이 좋아집니다. 예를 들어, 저는 자전거를 타면서 길가의 다양한 경치를 볼 수 있는데, 이는 저의 마음을 편안하게 합니다. 결론적으로 말하자면, 업무나 공부에 대한 스트레스가 심할 때, 저는 보통 자전거를 타러 갑니다.

어휘 压力 yālì 몡 스트레스 流汗 liú hàn 땀을 흘리다 减轻 jiǎnqīng 동 줄다 心情 xīnqíng 몡 기분
放松 fàngsōng 동 (마음을) 편안하게 하다 理由 lǐyóu 몡 이유 比如 bǐrú 동 예를 들어 景色 jǐngsè 몡 경치
⋯的时候 ⋯de shíhou ~할 때

14 Duìyú "hǎo de kāishǐ jiù shì chénggōng de yíbàn" zhè jù huà, nǐ shì zěnme lǐjiě de?
对于"好的开始就是 成功 的一半"这句话，你是 怎么 理解的?
'좋은 시작은 성공의 반이다' 이 말에 대해, 당신은 어떠한 견해를 가지고 있나요?

<답변 구조>		<핵심 표현 메모>
도입		동의한다 同意
전개	첫 번째 이유/방법	시작이 비교적 순조롭다면 더 자신감을 갖게 된다 开始比较顺利，就会更有信心 성공할 가능성 成功的可能性
	두 번째 이유/방법	잘못된 길을 덜 갈 수 있다 可以少走错误的路 미리 계획하고 준비했다 提前做好了计划和准备 성공의 밑거름 成功的基础
마무리		동의한다 同意

모범답변

Duìyú "hǎo de kāishǐ jiù shì chénggōng de yíbàn" zhè jù huà, wǒ biǎoshì tóngyì.
对于"好的开始就是成功的一半"这句话，我表示同意。

Shǒuxiān, hǎo de kāishǐ néng ràng rén duì jiānglái de shì gèng yǒu xìnxīn. Bǐrú shuō, zuòshì shí, rúguǒ kāishǐ bǐjiào
首先，好的开始能让人对将来的事更有信心。比如说，做事时，如果开始比较
shùnlì, jiù huì gèng yǒu xìnxīn, yě gèng yuànyì fùchū nǔlì, yīncǐ chénggōng de kěnéngxìng yě huì biàn de gèng dà.
顺利，就会更有信心，也更愿意付出努力，因此成功的可能性也会变得更大。

Qícì, yǒu hǎo de kāishǐ, wǒmen jiù kěyǐ shǎo zǒu cuòwù de lù. Bǐrú shuō, zài hěn duō qíngkuàng xià, yǒu hǎo
其次，有好的开始，我们就可以少走错误的路。比如说，在很多情况下，有好
de kāishǐ shuōmíng tíqián zuòhǎole jìhuà hé zhǔnbèi, ér zhè huì chéngwéi chénggōng de jīchǔ, ràng wǒmen shǎo zǒu
的开始说明提前做好了计划和准备，而这会成为成功的基础，让我们少走
cuòwù de lù.
错误的路。

Zǒng de lái shuō, wǒ tóngyì "hǎo de kāishǐ jiù shì chénggōng de yíbàn" zhè jù huà.
总的来说，我同意"好的开始就是成功的一半"这句话。

해석 '좋은 시작은 성공의 반이다' 이 말에 대해 저는 동의합니다. 먼저, 좋은 시작은 미래에 대해 더 자신감을 갖게 합니다. 예를 들어, 일을 할 때 만약 시작이 비교적 순조롭다면 더 자신감을 갖게 되고, 더 노력하게 됩니다. 따라서 성공할 가능성도 더 커집니다. 그 다음으로, 좋은 시작이 있으면 우리는 잘못된 길을 덜 갈 수 있습니다. 예를 들어, 많은 경우에 좋은 시작이 있다는 것은 미리 계획하고 준비했다는 것을 의미합니다. 이는 성공의 밑거름이 되어 우리가 잘못된 길을 덜 가게 해줍니다. 결론적으로 말하자면, 저는 '좋은 시작은 성공의 반이다' 이 말에 동의합니다.

어휘 对于 duìyú [개] ~에 대해 成功 chénggōng [동] 성공하다 理解 lǐjiě [동] 이해하다 顺利 shùnlì [형] 순조롭다
信心 xìnxīn [명] 자신감 错误 cuòwù [명] 잘못되다 提前 tíqián [동] 미리 ~하다 计划 jìhuà [명] 계획
基础 jīchǔ [명] 밑거름, 기초 表示 biǎoshì [동] 나타내다 首先 shǒuxiān [대] 먼저 将来 jiānglái [명] 미래
因此 yīncǐ [접] 따라서 其次 qícì [대] 그 다음 情况 qíngkuàng [명] 경우, 상황 说明 shuōmíng [동] 의미하다, 설명하다
成为 chéngwéi [동] ~이 되다

· 如果…, 就… rúguǒ…, jiù… 만약 ~한다면

[테스트 2]

13 Nǐ xǐhuan shénme yùndòng?
你 喜欢 什么 运动？
당신은 어떤 운동을 좋아하나요?

<답변 구조>		<핵심 표현 메모>
도입		수영 游泳
전개	첫 번째 이유/방법	마음을 편안하게 하다 心情得到放松 즐겁지 않은 일을 잊다 忘掉不开心的事情
	두 번째 이유/방법	전신운동 全身运动 몸에 매우 좋다 对身体非常有好处 단련하다 锻炼
마무리		수영 游泳

모범답변

Wǒ xǐhuan yóuyǒng.
我喜欢游泳。

Wǒ lái shuō dìyī ge lǐyóu. Yóuyǒng kěyǐ ràng wǒ de xīnqíng dédào fàngsōng. Bǐrú shuō, dāng yùdào bù yúkuài de
我来说第一个理由。游泳可以让我的心情得到放松。比如说，当遇到不愉快的
shìqing shí, wǒ jiù huì qù yóuyǒng, měi cì yóuwán yǒng zhīhòu, wǒ dōu néng wàngdiào bù kāixīn de shìqing.
事情时，我就会去游泳，每次游完泳之后，我都能忘掉不开心的事情。

Wǒ lái shuō dì èr ge lǐyóu. Yóuyǒng shì yì zhǒng quánshēn yùndòng, néng duànliàn dào shēntǐ de gège bùfen, duì shēntǐ
我来说第二个理由。游泳是一种全身运动，能锻炼到身体的各个部分，对身体
fēicháng yǒu hǎochù. Bǐrú shuō, yóuyǒng de shíhou, yīnwèi gēbo hé tuǐ dōu xūyào bù tíng de dòng, suǒyǐ zhè néng
非常有好处。比如说，游泳的时候，因为胳膊和腿都需要不停地动，所以这能
shǐ shēntǐ dédào hěn dà de duànliàn.
使身体得到很大的锻炼。

Zǒng de lái shuō, wǒ xǐhuan yóuyǒng.
总的来说，我喜欢游泳。

해석 저는 수영을 좋아합니다. 첫 번째 이유를 말하겠습니다. 수영은 제 마음을 편안하게 해줍니다. 예를 들어, 안 좋은 일이 생겼을 때 저는 수영을 하러 갑니다. 매번 수영을 하고 나면 저는 즐겁지 않은 일을 잊을 수 있었습니다. 두 번째 이유를 말하겠습니다. 수영은 전신운동으로 몸의 각 부분을 단련할 수 있어서, 몸에 매우 좋습니다. 예를 들어, 수영을 할 때는 팔과 다리를 끊임없이 움직여야 하기 때문에 몸을 많이 단련할 수 있습니다. 결론적으로 말하자면, 저는 수영을 좋아합니다.

어휘 心情 xīnqíng 명 마음, 기분 放松 fàngsōng 통 (마음을) 편하게 하다 开心 kāixīn 형 즐겁다 愉快 yúkuài 형 좋다, 유쾌하다
各个 gège 대 각각(의), 각기 部分 bùfen 명 부분 好处 hǎochù 명 좋은 점 胳膊 gēbo 명 팔 不停 bù tíng 끊임없이

· 当…时 dāng…shí ~할 때
· 对…有好处 duì ~ yǒu hǎochù ~에 좋다

14 Rúguǒ nǐ yǒu jīhuì huídào guòqù, nǐ huì xuǎnzé huíqu, háishi réngrán huì xuǎnzé liúzài xiànzài?
如果 你 有 机会 回到 过去，你 会 选择 回去，还是 仍然 会 选择 留在 现在？
만약 당신에게 과거로 돌아갈 기회가 있다면, 당신은 과거로 돌아가는 것을 선택할 것인가요? 아니면 여전히 현재에 머무르는 것을 선택할 것인 가요?

<답변 구조>		<핵심 표현 메모>
도입		현재에 머무르는 것을 선택한다 选择留在现在
전개	첫 번째 이유/방법	지금 잘 지내고 있다 现在过得很好
		만족스러운 직장을 구했다 找到了满意的工作
		다시 과거로 돌아가고 싶지 않다 不想再回到过去
	두 번째 이유/방법	행복하다 感到很幸福
		나를 응원하는 가족과 친구가 많이 있다 有很多支持我的家人和朋友
마무리		현재에 머무르는 것을 선택한다 选择留在现在

모범답변

Rúguǒ wǒ yǒu jīhuì huídào guòqù, wǒ réngrán huì xuǎnzé liúzài xiànzài.
如果我有机会回到过去，我仍然会选择留在现在。

Wǒ lái shuō dìyī ge lǐyóu. Wǒ yǐqián zài jīngjì shang hěn kùnnan, dàn xiànzài guò de hěn hǎo. Bǐrú shuō, yǐqián wǒ wèile zhèng qián, yìtiān yào zuò hěn duō jiānzhí, měitiān dōu hěn lèi. Dànshì xiànzài wǒ zhǎodàole mǎnyì de gōngzuò, shōurù yě hěn búcuò, suǒyǐ bù xiǎng zài huídào guòqù.
我来说第一个理由。我以前在经济上很困难，但现在过得很好。比如说，以前我为了挣钱，一天要做很多兼职，每天都很累。但是现在我找到了满意的工作，收入也很不错，所以不想再回到过去。

Wǒ lái shuō dì èr ge lǐyóu. Xiànzài de shēnghuó ràng wǒ gǎndào hěn xìngfú. Bǐrú shuō, xiànzài wǒ shēnbiān yǒu hěn duō zhīchí wǒ de jiārén hé péngyou, tāmen ràng wǒ juéde zìjǐ shì zhídé bèi ài de rén.
我来说第二个理由。现在的生活让我感到很幸福。比如说，现在我身边有很多支持我的家人和朋友，他们让我觉得自己是值得被爱的人。

Zǒng de lái shuō, rúguǒ wǒ yǒu jīhuì huídào guòqù, wǒ réngrán huì xuǎnzé liúzài xiànzài.
总的来说，如果我有机会回到过去，我仍然会选择留在现在。

해석 만약 저에게 과거로 돌아갈 기회가 있어도, 저는 여전히 현재에 머무르는 것을 선택할 것입니다. 첫 번째 이유를 말하겠습니다. 저는 예전에 경제적으로 어려웠지만 지금은 잘 지내고 있습니다. 예를 들어, 예전에 저는 돈을 벌기 위해 하루에도 많은 아르바이트를 해야 해서, 매일 힘들었습니다. 하지만 지금 저는 만족스러운 직장을 구했고 수입도 나쁘지 않기 때문에, 다시 과거로 돌아가고 싶지 않습니다. 두 번째 이유를 말하겠습니다. 지금의 삶은 저를 행복하게 합니다. 예를 들어, 지금 제 곁에는 저를 응원하는 가족과 친구들이 많이 있으며, 그들은 제가 사랑 받을 만한 가치가 있는 사람이라고 느끼게 해줍니다. 결론적으로 말하자면, 만약 저에게 과거로 돌아갈 기회가 있어도, 저는 여전히 현재에 머무르는 것을 선택할 것입니다.

어휘 仍然 réngrán 图 여전히 留 liú 图 머무르다 幸福 xìngfú 图 행복하다 支持 zhīchí 图 지지하다 经济 jīngjì 图 경제 困难 kùnnan 图 어렵다 挣 zhèng 图 (돈을) 벌다, 노력하여 얻다 兼职 jiānzhí 图 아르바이트, 겸직 收入 shōurù 图 수입 生活 shēnghuó 图 삶 值得 zhídé 图 ~할 만한 가치가 있다

실전모의고사 1 [유튜브로 보는 실전모의고사]

제1부분 p.110

파란색으로 표시된 부분은 한 덩어리로 특히 더 잘 익혀두세요.

1 Tā shàngbān shí jīngcháng qí zìxíngchē.
他上班时经常骑自行车。
그는 출근할 때 자주 자전거를 탄다.

어휘 自行车 zìxíngchē 몡 자전거

2 Wǒ xiǎng shì yíxià zhè shuāng píxié.
我想试一下这双皮鞋。
이 구두를 한번 신어보고 싶어요.

어휘 皮鞋 píxié 몡 구두

3 Bié dānxīn, wǒmen hái láidejí.
别担心，我们还来得及。
걱정하지 마세요, 우리는 아직 늦지 않았어요.

어휘 来得及 láidejí 동 (제 시간에) 늦지 않다

4 Búyào zuò ràng nǐ hòuhuǐ de shìqing.
不要做让你后悔的事情。
당신이 후회할 만한 일을 하지 마세요.

어휘 后悔 hòuhuǐ 동 후회하다

5 Nà tiáo lánsè de qúnzi fēicháng piàoliang.
那条蓝色的裙子非常漂亮。
그 파란색 치마는 매우 예쁘다.

어휘 蓝色 lánsè 몡 파란색

6 Dāngdì de rén duì kèrén fēicháng rèqíng.
当地的人对客人非常热情。
현지 사람들은 손님에게 매우 친절하다.

어휘 热情 rèqíng 형 친절하다, 열정적이다

7 Tā zhōngyú jiàndàole zìjǐ xǐhuan de gēshǒu.
他终于见到了自己喜欢的歌手。
그는 드디어 자신이 좋아하는 가수를 보았다.

어휘 终于 zhōngyú 부 드디어, 마침내

8 🎤 Wǒ xūyào zài shuìjiào qián zuòwán liànxítí.
我需要在睡觉前做完练习题。

나는 잠을 자기 전에 연습 문제를 다 풀어야 한다.

어휘 需要 xūyào 통 ~해야 한다, 필요하다

9 🎤 Míngtiān de bǐsài wǒmen xuéxiào kěndìng néng yíng.
明天的比赛我们学校肯定能赢。

내일 경기는 우리 학교가 반드시 이길 수 있을 거예요.

어휘 肯定 kěndìng 부 반드시, 확실히   赢 yíng 통 이기다

10 🎤 Wǒmen huì zài shēnghuó zhōng yùdào xǔduō kùnnan.
我们会在生活中遇到许多困难。

우리는 삶에서 많은 어려움을 만나게 된다.

어휘 生活 shēnghuó 명 삶, 생활   许多 xǔduō 형 (매우) 많다   困难 kùnnan 명 어려움

제2부분 p.110

11

→ "동료와 함께 회사에 관한 일을 논의했다."

⋯⋯ 논의하고 있는 사람 중 한 명을 '나'로 설정

<이야기 구조>	<핵심 표현 메모>
① 이야기 도입	동료와 함께 회사에 관한 일을 논의했다 **跟同事一起讨论了关于公司的事情**
② 세부 내용	경영에 문제가 생겼다 **在管理上遇到了问题** 함께 해결 방안을 생각했다 **一起想解决办法** 회사의 몇 가지 문제점을 종합했다 **总结了公司的一些问题** 만족하는 해결 방안 **满意的解决办法**
③ 느낀 점 및 생각	소통하는 것이 매우 중요하다 **交流是非常重要的**

모범답변

Shàng ge xīngqī wǒ gēn tóngshì yìqǐ tǎolùnle guānyú gōngsī de shìqing.
上个星期我跟同事一起讨论了关于公司的事情。

Shìqing de jīngguò shì zhèyàng de. Nàtiān jīnglǐ zài huìyì shang shuō, zuìjìn gōngsī zài guǎnlǐ shang yùdàole wèntí, xūyào
事情的经过是这样的。那天经理在会议上说，最近公司在管理上遇到了问题，需要
wǒmen yìqǐ xiǎng jiějué bànfǎ. Yúshì wǒ gēn tóngshì yìqǐ zhěnglǐle yǐqián de huìyì cáiliào, zǒngjiéle gōngsī de
我们一起想解决办法。于是我跟同事一起整理了以前的会议材料，总结了公司的
yìxiē wèntí. Zuìhòu wǒmen zhǎodàole ràng dàjiā dōu mǎnyì de jiějué bànfǎ.
一些问题。最后我们找到了让大家都满意的解决办法。

Zhè ràng wǒ juéde zài gōngzuò shang gēn tóngshì jiāoliú shì fēicháng zhòngyào de, zhǐyǒu hǎohāo jiāoliú, cái néng gèng
这让我觉得在工作上跟同事交流是非常重要的，只有好好交流，才能更
hǎo de jiějué wèntí.
好地解决问题。

해석 지난주에 저는 동료와 함께 회사에 관한 일을 논의했습니다. 일의 과정은 이러했습니다. 그날 매니저는 회의에서 최근 회사가 경영에 문제가 생겨서 우리가 함께 해결 방안을 생각하는 것이 필요하다고 말했습니다. 그래서 저는 동료와 함께 이전의 회의 자료를 정리했고, 회사의 몇 가지 문제점을 종합했습니다. 결국 우리는 모두가 만족하는 해결 방안을 찾았습니다. 이는 저로 하여금 일을 할 때 동료와 소통하는 것이 매우 중요하고, 잘 소통해야만 문제를 더 잘 해결할 수 있다는 것을 느끼게 했습니다.

어휘 讨论 tǎolùn 图 논의하다, 토론하다 管理 guǎnlǐ 图 경영하다, 관리하다 办法 bànfǎ 圆 방안, 방법 总结 zǒngjié 图 종합하다
交流 jiāoliú 图 (서로) 소통하다 于是 yúshì 집 그래서 整理 zhěnglǐ 图 정리하다 材料 cáiliào 圆 자료

· 只有…, 才… zhǐyǒu…, cái… ~해야만, 비로소 ~

12 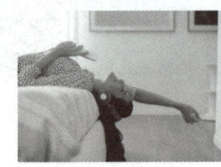 → "드디어 하루 종일 푹 쉬었다."

<이야기 구조>	<핵심 표현 메모>
① 이야기 도입	드디어 하루 종일 푹 쉬었다 终于好好放松了一天
② 세부 내용	일이 너무 바빴다 工作非常忙
	거의 쉴 틈이 없었다 几乎没有时间休息
	토요일에 아무 데도 가지 않았다 周六哪里都不去
	오랫동안 노래를 들었다 听了很长时间的歌
	스트레스와 걱정도 많이 줄어들었다 压力和烦恼也减少了许多
③ 느낀 점 및 생각	사람은 확실히 긴장을 풀 필요가 있다 人确实需要放松

모범답변

Shàng ge xīngqī wǒ zhōngyú hǎohāo fàngsōngle yìtiān.
上个星期我终于好好放松了一天。

Jùtǐ de qíngkuàng shì zhèyàng de. Dāngshí yóuyú gōngzuò fēicháng máng, wǒ yìzhí dōu zài gōngsī jiābān le, jīhū
具体的情况是这样的。当时由于工作非常忙，我一直都在公司加班了，几乎

méiyǒu shíjiān xiūxi, shēntǐ hé xīnqíng dōu biàn chà le. Wèile hǎohāo xiūxi, wǒ juédìng zhōuliù nǎli dōu bú qù,
没有时间休息，身体和心情都变差了。为了好好休息，我决定周六哪里都不去，

zhǐ zài jiāli. Wǒ hěn xǐhuan tīng gē, tīng gē néng ràng wǒ fàngsōng xīnqíng, yúshì nàtiān wǒ tīngle hěn cháng shíjiān de gē.
只在家里。我很喜欢听歌，听歌能让我放松心情，于是那天我听了很长时间的歌。

Tīngzhe xǐhuan de gē, xīnli de yālì hé fánnǎo yě jiǎnshǎole xuǎduō.
听着喜欢的歌，心里的压力和烦恼也减少了许多。

Tōngguò zhè jiàn shì, wǒ míngbaile rén quèshí xūyào fàngsōng, zhè néng jiǎnqīng xīnli de yālì.
通过这件事，我明白了人确实需要放松，这能减轻心里的压力。

해석 지난주에 저는 드디어 하루 종일 푹 쉬었습니다. 구체적인 상황은 이러했습니다. 당시 일이 너무 바빴기 때문에, 저는 계속 회사에서 야근했고 거의 쉴 틈이 없어 몸과 마음도 안 좋아졌습니다. 푹 쉬기 위해 저는 토요일에 아무 데도 가지 않고 집에만 있기로 했습니다. 저는 노래를 듣는 것을 매우 좋아하는데, 노래를 들으면 마음이 편안해집니다. 그래서 그날 저는 오랫동안 노래를 들었습니다. 좋아하는 노래를 들으면서 마음 속 스트레스와 걱정도 많이 줄어들었습니다. 이 일을 통해 저는 사람은 확실히 긴장을 풀 필요가 있고, 이것은 마음의 스트레스를 줄여준다는 것을 알게 되었습니다.

어휘 放松 fàngsōng 통 쉬다, 긴장을 풀다 压力 yālì 명 스트레스 烦恼 fánnǎo 형 걱정스럽다 减少 jiǎnshǎo 통 줄이다
许多 xǔduō 순 (매우) 많다 确实 quèshí 부 확실히 需要 xūyào 통 필요하다 情况 qíngkuàng 명 상황 当时 dāngshí 명 당시
由于 yóuyú 접 ~때문에 加班 jiābān 통 야근하다 心情 xīnqíng 명 마음 通过 tōngguò 개 ~를 통해
· 为了… wèile… ~하기 위해

제3부분 p.111

13

Rúguǒ zài gōngzuò zhōng yùdào kùnnan, nǐ huì zěnme zuò?
如果 在 工作 中 遇到困难，你会 怎么 做？
만약 업무 중에 어려움을 맞닥뜨린다면, 당신은 어떻게 할 것인가요?

<답변 구조>		<핵심 표현 메모>
도입		두 가지 방법 **两个方法**
전개	첫 번째 이유/방법	문제가 생긴 원인을 찾다 **找到问题出现的原因** 많은 관련 자료를 찾아본다 **查看很多有关材料**
	두 번째 이유/방법	경험이 있는 동료에게 도움을 청하다 **找有经验的同事帮忙** 경험이 풍부하다 **经验丰富** 많은 해결 방법을 안다 **知道很多解决办法**
마무리		두 가지 방법 **两个方法**

모범답변

Rúguǒ zài gōngzuò zhōng yùdào kùnnan, wǒ huì yòng yǐxià liǎng ge fāngfǎ jiějué kùnnan.
如果在工作中遇到困难，我会用以下**两个方法**解决困难。

Shǒuxiān, wǒ huì xiān zhǎodào wèntí chūxiàn de yuányīn. Bǐrú shuō, wǒ zài gōngzuò zhōng yùdào kùnnan shí, huì chákàn hěn duō yǒuguān cáiliào, zhǎodào wèntí chūxiàn de yuányīn. Zhèyàng kěyǐ bāngzhù wǒ jiějué kùnnan.
首先，我会先**找到问题出现的原因**。**比如说**，我在工作中遇到困难时，会**查看很多有关材料**，找到问题出现的原因。这样可以帮助我解决困难。

Qícì, wǒ huì zhǎo yǒu jīngyàn de tóngshì bāngmáng. Bǐrú shuō, jīngyàn fēngfù de tóngshì huì zhīdào hěn duō jiějué bànfǎ, suǒyǐ kěyǐ gěi wǒ hěn dà de bāngzhù.
其次，我会**找有经验的同事帮忙**。比如说，**经验丰富**的同事会**知道很多解决办法**，所以可以给我很大的帮助。

Zǒng de lái shuō, rúguǒ zài gōngzuò zhōng yùdào kùnnan, wǒ huì yòng zhè liǎng ge fāngfǎ jiějué kùnnan.
总的来说，如果在工作中遇到困难，我会用这**两个方法**解决困难。

해석 만약 업무 중에 어려움을 맞닥뜨린다면, 저는 다음과 같은 두 가지 방법으로 어려움을 해결할 것입니다. 먼저, 문제가 생긴 원인을 우선 찾아보겠습니다. 예를 들어, 저는 업무 중 어려움을 맞닥뜨렸을 때 많은 관련 자료를 찾아보고, 문제가 생긴 원인을 찾습니다. 이렇게 하면 제가 어려움을 해결하는 데 도움이 됩니다. 그 다음으로, 저는 경험이 있는 동료에게 도움을 청할 것입니다. 예를 들어, 경험이 풍부한 동료는 많은 해결 방법을 알고 있어서 저에게 큰 도움을 줄 수 있습니다. 결론적으로 말하자면, 만약 업무 중에 어려움을 맞닥뜨린다면, 저는 이 두 가지 방법으로 어려움을 해결할 것입니다.

어휘 困难 kùnnan 몡 어려움 方法 fāngfǎ 몡 방법 出现 chūxiàn 통 생기다, 나타나다 原因 yuányīn 몡 원인 材料 cáiliào 몡 자료 经验 jīngyàn 몡 경험 丰富 fēngfù 형 풍부하다 首先 shǒuxiān 부 먼저 比如 bǐrú 통 예를 들어 其次 qícì 대 그 다음
· 在…中 zài…zhōng ~중에

14 Hé péngyou jiāoliú shí yǒu de rén xǐhuan jiànmiàn, yǒu de rén xǐhuan dǎ diànhuà, yǒu de rén xǐhuan fā duǎnxìn.
和 朋友 交流时有的人喜欢 见面， 有的人喜欢打电话， 有的人喜欢发短信。
친구와 교류할 때 어떤 사람은 만나는 것을 좋아하고, 어떤 사람은 전화하는 것을 좋아하고, 어떤 사람은 문자하는 것을 좋아합니다.

Nǐ xǐhuan nǎ zhǒng fāngshì? Wèishénme?
你 喜欢 哪 种 方式？ 为什么？
당신은 어떤 방식을 좋아하나요? 왜인가요?

<답변 구조>   <핵심 표현 메모>

도입	만나는 방식 见面的方式
전개 — 첫 번째 이유/방법	더 잘 소통하다 更好地交流 언어를 통해 通过语言 눈과 동작을 통해 通过眼睛和动作 감정을 교류하다 交流感情
전개 — 두 번째 이유/방법	사람과 사람 사이의 감정을 깊어지게 하다 加深人与人之间的感情 익숙해지다 熟悉起来
마무리	만나는 방식 见面的方式

모범답변

Hé péngyou jiāoliú shí, wǒ xǐhuan jiànmiàn de fāngshì.
和朋友交流时，我喜欢见面的方式。

Wǒ lái shuō dìyī ge lǐyóu. Jiànmiàn néng ràng wǒ hé péngyou gèng hǎo de jiāoliú. Bǐrú shuō, hé péngyou jiànmiàn de
我来说第一个理由。见面能让我和朋友更好地交流。比如说，和朋友见面的
shíhou, wǒmen bùjǐn néng tōngguò yǔyán, hái néng tōngguò yǎnjing hé dòngzuò lái jiāoliú gǎnqíng. Suǒyǐ wǒ néng
时候，我们不仅能通过语言，还能通过眼睛和动作来交流感情。所以我能
gèng hǎo de lǐjiě péngyou shuō de huà.
更好地理解朋友说的话。

Wǒ lái shuō dì èr ge lǐyóu. Jiànmiàn kěyǐ jiāshēn rén yǔ rén zhījiān de gǎnqíng. Bǐrú shuō, liǎng ge rén jiànmiàn de
我来说第二个理由。见面可以加深人与人之间的感情。比如说，两个人见面的
cìshù duō le, jiù huì mànmàn shúxi qǐlai, gǎnqíng yě huì biàn de yuèláiyuè shēn.
次数多了，就会慢慢熟悉起来，感情也会变得越来越深。

Zǒng de lái shuō, hé péngyou jiāoliú shí, wǒ xǐhuan jiànmiàn de fāngshì.
总的来说，和朋友交流时，我喜欢见面的方式。

해석 친구와 교류할 때 저는 만나는 방식을 좋아합니다. 첫 번째 이유를 말하겠습니다. 만나는 것은 저와 친구가 더 잘 소통할 수 있게 합니다. 예를 들어, 친구와 만났을 때 우리는 언어뿐만 아니라 눈과 동작을 통해서도 감정을 교류할 수 있습니다. 그래서 저는 친구가 하는 말을 더 잘 이해할 수 있습니다. 두 번째 이유를 말하겠습니다. 만나는 것은 사람과 사람 사이의 감정을 깊어지게 할 수 있습니다. 예를 들어, 두 사람이 만나는 횟수가 많아지면, 서서히 익숙해지면서 감정도 점점 깊어집니다. 결론적으로 말하자면, 친구와 교류할 때 저는 만나는 방식을 좋아합니다.

어휘 交流 jiāoliú 동 교류하다, 서로 소통하다   通过 tōngguò 개 ~를 통해   语言 yǔyán 명 언어   动作 dòngzuò 명 동작, 행동
感情 gǎnqíng 명 감정   与 yǔ 접 ~와(과), ~와(과) 함께   熟悉 shúxi 동 익숙하다, 잘 알다   理由 lǐyóu 명 이유
理解 lǐjiě 동 이해하다, 알다   深 shēn 형 깊다

· …的时候 …de shíhou ~할 때
· 不仅…, 还… bùjǐn…, hái… ~뿐만 아니라, ~도

실전모의고사 2

제1부분 p.114

> 파란색으로 표시된 부분은 한 덩어리로 특히 더 잘 익혀두세요.

1
Zhè jiā diàn de miànbāo bǐjiào guì.
这家店的面包比较贵。

이 가게의 빵은 비교적 비싸다.

어휘　面包 miànbāo 명 빵

2
Zánmen jiào ge chūzūchē huíqu ba.
咱们叫个出租车回去吧。

우리 택시를 불러서 돌아가요.

어휘　咱们 zánmen 대 우리(들)

3
Wǒ jì bu zhù zhème duō de yǔfǎ.
我记不住这么多的语法。

나는 그렇게 많은 문법을 기억하지 못한다.

어휘　语法 yǔfǎ 명 문법, 어법

4
Érzi zǒngshì ràng wǒ gěi tā jiǎng gùshi.
儿子总是让我给他讲故事。

아들은 늘 나에게 이야기를 해달라고 한다.

어휘　故事 gùshi 명 이야기

5
Shāngdiàn ménkǒu yǒu hěn duō rén ba?
商店门口有很多人吧?

상점 문 앞에 사람들이 많죠?

어휘　门口 ménkǒu 명 문앞

6
Jīnglǐ duì tā de gōngzuò tàidu hěn mǎnyì.
经理对她的工作态度很满意。

매니저는 그녀의 업무 태도에 만족한다.

어휘　态度 tàidu 명 태도

7
Méiyǒu shénme dōngxi bǐ jiànkāng gèng zhòngyào.
没有什么东西比健康更重要。

어떤 것도 건강보다 더 중요한 것은 없다.

어휘　重要 zhòngyào 형 중요하다

8 🎤 Zhè cì de liànxítí tài nán le.
这次的练习题太难了。

이번 연습 문제는 너무 어렵다.

어휘 练习题 liànxítí 몡 연습 문제

9 🎤 Lǐbàitiān wǒ dǎsuan zuò dìtiě qù dòngwùyuán.
礼拜天我打算坐地铁去动物园。

일요일에 나는 지하철을 타고 동물원에 갈 예정이다.

어휘 礼拜天 lǐbàitiān 몡 일요일   动物园 dòngwùyuán 몡 동물원

10 🎤 Gōngsī guīdìng qǐngjià xūyào tíjiāo shēnqǐngshū.
公司规定请假需要提交申请书。

회사는 휴가를 신청하는 데 신청서를 제출해야 한다고 규정하고 있다.

어휘 规定 guīdìng 통 규정하다   提交 tíjiāo 통 제출하다   申请书 shēnqǐngshū 몡 신청서

제2부분 p.114

11

→ "여동생과 함께 중국으로 여행을 갔다."

여행가는 여자 중 한명을 '나'로 설정

<이야기 구조>	<핵심 표현 메모>
① 이야기 도입	여동생과 함께 중국으로 여행을 갔다 跟妹妹一起去中国旅游了
② 세부 내용	여동생이 중국어를 배우고 있었다 妹妹在学汉语 중국으로 여행을 가기로 했다 决定去中国旅游 만리장성을 먼저 보러 갈 계획이다 打算先去看长城 중국에 처음 가 보았다 第一次去中国 사진을 많이 찍었다 拍了很多照片
③ 느낀 점 및 생각	매우 행복했다 非常幸福

모범답변

Wǒ zuìjìn gēn mèimei yìqǐ qù Zhōngguó lǚyóu le.
我最近跟妹妹一起去中国旅游了。

Jùtǐ de qíngkuàng shì zhèyàng de. Dāngshí wǒ de mèimei zài xué Hànyǔ, suǒyǐ wèile gèng hǎo de liǎojiě Zhōngguó
具体的情况是这样的。当时我的妹妹在学汉语，所以为了更好地了解中国
wénhuà, wǒmen juédìng qù Zhōngguó lǚyóu. Wǒmen zhīqián zài diànshì shang kàndào Chángchéng yǐhòu, jiù bèi tā
文化，我们决定去中国旅游。我们之前在电视上看到长城以后，就被它
xīyǐn zhù le, suǒyǐ dǎsuan xiān qù kàn Chángchéng. Yīnwèi shì dìyī cì qù Zhōngguó, érqiě Hànyǔ yě shuō de bù liúlì,
吸引住了，所以打算先去看长城。因为是第一次去中国，而且汉语也说得不流利，
suǒyǐ wǒmen hěn nán gēn Zhōngguórén jiāoliú. Búguò wǒmen pāile hěn duō zhàopiàn, wán de hěn yúkuài.
所以我们很难跟中国人交流。不过我们拍了很多照片，玩得很愉快。

Zhè ràng wǒ juéde fēicháng xìngfú.
这让我觉得非常幸福。

해석 저는 최근에 여동생과 함께 중국으로 여행을 갔습니다. 구체적인 상황은 이러했습니다. 당시 여동생이 중국어를 배우고 있어서 중국문화를 더 잘 이해하기 위해, 우리는 중국으로 여행을 가기로 했습니다. 우리는 예전에 텔레비전에서 만리장성을 보고 그것에 사로잡혔습니다. 그래서 만리장성을 먼저 보러 갈 계획이었습니다. 중국에 처음 가봤고, 게다가 중국어도 유창하게 하지 못해서, 우리는 중국인과 소통하기 어려웠습니다. 그렇지만 우리는 사진을 많이 찍었고 즐겁게 놀았습니다. 이는 저로 하여금 매우 행복하다고 느끼게 했습니다.

어휘 长城 Chángchéng [고유] 만리장성   拍 pāi [동] 찍다   幸福 xìngfú [형] 행복하다   吸引 xīyǐn [동] 사로잡다
流利 liúlì [형] (말·문장이) 유창하다   不过 búguò [접] 그렇지만   愉快 yúkuài [형] 즐겁다, 유쾌하다

· 为了… wèile… ~하기 위해

12

 → "회의에서 업무 총결산을 했다."

<이야기 구조>	<핵심 표현 메모>	
① 이야기 도입	회의에서 업무 총결산을 했다	在会议上做了一次工作总结
② 세부 내용	회사에서 회의를 했다	在公司开了会
	업무 총결산을 해야 한다	要做工作总结
	일년 동안의 업무 내용	这一年来的工作内容
	의견을 제시했다	提出了一些意见
	나를 격려했다	鼓励了我
③ 느낀 점 및 생각	나의 업무에 대해 더 많은 이해를 하게 되었다	对自己的工作有了更多的了解

모범답변

 Wǒ zuìjìn zài huìyì shang zuòle yí cì gōngzuò zǒngjié.
我最近在会议上做了一次工作总结。

Shìqing de jīngguò shì zhèyàng de. Nàtiān wǒmen zài gōngsī kāile huì, měi yí wèi zhíyuán dōu yào zuò gōngzuò zǒngjié.
事情的经过是这样的。那天我们在公司开了会，每一位职员都要做工作总结。

Wǒ názhe zhǔnbèi hǎo de cáiliào, zǒudào qiánmian, gěi tóngshìmen jièshào bìng zǒngjiéle wǒ zhè yì nián lái de gōngzuò nèiróng. Wǒ jiǎngwán zhīhòu, qítā tóngshì xiàng wǒ tíchūle yìxiē yìjiàn, bìngqiě gǔlìle wǒ. Wǒ gǎndào fēicháng kāixīn.
我拿着准备好的材料，走到前面，给同事们介绍并总结了我这一年来的工作内容。我讲完之后，其他同事向我提出了一些意见，并且鼓励了我。我感到非常开心。

Zhè ràng wǒ juéde tōngguò zhèyàng de jīhuì, wǒ duì zìjǐ de gōngzuò yǒu le gèng duō de liǎojiě.
这让我觉得通过这样的机会，我对自己的工作有了更多的了解。

해석 저는 최근에 회의에서 업무 총결산을 했습니다. 일의 과정은 이러했습니다. 그날 회사에서 회의를 했고, 모든 직원은 업무 총결산을 해야 했습니다. 저는 준비된 자료를 들고 앞으로 나와서 동료들에게 저의 일 년 동안의 업무 내용을 소개하고 총결산했습니다. 제 이야기가 끝난 후, 다른 동료들은 저에게 의견을 제시했고, 게다가 저를 격려해 주었습니다. 저는 매우 기뻤습니다. 이는 저로 하여금 이런 기회를 통해 저의 업무에 대해 더 많은 이해를 하게 되었다는 것을 느끼게 했습니다.

어휘 总结 zǒngjié 명 총결산 内容 nèiróng 명 내용 意见 yìjiàn 명 의견 鼓励 gǔlì 동 격려하다 材料 cáiliào 명 자료
并且 bìngqiě 접 게다가 开心 kāixīn 형 기쁘다 通过 tōngguò 개 ~를 통해

제3부분 p.115

13

Qǐng jièshào shàngxué shí nǐ zuì xǐhuan shàng de kè.
请 介绍 上学 时你最 喜欢 上 的课。
학교 다닐 때 가장 좋아했던 수업을 소개해 주세요.

<답변 구조>　<핵심 표현 메모>

답변 구조		핵심 표현 메모
도입		음악 수업　音乐课
전개	첫 번째 이유/방법	음악에 관심이 많다　对音乐很感兴趣 행복하다　幸福 즐겁다　快乐
	두 번째 이유/방법	선생님이 수업을 잘한다　老师很会讲课 수업에서 많은 것을 배우다　在课上学到很多 음악과 관련된 이야기　关于音乐的故事
마무리		음악 수업　音乐课

모범답변

Wǒ lái jièshào shàngxué shí wǒ zuì xǐhuan shàng de kè. Wǒ zuì xǐhuan shàng yīnyuèkè.
我来介绍上学时我最喜欢上的课。我最喜欢上音乐课。

Wǒ lái shuō dìyī ge lǐyóu. Wǒ cóng xiǎo jiù duì yīnyuè hěn gǎn xìngqù, suǒyǐ zài shàng yīnyuèkè de shíhou, wǒ juéde
我来说第一个理由。我从小就对音乐很感兴趣，所以在上音乐课的时候，我觉得

hěn xìngfú. Bǐrú shuō, shàng yīnyuèkè de shíhou, dàjiā huì yìqǐ chàng gē, zhè ràng wǒ gǎnjué hěn kuàilè.
很幸福。比如说，上音乐课的时候，大家会一起唱歌，这让我感觉很快乐。

Wǒ lái shuō dì èr ge lǐyóu. Wǒ de yīnyuè lǎoshī hěn huì jiǎng kè, wǒ néng zài kèshang xuédào hěn duō. Bǐrú shuō,
我来说第二个理由。我的音乐老师很会讲课，我能在课上学到很多。比如说，

tā bùjǐn gāngqín tán de hǎo, hái chángcháng gēn wǒmen jiǎng hěn duō guānyú yīnyuè de gùshi, ràng wǒmen liǎojiě gèng
她不仅钢琴弹得好，还常常跟我们讲很多关于音乐的故事，让我们了解更

duō yīnyuè zhīshi.
多音乐知识。

Zǒng de lái shuō, shàngxué shí wǒ zuì xǐhuan shàng yīnyuèkè.
总的来说，上学时我最喜欢上音乐课。

해석　제가 학교 다닐 때 가장 좋아했던 수업을 소개하겠습니다. 저는 음악 수업 듣는 것을 가장 좋아했습니다. 첫 번째 이유를 말하겠습니다. 저는 어렸을 때부터 음악에 관심이 많아서, 음악 수업을 들을 때 행복했습니다. 예를 들어, 음악 수업을 할 때 다 같이 노래를 부르는 데, 이는 저를 즐겁게 했습니다. 두 번째 이유를 말하겠습니다. 음악 선생님께서 수업을 잘하셔서, 저는 수업에서 많은 것을 배울 수 있었습니다. 예를 들어, 그녀는 피아노를 잘 칠 뿐만 아니라, 또한 종종 음악과 관련된 많은 이야기를 들려주며 우리가 음악 지식을 더 많이 알게 해주었습니다. 결론적으로 말하자면, 저는 학교 다닐 때 음악 수업을 가장 좋아했습니다.

어휘　幸福 xìngfú 형 행복하다　理由 lǐyóu 명 이유　感觉 gǎnjué 동 느끼다　不仅 bùjǐn 접 ~뿐만 아니라　知识 zhīshi 명 지식

· 对…感兴趣 duì…gǎn xìngqù ~에 관심이 있다
· 不仅…, 还… bùjǐn…, hái… ~뿐만 아니라, 또한 ~

14

Nǐ rènwéi jiānchí yuèdú yǒu shénme hǎochù? Qǐng tántan nǐ de kànfǎ.
你 认为 坚持 阅读 有 什么 好处？请 谈谈 你的看法。
당신은 독서를 꾸준히 하는 것이 어떤 장점이 있다고 생각하나요? 당신의 견해를 말해보세요.

<답변 구조>	<핵심 표현 메모>	
도입	글쓰기 수준을 높이다	提高写文章的水平
전개 (첫 번째 이유/방법)	글의 내용을 더 풍부해지다	文章的内容变得更丰富
	역사를 배우다	学到历史
	지식이 많을수록	知识越多
	글도 더욱 풍부해지다	文章也会越丰富
전개 (두 번째 이유/방법)	글쓰기 방법을 배우다	学到写文章的方法
	읽으면서 필기를 하다	一边读一边做笔记
	큰 도움이 되다	有很大的帮助
마무리	글쓰기 수준을 높이다	提高写文章的水平

모범답변

Wǒ rènwéi jiānchí yuèdú néng tígāo xiě wénzhāng de shuǐpíng. Wǒ lái tántan wǒ de kànfǎ.
我认为坚持阅读能提高写文章的水平。我来谈谈我的看法。

Shǒuxiān, yuèdú néng shǐ wénzhāng de nèiróng biàn de gèng fēngfù. Bǐrú shuō, tōngguò yuèdú, wǒ néng xuédào lìshǐ、
首先，阅读能使文章的内容变得更丰富。比如说，通过阅读，我能学到历史、
shèhuì děng gè fāngmiàn de zhīshi. Liǎojiě de zhīshi yuè duō, xiě chūlai de wénzhāng yě huì yuè fēngfù.
社会等各方面的知识。了解的知识越多，写出来的文章也会越丰富。

Qícì, tōngguò yuèdú, wǒ néng xuédào xiě wénzhāng de fāngfǎ. Bǐrú shuō, wǒ píngshí huì dú hěn duō zuòjiā de shū,
其次，通过阅读，我能学到写文章的方法。比如说，我平时会读很多作家的书，
yìbiān dú yìbiān zuò bǐjì. Zhèyàng zuò néng xuédào xiě wénzhāng de fāngfǎ, zhè duì wǒ yǒu hěn dà de bāngzhù.
一边读一边做笔记。这样做能学到写文章的方法，这对我有很大的帮助。

Zǒng de lái shuō, wǒ rènwéi jiānchí yuèdú néng tígāo xiě wénzhāng de shuǐpíng.
总的来说，我认为坚持阅读能提高写文章的水平。

해석 저는 독서를 꾸준히 하는 것이 글쓰기 수준을 높일 수 있다고 생각합니다. 제 견해를 말해보겠습니다. 먼저, 독서는 글의 내용을 더 풍부하게 할 수 있습니다. 예를 들어, 독서를 통해 저는 역사, 사회 등 여러 분야의 지식을 배울 수 있습니다. 아는 지식이 많을수록, 써낸 글도 더욱 풍부해집니다. 그 다음으로, 독서를 통해 저는 글쓰기 방법을 배울 수 있습니다. 예를 들어, 저는 평소에 많은 작가의 책을 읽으며, 읽으면서 필기를 합니다. 이렇게 하면 글쓰기 방법을 배울 수 있어서, 저에게 큰 도움이 됩니다. 결론적으로 말하자면, 저는 독서를 꾸준히 하는 것이 글쓰기 수준을 높일 수 있다고 생각합니다.

어휘 坚持 jiānchí 图 꾸준히 하다 阅读 yuèdú 图 독서하다, 읽다 谈 tán 图 말하다 看法 kànfǎ 圀 견해 文章 wénzhāng 圀 글 内容 nèiróng 圀 내용 丰富 fēngfù 톙 풍부하다 知识 zhīshi 圀 지식 笔记 bǐjì 圀 필기하다 首先 shǒuxiān 튀 먼저 社会 shèhuì 圀 사회 等 děng 图 등, 따위 各 gè 때 여러 方面 fāngmiàn 圀 분야 其次 qícì 때 그 다음 平时 píngshí 圀 평소 作家 zuòjiā 圀 작가
一边…一边… yìbiān… yìbiān… ~하면서 ~하다

실전모의고사 3

제1부분 p.118

MP3 바로듣기 ▶

> 파란색으로 표시된 부분은 한 덩어리로 특히 더 잘 익혀두세요.

1
Yéye késou de fēicháng lìhai.
爷爷咳嗽得非常厉害。

할아버지가 기침을 매우 심하게 하신다.

어휘 咳嗽 késou 동 기침하다 厉害 lìhai 형 심하다, 대단하다

2
Nǐ bǎ shìqing de jīngguò jiǎng yi jiǎng.
你把事情的经过讲一讲。

사건의 과정을 말해보세요.

어휘 经过 jīngguò 명 과정

3
Xiǎojiě, zhèli bù yǔnxǔ shì yīfu.
小姐，这里不允许试衣服。

아가씨, 이곳은 옷을 입어보실 수 없습니다.

어휘 允许 yǔnxǔ 동 되다, 허락하다

4
Nà jiā diàn de bǐnggān tèbié hǎochī.
那家店的饼干特别好吃。

그 가게의 과자는 매우 맛있다.

어휘 饼干 bǐnggān 명 과자

5
Qǐng bǎ píngzi rēngdào lājītǒng li.
请把瓶子扔到垃圾桶里。

병을 쓰레기통 안에 버리세요.

어휘 扔 rēng 동 버리다, 던지다 垃圾桶 lājītǒng 명 쓰레기통

6
Wǒ dǎyìnle jīnglǐ xūyào de huìyì cáiliào.
我打印了经理需要的会议材料。

나는 매니저가 필요한 회의 자료를 인쇄했다.

어휘 打印 dǎyìn 동 인쇄하다 材料 cáiliào 명 자료

7
Nǐ háishi chuān yì shuāng shūfu de xié ba.
你还是穿一双舒服的鞋吧。

당신은 아무래도 편안한 신발을 신는 것이 좋겠어요.

어휘 舒服 shūfu 형 편안하다, 안락하다

8
Wǒ méi shōudào kāihuì de tōngzhī.
我没收到开会的通知。

나는 회의를 한다는 공지를 받지 못했다.

어휘　收到 shōudào 받다　开会 kāihuì 图 회의를 하다　通知 tōngzhī 圐 공지

9
Mèimei de dàxué zhuānyè shì guójì guānxi.
妹妹的大学专业是国际关系。

여동생의 대학교 전공은 국제 관계이다.

어휘　专业 zhuānyè 圐 전공　国际 guójì 圐 국제

10
Zhōngguó de chá wénhuà yǒu jǐ qiān nián de lìshǐ.
中国的茶文化有几千年的历史。

중국의 차 문화는 수 천년의 역사가 있다.

어휘　文化 wénhuà 圐 문화

제2부분 p.118

11

→ "근교에 있는 공원에서 결혼했다."

······ 여자를 '나'로 설정

<이야기 구조>	<핵심 표현 메모>
① 이야기 도입	근교에 있는 공원에서 결혼했다 在郊区的公园结婚了
② 세부 내용	결혼 장소 结婚地点 정말 아름다웠다 好看极了 모두가 즐거워 보였다 每个人看起来都很开心 우리를 축하해주었다 祝贺了我们 재미있는 프로그램 有趣的节目 모두에게 노래를 불러주었다 给大家唱了歌
③ 느낀 점 및 생각	행복했다 很幸福

모범답변

Shàng ge xīngqī wǒ zài jiāoqū de gōngyuán jiéhūn le.
上个星期我在郊区的公园结婚了。

Shìqing de jīngguò shì zhèyàng de. Nàtiān wǒ hé zhàngfu dào jiéhūn dìdiǎn shí, fāxiàn dàochù dōu shì xiānhuā hé qìqiú,
事情的经过是这样的。那天我和丈夫到结婚地点时，发现到处都是鲜花和气球，

hǎokàn jí le. Hěn duō qīnqi hé péngyou yǐjīng zài nàli děng wǒmen le, měi ge rén kàn qǐlai dōu hěn kāixīn. Wǒmen
好看极了。很多亲戚和朋友已经在那里等我们了，每个人看起来都很开心。我们

zǒudàole dàjiā de miànqián, dàjiā dōu zhùhèle wǒmen. Péngyoumen hái wèi wǒmen zhǔnbèile hěn duō yǒuqù de
走到了大家的面前，大家都祝贺了我们。朋友们还为我们准备了很多有趣的

jiémù. Zuìhòu wèile biǎoshì gǎnxiè, wǒ hé zhàngfu gěi dàjiā chàngle gē.
节目。最后为了表示感谢，我和丈夫给大家唱了歌。

Zhè ràng wǒ juéde hěn xìngfú. Wǒ huì bǎ zhè měihǎo de yìtiān yǒngyuǎn jìzài xīnli.
这让我觉得很幸福。我会把这美好的一天永远记在心里。

해석 지난주에 저는 근교에 있는 공원에서 결혼했습니다. 일의 과정은 이러했습니다. 그날 저와 남편이 결혼 장소에 도착했을 때, 곳곳에 생화와 풍선이 있는 것을 보았고, 정말 아름다웠습니다. 많은 친척들과 친구들이 이미 그곳에서 우리를 기다리고 있었고, 모두가 즐거워 보였습니다. 우리는 앞으로 걸어갔고, 모두가 우리를 축하해주었습니다. 친구들은 우리를 위해 재미있는 프로그램도 많이 준비했습니다. 마지막에 감사함을 표현하기 위해 저와 남편은 모두에게 노래를 불러주었습니다. 이는 저로 하여금 행복하다고 느끼게 했습니다. 저는 아름다운 이 하루를 영원히 마음속에 기억할 것입니다.

어휘 郊区 jiāoqū 몡 근교 地点 dìdiǎn 몡 장소 开心 kāixīn 혱 즐겁다 祝贺 zhùhè 동 축하하다 有趣 yǒuqù 혱 재미있다
幸福 xìngfú 혱 행복하다 到处 dàochù 뷔 곳곳에 鲜花 xiānhuā 몡 생화 气球 qìqiú 몡 풍선 亲戚 qīnqi 몡 친척
表示 biǎoshì 동 표현하다 感谢 gǎnxiè 동 감사하다 永远 yǒngyuǎn 뷔 영원히

· 为了… wèile… ~하기 위해

12

→ "아들의 학업 스트레스가 크다는 것을 알게 되었다."

┈┈ 성인 남자를 '나'로 설정

<이야기 구조>	<핵심 표현 메모>
① 이야기 도입	아들의 학업 스트레스가 크다는 것을 알게 되었다　知道了儿子的学习压力很大
② 세부 내용	방안에서 숙제를 하고 있었다　在房间里写作业 숙제를 하면서 울고 있었다　一边写作业一边哭 숙제가 너무 많다　作业太多 어렵다　很难 인내심 있게 그에게 숙제를 가르쳐주었다　耐心地教了他
③ 느낀 점 및 생각	적절한 방법을 찾다　找到合适的方法

모범답변

Shàng ge xīngqī wǒ zhīdàole érzi de xuéxí yālì hěn dà.
上个星期我知道了儿子的学习压力很大。

Shìqing de jīngguò shì zhèyàng de. Nàtiān érzi zài fángjiān li xiě zuòyè. Tā hěn cháng shíjiān dōu méiyǒu chūlai,
事情的经过是这样的。那天儿子在房间里写作业。他很长时间都没有出来，
wǒ yǒuxiē dānxīn, jìnqu yí kàn, fāxiàn tā yìbiān xiě zuòyè yìbiān kū. Wǒ hěn chījīng, jiù wèn tā wèishénme kū,
我有些担心，进去一看，发现他一边写作业一边哭。我很吃惊，就问他为什么哭，
tā shuō yīnwèi zuòyè tài duō, érqiě hěn nán, suǒyǐ juéde yālì hěn dà. Yúshì wǒ zài pángbiān nàixīn de jiāole tā,
他说因为作业太多，而且很难，所以觉得压力很大。于是我在旁边耐心地教了他，
hái gàosule tā yìxiē xuéxí fāngfǎ.
还告诉了他一些学习方法。

Tōngguò zhè jiàn shì, wǒ míngbaile érzi de xuéxí yālì fēicháng dà. Wǒ xīwàng tā néng zhǎodào héshì de fāngfǎ qù
通过这件事，我明白了儿子的学习压力非常大。我希望他能找到合适的方法去
jiǎnqīng xuéxí yālì.
减轻学习压力。

해석　지난주에 저는 아들의 학업 스트레스가 크다는 것을 알게 되었습니다. 일의 과정은 이러했습니다. 그날 아들은 방안에서 숙제를 하고 있었습니다. 그는 오랫동안 나오지 않았고, 걱정이 되어 들어가 보니, 그가 숙제를 하면서 울고 있는 것을 발견했습니다. 저는 놀라서 그에게 왜 우냐고 물었더니, 그는 숙제가 너무 많고 게다가 어려워서 스트레스를 많이 받는다고 했습니다. 그래서 저는 옆에서 인내심 있게 그에게 숙제를 가르쳐주고 공부법도 알려주었습니다. 이 일을 통해 저는 아들의 학업 스트레스가 매우 크다는 것을 알게 되었습니다. 저는 그가 학업 스트레스를 줄일 수 있는 적절한 방법을 찾을 수 있으면 좋겠습니다.

어휘　压力 yālì 圀 스트레스　耐心 nàixīn 圀 인내심이 있다　合适 héshì 圀 적절하다　方法 fāngfǎ 圀 방법　吃惊 chījīng 圄 놀라다
　　　于是 yúshì 圙 그래서　减轻 jiǎnqīng 圄 줄이다
　　　・一边…一边…　yìbiān… yìbiān… ~을 하면서 ~하다

제3부분 p.119

13 Qǐng jiǎndān jièshào yíxià zuìjìn ràng nǐ gāoxìng de shìqing.
请 简单 介绍 一下 最近 让 你 高兴 的 事情。
최근 당신을 기쁘게 한 일에 대해 간단히 소개해 보세요.

<답변 구조>		<핵심 표현 메모>
도입		석사를 졸업하다 硕士毕业
전개	첫 번째 이유/방법	순조롭게 졸업하기 위해 为了顺利毕业 노력했다 付出了努力 좋은 결과를 얻었다 得到了很好的结果
	두 번째 이유/방법	바라던 직업 理想的工作 성적이 우수하다 成绩优秀 아주 좋은 일자리 一份很棒的工作
마무리		석사를 졸업하다 硕士毕业

모범답변

Wǒ lái jiǎndān jièshào yíxià zuìjìn ràng wǒ gāoxìng de shìqing. Zuìjìn ràng wǒ gāoxìng de shìqing shì wǒ shuòshì bìyè le.
我来简单介绍一下最近让我高兴的事情。最近让我高兴的事情是我硕士毕业了。

Shǒuxiān, wǒ de nǔlì yǒule hěn hǎo de jiéguǒ. Bǐrú shuō, wèile shùnlì bìyè, wǒ jīhū měitiān dōu huì qù túshūguǎn xuéxí, érqiě xuédào hěn wǎn. Yīnwèi fùchūle nǔlì, wǒ dédàole hěn hǎo de jiéguǒ.
首先，我的努力有了很好的结果。比如说，为了顺利毕业，我几乎每天都会去图书馆学习，而且学到很晚。因为付出了努力，我得到了很好的结果。

Qícì, shuòshì bìyè ràng wǒ zhǎodàole lǐxiǎng de gōngzuò. Bǐrú shuō, yóuyú wǒ chéngjì yōuxiù, wǒ de lǎoshī gěi wǒ jièshàole yí fèn hěn bàng de gōngzuò, ér zhè fèn gōngzuò zhènghǎo xūyào shuòshì bìyè de rén.
其次，硕士毕业让我找到了理想的工作。比如说，由于我成绩优秀，我的老师给我介绍了一份很棒的工作，而这份工作正好需要硕士毕业的人。

Zǒng de lái shuō, zuìjìn ràng wǒ gāoxìng de shìqing shì wǒ shuòshì bìyè le.
总的来说，最近让我高兴的事情是我硕士毕业了。

해석 최근 저를 기쁘게 한 일에 대해 간단히 소개하겠습니다. 최근 저를 기쁘게 한 일은 제가 석사를 졸업했다는 것입니다. 먼저, 저의 노력이 좋은 결과를 얻었습니다. 예를 들어, 순조롭게 졸업하기 위해, 저는 거의 매일 도서관에 가서 공부를 했으며, 게다가 늦게까지 공부했습니다. 노력했기 때문에 저는 좋은 결과를 얻었습니다. 그 다음으로, 석사 졸업은 제가 바라던 직업을 갖게 해주었습니다. 예를 들어, 저의 성적이 우수했기 때문에 저의 선생님은 저에게 아주 좋은 일자리를 소개해 주셨고, 이 일은 마침 석사 졸업자를 필요로 했습니다. 결론적으로 말하자면, 최근 저를 기쁘게 한 일은 제가 석사를 졸업했다는 것이다.

어휘 硕士 shuòshì 몡 석사 毕业 bìyè 동 졸업하다 顺利 shùnlì 혱 순조롭다 理想 lǐxiǎng 혱 바라는 바다, 이상적이다
优秀 yōuxiù 혱 우수하다 棒 bàng 혱 아주 좋다 首先 shǒuxiān 몡 먼저 比如 bǐrú 동 예를 들어 其次 qícì 대 그 다음
· 几乎每天都… jīhū měitiān dōu… 거의 매일 ~하다

14 Nǐ rènwéi guòchéng hé jiéguǒ nǎge gèng zhòngyào? Qǐng tántan nǐ de kànfǎ.
你认为过程和结果哪个更重要？请谈谈你的看法。
당신은 과정과 결과 중에 어느 것이 더 중요하다고 생각하나요? 당신의 견해를 말해보세요.

<답변 구조>   <핵심 표현 메모>

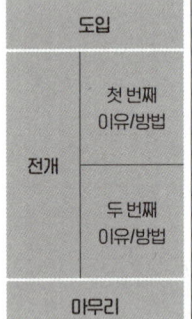

과정이 더 중요하다	过程更重要
과정의 좋고 나쁨은 결과의 좋고 나쁨을 결정한다	过程的好坏决定了结果的好坏
과정이 순조롭다	过程很顺利
결과도 나쁘지 않다	结果也就不会差
많은 것을 배우다	学到很多东西
많은 경험을 쌓다	积累很多经验
더 나은 사람이 되다	成为更优秀的人
과정이 더 중요하다	过程更重要

모범답변

Wǒ rènwéi guòchéng gèng zhòngyào. Wǒ lái tántan wǒ de kànfǎ.
我认为过程更重要。我来谈谈我的看法。

Shǒuxiān, guòchéng de hǎo huài juédìngle jiéguǒ de hǎo huài. Bǐrú shuō, rúguǒ yí jiàn shìqing de guòchéng hěn shùnlì,
首先，过程的好坏决定了结果的好坏。比如说，如果一件事情的过程很顺利，
nàme jiéguǒ yě jiù bú huì chà. Yě jiù shì shuō, yǒu shénmeyàng de guòchéng, jiù huì yǒu shénmeyàng de jiéguǒ.
那么结果也就不会差。也就是说，有什么样的过程，就会有什么样的结果。

Qícì, wǒmen néng zài zuòshì de guòchéng zhōng xuédào hěn duō dōngxi. Bǐrú shuō, zài zuòshì de guòchéng zhōng,
其次，我们能在做事的过程中学到很多东西。比如说，在做事的过程中，
wǒmen néng jīlěi hěn duō jīngyàn. Zhèxiē jīngyàn néng ràng wǒmen xuédào hěn duō, ràng wǒmen chéngwéi gèng
我们能积累很多经验。这些经验能让我们学到很多，让我们成为更
yōuxiù de rén.
优秀的人。

Zǒng de lái shuō, wǒ rènwéi guòchéng gèng zhòngyào.
总的来说，我认为过程更重要。

해석 저는 과정이 더 중요하다고 생각합니다. 제 견해를 말해보겠습니다. 먼저, 과정의 좋고 나쁨은 결과의 좋고 나쁨을 결정합니다. 예를 들어, 만약 한 가지 일의 과정이 순조롭다면, 결과도 나쁘지 않을 것입니다. 다시 말해, 어떠한 과정이 있느냐에 따라, 어떠한 결과가 있다는 것입니다. 그 다음으로, 우리는 일을 하는 과정에서 많은 것을 배울 수 있습니다. 예를 들어, 일을 하는 과정에서 우리는 많은 경험을 쌓을 수 있습니다. 이러한 경험들은 우리가 더 많은 것을 배울 수 있게 하며, 우리가 더 나은 사람이 되게 합니다. 결론적으로 말하자면, 저는 과정이 더 중요하다고 생각합니다.

어휘 过程 guòchéng 몡 과정   结果 jiéguǒ 몡 결과   谈 tán 동 말하다   看法 kànfǎ 몡 견해   顺利 shùnlì 톙 순조롭다
积累 jīlěi 동 쌓다   经验 jīngyàn 몡 경험   成为 chéngwéi 동 ~이 되다   优秀 yōuxiù 톙 낫다, 우수하다

· 如果…, 那么… rúguǒ…, nàme… 만약 ~라면

실전모의고사 4

제1부분 p.122

MP3 바로듣기 ▶

> 파란색으로 표시된 부분은 한 덩어리로 특히 더 잘 익혀두세요.

1
Kǎoshì qián yào zhǔnbèi hǎo qiānbǐ hé xiàngpí.
考试前要准备好铅笔和橡皮。

시험 전에는 연필과 지우개를 잘 준비해야 한다.

어휘 橡皮 xiàngpí 명 지우개

2
Wǒ hé nǐ yíkuàir qù fùyìn ba.
我和你一块儿去复印吧。

제가 당신과 함께 복사하러 가줄게요.

어휘 复印 fùyìn 동 복사하다

3
Wǒmen zhōumò qù jiāoqū páshān ba.
我们周末去郊区爬山吧。

우리 주말에 교외로 가서 등산해요.

어휘 郊区 jiāoqū 명 교외

4
Nà wèi kèrén hái yǒu duō jiǔ cái néng dào?
那位客人还有多久才能到?

그 고객은 얼마나 더 있어야 도착할 수 있나요?

어휘 客人 kèrén 명 고객, 손님

5
Běijīng kǎoyā shì zhùmíng de Zhōngguó cài.
北京烤鸭是著名的中国菜。

베이징 카오야는 유명한 중국 요리이다.

어휘 北京烤鸭 Běijīng kǎoyā 명 베이징 카오야   著名 zhùmíng 형 유명하다

6
Shūshu zài kètīng děng nǐ.
叔叔在客厅等你。

삼촌이 거실에서 당신을 기다리고 있어요.

어휘 客厅 kètīng 명 거실

7
Wǒmen xuéxiào lǐmian yǒu hěn dà de túshūguǎn.
我们学校里面有很大的图书馆。

우리 학교 안에는 큰 도서관이 있다.

어휘 图书馆 túshūguǎn 명 도서관

8 🎤 Jìde bǎ bàngōngshì de zhuōzi shōushi yíxià.
记得把办公室的桌子收拾一下。

잊지 말고 사무실 책상을 정리하세요.

어휘 收拾 shōushi 동 정리하다

9 🎤 Gēnjù jiǎnchá jiéguǒ lái kàn, nǐ hěn jiànkāng.
根据检查结果来看，你很健康。

검사 결과에 따라 봤을 때, 당신은 건강합니다.

어휘 结果 jiéguǒ 명 결과

10 🎤 Zuòzài wǒ pángbiān de tóngshì píngshí fēicháng ānjìng.
坐在我旁边的同事平时非常安静。

내 옆에 앉는 동료는 평소에 매우 조용하다.

어휘 平时 píngshí 명 평소

제2부분 p.122

11

→ "학교에서 춤 추는 것을 연습했다."

···· 여자아이를 '나'로 설정

<이야기 구조>	<핵심 표현 메모>
① 이야기 도입	학교에서 춤 추는 것을 연습했다 在学校练习了跳舞
② 세부 내용	학교에서 행사를 개최했다 学校要举办活动 무대에 올라가 춤을 추다 上舞台跳舞 수업이 끝난 후에 연습을 하러 갔다 下课后都去练习 열심히 동작을 배웠다 努力地学了动作 포기할 뻔했다 差点放弃 공연은 성공적이었다 表演很成功
③ 느낀 점 및 생각	자랑스럽다 很骄傲

모범답변

Wǒ zuìjìn zài xuéxiào liànxíle tiàowǔ.
我最近在学校练习了跳舞。

Jùtǐ de qíngkuàng shì zhèyàng de. Dāngshí xuéxiào yào jǔbàn huódòng, suǒyǐ lǎoshī ràng wǒ hé jǐ ge tóngxué
具体的情况是这样的。当时学校要举办活动，所以老师让我和几个同学
shàng wǔtái tiàowǔ. Wèile nà cì huódòng, wǒmen měitiān xiàkè hòu dōu qù liànxí le. Lǎoshī rènzhēn de jiāole wǒmen,
上舞台跳舞。为了那次活动，我们每天下课后都去练习了。老师认真地教了我们，
wǒmen yě nǔlì de xuéle dòngzuò. Liànxí de guòchéng hěn xīnkǔ, wǒmen hǎo jǐ cì dōu chàdiǎn fàngqì le.
我们也努力地学了动作。练习的过程很辛苦，我们好几次都差点放弃了。
Huódòng nàtiān, wǒmen de biǎoyǎn hěn chénggōng, wǒmen dédàole suǒyǒu guānzhòng de kěndìng.
活动那天，我们的表演很成功，我们得到了所有观众的肯定。

Zhè ràng wǒ juéde hěn jiāo'ào.
这让我觉得很骄傲。

해석 저는 최근에 학교에서 춤 추는 것을 연습했습니다. 구체적인 상황은 이러했습니다. 당시 학교에서 행사를 개최하여, 선생님께서는 저와 몇몇 친구들에게 무대에 올라가 춤을 추라고 하셨습니다. 그 행사를 위해, 저희는 매일 수업이 끝난 후에 연습을 하러 갔습니다. 선생님께서는 저희를 열심히 가르쳐주셨고, 저희도 열심히 동작을 배웠습니다. 연습하는 과정이 힘들어서 저희는 몇 번이나 포기할 뻔했습니다. 행사 당일, 저희의 공연은 성공적이었고, 저희는 모든 관객의 인정을 받았습니다. 이는 저로 하여금 자랑스럽다고 느끼게 했습니다.

어휘 举办 jǔbàn 동 개최하다 舞台 wǔtái 명 무대 动作 dòngzuò 명 동작 成功 chénggōng 형 성공적이다
骄傲 jiāo'ào 형 자랑스럽다 具体 jùtǐ 형 구체적이다 情况 qíngkuàng 명 상황 过程 guòchéng 명 과정
辛苦 xīnkǔ 형 힘들다 得到 dédào 동 받다 所有 suǒyǒu 형 모든 观众 guānzhòng 명 관객 肯定 kěndìng 명 인정

· 为了… wèile … ~를 위해

12  → "친구들을 내 식당으로 초대했다."

<이야기 구조>	<핵심 표현 메모>
① 이야기 도입	친구들을 내 식당으로 초대했다 邀请了朋友们来我的餐厅
② 세부 내용	식당을 오픈한 첫날 开餐厅的第一天 나에게 큰 도움을 주었다 给了我很大的帮助 나의 식당을 순조롭게 오픈했다 顺利地开了自己的餐厅 친구들은 모두 나를 축하해 주었다 朋友们都祝贺了我
③ 느낀 점 및 생각	친구의 지지가 중요하다 朋友的支持很重要

모범답변

Shàng ge xīngqī wǒ yāoqǐngle péngyoumen lái wǒ de cāntīng.
上个星期我邀请了朋友们来我的餐厅。

Shìqing de jīngguò shì zhèyàng de. Nàtiān shì wǒ kāi cāntīng de dìyī tiān, suǒyǐ wǒ yāoqǐngle péngyoumen. Qíshí zài kāi cāntīng de guòchéng zhōng, péngyoumen gěile wǒ hěn dà de bāngzhù, yǒu de zài jīngjì shang bāngzhùle wǒ, yǒu de gěi wǒ chūle hěn duō zhǔyi. Zài tāmen de bāngzhù xià, wǒ shùnlì de kāile zìjǐ de cāntīng. Nàtiān péngyoumen dōu zhùhèle wǒ, wǒmen hēle píjiǔ, liáo de tèbié kāixīn.
事情的经过是这样的。那天是我开餐厅的第一天，所以我邀请了朋友们。其实在开餐厅的过程中，朋友们给了我很大的帮助，有的在经济上帮助了我，有的给我出了很多主意。在他们的帮助下，我顺利地开了自己的餐厅。那天朋友们都祝贺了我，我们喝了啤酒，聊得特别开心。

Tōngguò zhè jiàn shì, wǒ míngbaile péngyou de zhīchí hěn zhòngyào. Wǒ xīwàng zìjǐ néng bǎ cāntīng guǎnlǐ hǎo.
通过这件事，我明白了朋友的支持很重要。我希望自己能把餐厅管理好。

해석 지난주에 저는 친구들을 제 식당으로 초대했습니다. 일의 과정은 이러했습니다. 그날은 제가 식당을 오픈한 첫날이어서 친구들을 초대했습니다. 사실 식당을 오픈하는 과정에서 친구들은 저에게 큰 도움을 주었습니다. 어떤 친구는 저에게 경제적으로 도움을 주었고, 어떤 친구는 많은 아이디어를 내주었습니다. 그들의 도움으로 저는 제 식당을 순조롭게 오픈할 수 있었습니다. 그날 친구들은 모두 저를 축하해 주었고, 저희는 맥주를 마시며 매우 즐겁게 대화를 나누었습니다. 이 일을 통해 저는 친구의 지지가 중요하다는 것을 알게 되었습니다. 저는 제가 식당을 잘 관리할 수 있으면 좋겠습니다.

어휘 邀请 yāoqǐng 图 초대하다 餐厅 cāntīng 圆 식당 顺利 shùnlì 휑 순조롭다 祝贺 zhùhè 图 축하하다 支持 zhīchí 图 지지하다
过程 guòchéng 圆 과정 经济 jīngjì 圆 경제 主意 zhǔyi 圆 아이디어 管理 guǎnlǐ 图 관리하다
· 在…的帮助下 zài…de bāngzhù xià ~의 도움으로

제3부분 p.123

13
Nǐ xǐhuan zìjǐ zuò fàn chī háishi zài wàimian chī? Wèishénme?
你 喜欢 自己 做 饭 吃 还是 在 外面 吃? 为什么?
당신은 직접 밥을 해서 먹는 것을 좋아하나요? 아니면 밖에서 먹는 것을 좋아하나요? 왜인가요?

<답변 구조> / <핵심 표현 메모>

구분		내용
도입		직접 밥을 해서 먹다 自己做饭吃
전개	첫 번째 이유/방법	더 저렴하다 更便宜 더 많은 돈을 절약하다 节约更多的钱 몇 끼를 만들 수 있다 可以做好几顿饭
	두 번째 이유/방법	더 건강하다 更加健康 신선한 채소 新鲜的菜 몸에 좋다 对身体有好处
마무리		직접 밥을 해서 먹다 自己做饭吃

모범답변

Wǒ xǐhuan zìjǐ zuò fàn chī.
我喜欢自己做饭吃。

Wǒ lái shuō dìyī ge lǐyóu. Zìjǐ zuò fàn gèng piányi, zhè kěyǐ ràng wǒ jiéyuē gèng duō de qián. Bǐrú shuō, wǒ píngshí xiàbān yǐhòu, huì dào chāoshì mǎi cài huíjiā zuò fàn, yǒushíhou yùdào dǎzhé, jiàgé hái huì gèng piányi. Mǎi yí cì cài kěyǐ zuò hǎo jǐ dùn fàn.
我来说第一个理由。自己做饭更便宜,这可以让我节约更多的钱。比如说,我平时下班以后,会到超市买菜回家做饭,有时候遇到打折,价格还会更便宜。买一次菜可以做好几顿饭。

Wǒ lái shuō dì èr ge lǐyóu. Zìjǐ zuò fàn néng ràng wǒ gèngjiā jiànkāng. Bǐrú shuō, zìjǐ zuò fàn shí, wǒ kěyǐ mǎi xīnxiān de cài, yòng zhèxiē cài zuò chūlai de shíwù duì shēntǐ yǒu hǎochù.
我来说第二个理由。自己做饭能让我更加健康。比如说,自己做饭时,我可以买新鲜的菜,用这些菜做出来的食物对身体有好处。

Zǒng de lái shuō, wǒ xǐhuan zìjǐ zuò fàn chī.
总的来说,我喜欢自己做饭吃。

해석 저는 직접 밥을 해서 먹는 것을 좋아합니다. 첫 번째 이유를 말하겠습니다. 직접 밥을 하는 것은 더 저렴해서, 제가 더 많은 돈을 절약할 수 있게 합니다. 예를 들어, 저는 평소에 퇴근 후, 마트에서 채소를 사서 집에서 요리를 합니다. 가끔은 할인을 해서 가격이 더 저렴합니다. 채소를 한 번만 사면 몇 끼를 만들 수 있습니다. 두 번째 이유를 말하겠습니다. 직접 밥을 하는 것은 저를 더 건강하게 만듭니다. 예를 들어, 직접 밥을 하면 제가 신선한 채소를 살 수 있으며, 이런 채소로 만든 음식은 몸에 좋습니다. 결론적으로 말하자면, 저는 직접 밥을 해서 먹는 것을 좋아합니다.

어휘 节约 jiéyuē 동 절약하다 顿 dùn 양 끼(니) 比如 bǐrú 동 예를 들어 平时 píngshí 명 평소 打折 dǎzhé 동 할인하다
价格 jiàgé 명 가격
· 对…有好处 duì…yǒu hǎochù ~에 좋다

14 Yǒuxiē rén shuō "xué Hànyǔ duì liǎojiě Zhōngguó wénhuà yǒu bāngzhù", nǐ zěnme kàn?
有些人说"学汉语对了解中国文化有帮助",你怎么看?
어떤 사람들은 "중국어를 배우는 것이 중국문화를 이해하는 데 도움이 된다"고 하는데, 당신은 어떻게 생각하나요?

<답변 구조> <핵심 표현 메모>

구분		내용
도입		중국어를 배우는 것이 중국문화를 이해하는 데 도움이 된다 学汉语对了解中国文化有帮助
전개	첫 번째 이유/방법	더 많은 방식으로 중국문화를 이해하다 通过更多方式了解中国文化 중국 친구들과 직접 이야기를 나누다 直接和中国朋友聊天 중국 책을 보다 看中国书
	두 번째 이유/방법	중국어를 배우다 学汉语 중국문화를 배우는 과정 学习中国文化的过程 많은 단어가 중국문화와 관련이 있다 很多词语都与中国文化有关
마무리		중국어를 배우는 것이 중국문화를 이해하는 데 도움이 된다 学汉语对了解中国文化有帮助

모범답변

Yǒuxiē rén shuō "xué Hànyǔ duì liǎojiě Zhōngguó wénhuà yǒu bāngzhù", wǒ yě shì zhèyàng rènwéi de.
有些人说"学汉语对了解中国文化有帮助",我也是这样认为的。

Shǒuxiān, rúguǒ xuéle Hànyǔ, wǒ kěyǐ tōngguò gèng duō fāngshì liǎojiě Zhōngguó wénhuà. Bǐrú shuō, wǒ kěyǐ zhíjiē hé
首先,如果学了汉语,我可以通过更多方式了解中国文化。比如说,我可以直接和
Zhōngguó péngyou liáotiān, kàn Zhōngguó shū, Zhōngguó diànyǐng hé diànshìjù, zhè néng ràng wǒ liǎojiě gèng duō de
中国朋友聊天、看中国书、中国电影和电视剧,这能让我了解更多的
Zhōngguó wénhuà.
中国文化。

Qícì, xué Hànyǔ de guòchéng jiù shì xuéxí Zhōngguó wénhuà de guòchéng. Bǐrú shuō, Hànyǔ zhōng hěn duō cíyǔ dōu yǔ
其次,学汉语的过程就是学习中国文化的过程。比如说,汉语中很多词语都与
Zhōngguó wénhuà yǒuguān, suǒyǐ zài xué Hànyǔ de tóngshí, kěyǐ liǎojiě Zhōngguó wénhuà.
中国文化有关,所以在学汉语的同时,可以了解中国文化。

Zǒng de lái shuō, wǒ yě rènwéi xué Hànyǔ duì liǎojiě Zhōngguó wénhuà yǒu bāngzhù.
总的来说,我也认为学汉语对了解中国文化有帮助。

해석   어떤 사람들은 "중국어를 배우는 것이 중국문화를 이해하는 데 도움이 된다"고 하는데, 저도 그렇게 생각합니다. 먼저, 만약 중국어를 배우면, 저는 더 많은 방식으로 중국문화를 이해할 수 있습니다. 예를 들어, 저는 중국 친구들과 직접 이야기를 나눌 수 있으며, 중국 책, 중국 영화와 드라마를 볼 수 있습니다. 이는 제가 중국문화를 더 많이 이해할 수 있게 합니다. 그 다음으로, 중국어를 배우는 과정이 바로 중국문화를 배우는 과정입니다. 예를 들어, 중국어에는 많은 단어가 중국문화와 관련이 있습니다. 그래서 중국어를 배우는 동시에 중국문화를 이해할 수 있습니다. 결론적으로 말하자면, 저도 중국어를 배우는 것이 중국문화를 이해하는 데 도움이 된다고 생각합니다.

어휘   通过 tōngguò 〖개〗~으로, ~를 통해   方式 fāngshì 〖명〗방식   直接 zhíjiē 〖형〗직접적이다   过程 guòchéng 〖명〗과정   词语 cíyǔ 〖명〗단어
与 yǔ 〖집〗~와(과)   首先 shǒuxiān 〖부〗먼저   电视剧 diànshìjù 〖명〗드라마   其次 qícì 〖대〗그 다음   同时 tóngshí 〖명〗동시
· 与…有关 yǔ…yǒuguān ~와 관련이 있다

실전모의고사 5

제1부분 p.126

> 파란색으로 표시된 부분은 한 덩어리로 특히 더 잘 익혀두세요.

1 Wǒ yě yǒu zhèyàng de bǐjìběn.
我也有这样的笔记本。

저도 이런 노트가 있어요.

어휘 笔记本 bǐjìběn 몡 노트

2 Nàli de dōngtiān yìdiǎnr yě bù lěng.
那里的冬天一点儿也不冷。

그곳의 겨울은 조금도 춥지 않다.

어휘 冬天 dōngtiān 몡 겨울

3 Huánghé shì Zhōngguórén de mǔqīn hé.
黄河是中国人的母亲河。

황허는 중국인의 어머니 강이다.

어휘 母亲 mǔqīn 몡 어머니, 모친

4 Fùjìn de chāoshì yǒu méiyǒu dǎzhé huódòng?
附近的超市有没有打折活动?

근처 슈퍼마켓에 할인 행사가 있나요?

어휘 打折 dǎzhé 동 할인하다 活动 huódòng 몡 행사, 활동

5 Wǒ juéde yòng shǒujī shàngwǎng gèng fāngbiàn.
我觉得用手机上网更方便。

나는 휴대폰으로 인터넷을 하는 것이 더 편리하다고 생각한다.

어휘 方便 fāngbiàn 혱 편리하다

6 Tā hěn liǎojiě fǎlǜ fāngmiàn de zhīshi.
他很了解法律方面的知识。

그는 법률 분야의 지식을 잘 안다.

어휘 法律 fǎlǜ 몡 법률 方面 fāngmiàn 몡 분야, 방면 知识 zhīshi 몡 지식

7 Dìdi duì guówài de shēnghuó hěn gǎn xìngqù.
弟弟对国外的生活很感兴趣。

남동생은 외국 생활에 관심이 있다.

어휘 国外 guówài 몡 외국 生活 shēnghuó 몡 생활

8
Wǒmen yǐjīng xuǎnhǎole jiéhūn de dìdiǎn.
我们已经选好了结婚的地点。

우리는 이미 결혼할 장소를 정했다.

어휘　地点 dìdiǎn 몡 장소, 지점

9
Sījī xiàwǔ wǔ diǎn huì qù jīchǎng jiē kèrén.
司机下午五点会去机场接客人。

기사는 오후 5시에 손님을 데리러 공항으로 간다.

어휘　司机 sījī 몡 기사

10
Gēge de zhíyè shì jǐngchá.
哥哥的职业是警察。

오빠의 직업은 경찰이다.

어휘　职业 zhíyè 몡 직업　警察 jǐngchá 몡 경찰

제2부분 p.126

11  → "머리를 짧게 잘랐다."

⋯⋯ 손님을 '나'로 설정

<이야기 구조>	<핵심 표현 메모>
① 이야기 도입	머리를 짧게 잘랐다 把头发剪短了
② 세부 내용	좋아하는 여배우가 단발머리로 잘랐다 喜欢的女演员剪了短发
	단발머리로 자르고 싶다는 생각이 들었다 有了剪短发的想法
	조금 걱정했다 有些担心
	머리를 짧게 잘랐다 剪短了
	단발머리도 나와 잘 어울렸다 短发也很适合我
③ 느낀 점 및 생각	변화한다는 것은 재미있는 일이다 改变是一件有趣的事

모범답변

Wǒ zuìjìn bǎ tóufa jiǎnduǎn le.
我最近把头发剪短了。

Shìqing de jīngguò shì zhèyàng de. Nàtiān wǒ zài zázhì shang kàndào wǒ xǐhuan de nǚyǎnyuán jiǎnle duǎnfà, yúshì jiù
事情的经过是这样的。那天我在杂志上看到我喜欢的女演员剪了短发，于是就
yǒule jiǎn duǎnfà de xiǎngfǎ. Wǒ cóng xiǎo dào dà dōu méi liúguo duǎnfà, suǒyǐ yǒuxiē dānxīn. Jiǎn tóufa shí, suīrán wǒ
有了剪短发的想法。我从小到大都没留过短发，所以有些担心。剪头发时，虽然我
xīnli juéde yǒudiǎnr kěxī, dàn háishi yǒnggǎn de jiǎnduǎn le. Jiéguǒ hěn chénggōng, wǒ fāxiàn duǎnfà yě hěn shìhé wǒ.
心里觉得有点儿可惜，但还是勇敢地剪短了。结果很成功，我发现短发也很适合我。

Tōngguò zhè jiàn shì, wǒ míngbaile gǎibiàn shì yí jiàn yǒuqù de shì. Zhè cì jiǎn duǎnfà de jīnglì ràng wǒ kàndàole
通过这件事，我明白了改变是一件有趣的事。这次剪短发的经历让我看到了
xīn de zìjǐ.
新的自己。

해석 저는 최근에 머리를 짧게 잘랐습니다. 일의 과정은 이러했습니다. 그날 저는 잡지에서 제가 좋아하는 여배우가 단발머리로 자른 것을 보고, 단발머리로 자르고 싶다는 생각이 들었습니다. 저는 어릴 때부터 지금까지 단발머리를 해본 적이 없어서 조금 걱정했습니다. 머리를 자를 때, 비록 저는 마음 속으로 조금 아쉽다고 생각했지만 그러나 용감하게 머리를 짧게 잘랐습니다. 결과는 성공적이었고, 단발머리도 저와 잘 어울린다는 것을 발견했습니다. 이 일을 통해 저는 변화한다는 것은 재미있는 일이라는 것을 알게 되었습니다. 이번에 단발머리로 자른 경험은 새로운 저를 볼 수 있게 했습니다.

어휘 女演员 nǚyǎnyuán 명 여배우 适合 shìhé 동 어울리다 杂志 zázhì 명 잡지 于是 yúshì 접 그래서 可惜 kěxī 형 아쉽다
结果 jiéguǒ 명 결과 成功 chénggōng 형 성공적이다 改变 gǎibiàn 동 변화하다 有趣 yǒuqù 형 재미있다
经历 jīnglì 명 경험

· 虽然…, 但… suīrán…, dàn… 비록 ~이지만, 그러나 ~

12  → "친구에게 전화를 걸어 오해를 풀었다."

<이야기 구조>	<핵심 표현 메모>
① 이야기 도입	친구에게 전화를 걸어 오해를 풀었다　给朋友打电话解开了误会
② 세부 내용	나는 친구와 서로 오해하게 되었다　我和朋友互相误会了 다 친구 탓이라고 생각했다　认为都是朋友的错 나도 큰 책임이 있었다　我也有很大的责任 친구한테 전화를 걸었다　给朋友打了电话 사과를 했다　道了歉
③ 느낀 점 및 생각	소통이 중요하다　交流很重要

모범답변

Shàng ge xīngqī wǒ gěi péngyou dǎ diànhuà jiěkāile wùhuì.
上个星期我给朋友打电话解开了误会。

Shìqing de jīngguò shì zhèyàng de. Nàtiān yīnwèi yí jiàn xiǎoshì, wǒ hé péngyou hùxiāng wùhuì le. Dāngshí wǒ rènwéi
事情的经过是这样的。那天因为一件小事，我和朋友互相误会了。当时我认为
dōu shì péngyou de cuò. Huídào jiā hòu, wǒ zǐxì xiǎngle xiǎng, qíshí wǒ yě yǒu hěn dà de zérèn. Yúshì wǒ gěi péngyou
都是朋友的错。回到家后，我仔细想了想，其实我也有很大的责任。于是我给朋友
dǎle diànhuà, hé tā shuōle hěn duō wǒ de xiǎngfǎ, ránhòu dàole qiàn. Péngyou shuō tā yě hěn bù hǎoyìsi.
打了电话，和他说了很多我的想法，然后道了歉。朋友说他也很不好意思。

Zhè ràng wǒ juéde péngyou zhījiān chūxiàn wèntí shí, jiāoliú hěn zhòngyào.
这让我觉得朋友之间出现问题时，交流很重要。

해석　지난주에 저는 친구에게 전화해서 오해를 풀었습니다. 일의 과정은 이러했습니다. 그날 사소한 일 때문에 저는 친구와 서로 오해하게 되었습니다. 당시 저는 다 친구 탓이라고 생각했습니다. 집에 와서 자세히 생각해 보니까 사실 저도 큰 책임이 있었습니다. 그래서 저는 친구한테 전화를 걸어서 그에게 저의 많은 생각을 얘기했고, 사과를 했습니다. 친구도 미안했다고 말했습니다. 이는 저로 하여금 친구 사이에 문제가 생겼을 때 소통이 중요하다는 것을 느끼게 했습니다.

어휘　打电话 dǎ diànhuà 전화를 걸다　解开 jiěkāi 통 풀다　误会 wùhuì 명 오해　互相 hùxiāng 부 서로　责任 zérèn 명 책임
交流 jiāoliú 통 서로 소통하다　仔细 zǐxì 형 자세하다　于是 yúshì 접 그래서, 이리하여　出现 chūxiàn 통 생기다

제3부분 p.127

MP3 바로듣기 ▶

13

Nǐ juéde zìjǐ de yōudiǎn shì shénme? Qǐng shuō yi shuō.
你觉得自己的 优点 是 什么？ 请 说 一 说。
자신의 장점이 무엇이라고 생각하나요? 말해보세요.

<답변 구조>　　<핵심 표현 메모>

도입	미리 계획을 세우다　先做计划
전개 — 첫 번째 이유/방법	계획을 세우다　做计划 많은 일이 순조롭다　很多事都很顺利 자세한 계획　详细的计划 가고 싶은 곳을 모두 갔다　去了所有想去的地方
전개 — 두 번째 이유/방법	실수를 거의 하지 않는다　很少出错 모든 일의 순서를 정하다　安排好所有事情的顺序 중요한 일을 잊지 않는다　不会忘记重要的事情
마무리	미리 계획을 세우다　先做计划

모범답변

Wǒ juéde zìjǐ de yōudiǎn shì zuòshì qián xiān zuò jìhuà.
我觉得自己的优点是做事前先做计划。

Shǒuxiān, wǒ zài shēnghuó zhōng jīngcháng zuò jìhuà, suǒyǐ hěn duō shì dōu hěn shùnlì. Bǐrú shuō, yǒu yí cì wǒ hé péngyou yìqǐ qù lǚyóu, wǒ tíqián zuòle xiángxì de jìhuà, suǒyǐ zài jiào duǎn de shíjiān li qùle suǒyǒu xiǎng qù de dìfang.
首先，我在生活中经常做计划，所以很多事都很顺利。比如说，有一次我和朋友一起去旅游，我提前做了详细的计划，所以在较短的时间里去了所有想去的地方。

Qícì, wǒ zài gōngzuò zhōng yě cháng zuò jìhuà, suǒyǐ hěn shǎo chūcuò. Bǐrú shuō, gōngzuò qián wǒ huì ānpái hǎo suǒyǒu shìqing de shùnxù, zuòhǎo jìhuà. Zhè ràng wǒ bú huì wàngjì zhòngyào de shìqing, yě hěn shǎo chūcuò.
其次，我在工作中也常做计划，所以很少出错。比如说，工作前我会安排好所有事情的顺序，做好计划。这让我不会忘记重要的事情，也很少出错。

Zǒng de lái shuō, wǒ juéde zìjǐ de yōudiǎn shì zuòshì qián xiān zuò jìhuà.
总的来说，我觉得自己的优点是做事前先做计划。

해석　저는 제 장점이 일을 하기 전에 미리 계획을 세우는 것이라고 생각합니다. 먼저, 저는 생활에서 자주 계획을 세우기 때문에 많은 일이 순조롭습니다. 예를 들어, 한 번은 친구와 함께 여행을 갔었는데, 저는 미리 자세한 계획을 세워서 짧은 시간 동안 가고 싶은 곳을 모두 갔습니다. 그 다음으로, 저는 업무에서도 자주 계획을 세우기 때문에 실수를 거의 하지 않습니다. 예를 들어, 업무를 하기 전에 저는 모든 일의 순서를 정하고, 계획을 세웁니다. 이는 제가 중요한 일을 잊지 않게 하며, 실수도 거의 하지 않게 해줍니다. 결론적으로 말하자면, 저는 제 장점이 일을 하기 전에 미리 계획을 세우는 것이라고 생각합니다.

어휘　优点 yōudiǎn 뗑 장점　计划 jìhuà 뗑 계획　顺利 shùnlì 톙 순조롭다　详细 xiángxì 톙 자세하다, 상세하다
安排 ānpái 동 정하다, 계획하다　顺序 shùnxù 뗑 순서　生活 shēnghuó 뗑 생활　提前 tíqián 동 미리 ~하다, 앞당기다
所有 suǒyǒu 톙 모든

14

Rúguǒ nǐ shì jīnglǐ, nǐ xiǎng zhāopìn shénmeyàng de rén? Wèishénme?
如果 你 是 经理, 你 想 招聘 什么样 的 人? 为什么?
만약 당신이 매니저라면, 어떤 사람을 채용하고 싶은가요? 왜인가요?

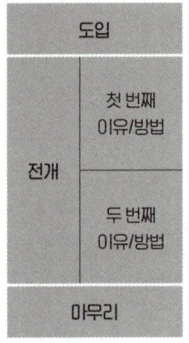

<답변 구조>	<핵심 표현 메모>
도입	태도가 적극적인 사람 态度积极的人
전개 — 첫 번째 이유/방법	열심히 문제를 해결하다 努力地解决问题 모르는 문제에 부딪히다 遇到不懂的问题 동료와 소통하다 与同事交流
전개 — 두 번째 이유/방법	좋은 영향을 주다 带来好的影响 성실하고 책임감이 강하다 认真负责 남을 도와 주고자 한다 愿意帮助别人
마무리	태도가 적극적인 사람 态度积极的人

모범답변

Rúguǒ wǒ shì jīnglǐ, wǒ xiǎng zhāopìn tàidu jījí de rén.
如果我是经理,我想招聘态度积极的人。

Shǒuxiān, tàidu jījí de rén huì gèng nǔlì de jiějué wèntí. Bǐrú shuō, tàidu jījí de rén yùdào bù dǒng de wèntí shí, huì nǔlì de yǔ tóngshì jiāoliú, xiǎng bànfǎ jiějué wèntí.
首先,态度积极的人会更努力地解决问题。比如说,态度积极的人遇到不懂的问题时,会努力地与同事交流,想办法解决问题。

Qícì, tàidu jījí de rén néng gěi zhōuwéi de tóngshì dàilai hǎo de yǐngxiǎng. Bǐrú shuō, tàidu jījí de rén yìbān zài gōngzuò shang rènzhēn fùzé, érqiě hěn yuànyì bāngzhù biérén, yīncǐ néng gěi qítā tóngshì dàilai jījí de yǐngxiǎng.
其次,态度积极的人能给周围的同事带来好的影响。比如说,态度积极的人一般在工作上认真负责,而且很愿意帮助别人,因此能给其他同事带来积极的影响。

Zǒng de lái shuō, rúguǒ wǒ shì jīnglǐ, wǒ xiǎng zhāopìn tàidu jījí de rén.
总的来说,如果我是经理,我想招聘态度积极的人。

해석 만약 제가 매니저라면, 저는 태도가 적극적인 사람을 채용하고 싶습니다. 먼저, 태도가 적극적인 사람은 더 열심히 문제를 해결하려고 합니다. 예를 들어, 태도가 적극적인 사람은 모르는 문제를 맞닥뜨렸을 때, 동료와 열심히 소통하며 문제를 해결할 방법을 생각합니다. 그 다음으로, 태도가 적극적인 사람은 주변 동료들에게 좋은 영향을 줄 수 있습니다. 예를 들어, 태도가 적극적인 사람은 일반적으로 일에 있어서 성실하고 책임감이 강하며, 남을 도와 주고자 합니다. 따라서 다른 동료들에게 긍정적인 영향을 줄 수 있습니다. 결론적으로 말하자면, 만약 제가 매니저라면, 저는 태도가 적극적인 사람을 채용하고 싶습니다.

어휘 招聘 zhāopìn 图 채용하다   态度 tàidu 图 태도   积极 jījí 图 적극적이다, 긍정적이다   与 yǔ 图 ~와(과)
交流 jiāoliú 图 (서로) 소통하다   负责 fùzé 图 책임감이 강하다   周围 zhōuwéi 图 주변

· 因此… yīncǐ… 따라서~

본교재 동영상강의·무료 학습자료 제공
china.Hackers.com

본교재동영상강의·무료학습자료제공
china.Hackers.com

부록

점수를 높여주는 덩어리 표현 & 추가 문제 모음집

제1부분 덩어리 표현	198
제2부분 추가 문제	204
제3부분 추가 문제	212

제1부분 | 덩어리 표현

처음엔 책을 보지 않고, 두 번째는 책을 보며, 음성을 듣고 따라 말하세요. 입에 잘 붙지 않는 표현은 박스에 체크하여 복습하세요.

일상생활 🎧 제1부분_덩어리 표현_1_일상생활

★ 빈출표현

☐	chī jiǎozi 吃饺子	만두를 먹다	☐	hē yǐnliào 喝饮料	음료를 마시다
☐	cài hěn là 菜很辣	요리가 맵다	☐	zuò dàngāo 做蛋糕	케이크를 만들다
☐	kàn càidān 看菜单	메뉴판을 보다	☐	kāi chuānghu 开窗户 ★	창문을 열다
☐	guān kōngtiáo 关空调 ★	에어컨을 끄다	☐	rēng lājī 扔垃圾	쓰레기를 버리다
☐	dǎsǎo gānjìng 打扫干净 ★	깨끗이 청소하다	☐	shōushi zhuōzi 收拾桌子 ★	책상을 정리하다
☐	guò shēngrì 过生日	생일을 맞이하다	☐	sòng shēngrì lǐwù 送生日礼物	생일선물을 주다
☐	zhòngyào de jiérì 重要的节日	중요한 기념일	☐	zhòngyào de yuēhuì 重要的约会	중요한 약속
☐	yāoqǐng péngyou 邀请朋友	친구를 초대하다	☐	rènshi xīn péngyou 认识新朋友	새로운 친구를 사귀다
☐	yǒu gòngtóng yǔyán 有共同语言	공통 언어가 있다	☐	rèqíng de dǎ zhāohu 热情地打招呼	반갑게 인사하다
☐	zhǎng de kě'ài 长得可爱	귀엽게 생겼다	☐	tèbié yōumò 特别幽默 ★	매우 유머러스하다
☐	juédìng jiànmiàn 决定见面	만나기로 결정하다	☐	cānjiā jùhuì 参加聚会	모임에 참가하다
☐	yuèláiyuè piàoliang 越来越漂亮	점점 예뻐지다	☐	fāshēng biànhuà 发生变化	변화가 생기다
☐	chéngshí de rén 诚实的人	성실한 사람	☐	ràng rén fàngxīn 让人放心	사람을 안심시키다
☐	rèqíng de línjū 热情的邻居	친절한 이웃	☐	yǐqián de línjū 以前的邻居	예전의 이웃
☐	jīngcháng chídào 经常迟到 ★	자주 지각하다	☐	hòuhuǐ de shìqing 后悔的事情	후회하는 일

qí zìxíngchē 骑自行车 ★	자전거를 타다	zuò dìtiě 坐地铁 ★	지하철을 타다
qù jīchǎng 去机场	공항에 가다	dào dàshǐguǎn 到大使馆	대사관에 가다
zhùyì ānquán 注意安全	안전에 주의하다	jiāotōng qíngkuàng 交通情况	교통 상황
lùshang dǔchē 路上堵车 ★	길이 막히다	dǔchē yánzhòng 堵车严重	교통 체증이 심하다
miǎnfèi tíngchē 免费停车	무료로 주차하다	shǐyòng diàntī 使用电梯	엘리베이터를 이용하다
jiǎng gùshi 讲故事	이야기를 하다	tīng shēngyīn 听声音	소리를 듣다
jì dōngxi 寄东西	물건을 부치다	dǎsuan jiéhūn 打算结婚	결혼할 계획이다
juédìng jiéhūn 决定结婚	결혼을 결정하다	jiéhūn dìdiǎn 结婚地点	결혼 장소
gēn fùmǔ shāngliang 跟父母商量	부모님과 상의하다	yùdào kùnnan 遇到困难 ★	어려움에 맞닥뜨리다
jìnzhǐ chōuyān 禁止抽烟 ★	흡연을 금지하다	bù yǔnxǔ chōuyān 不允许抽烟	흡연을 하면 안 된다
bù zhǔn liáotiān 不准聊天	이야기를 하면 안 된다	jìnzhǐ dàshēng shuōhuà 禁止大声说话	큰소리로 말하는 것을 금지하다
fúhé guīdìng 符合规定	규정에 부합하다	yóujú ménkǒu 邮局门口	우체국 입구
zài yínháng cún qián 在银行存钱	은행에서 돈을 입금하다	jiāoqū de dòngwùyuán 郊区的动物园	교외에 있는 동물원
túrán dùzi téng 突然肚子疼	갑자기 배가 아프다	jiǎnchá jiéguǒ 检查结果	검사 결과
zhídé shì yi shì 值得试一试	한번 해볼 만하다	duì huánjìng mǎnyì 对环境满意 ★	환경에 만족하다

제1부분 | 덩어리 표현

여가 활동

★ 빈출표현

☐ kàn diànyǐng 看电影 ★	영화를 보다		☐ tán gāngqín 弹钢琴	피아노를 치다
☐ xiě xiǎoshuō 写小说	소설을 쓰다		☐ yǎng zhíwù 养植物	식물을 기르다
☐ qù lǚyóu 去旅游 ★	여행을 떠나다		☐ xǐhuan lǚyóu 喜欢旅游	여행을 좋아하다
☐ yúkuài de lǚxíng 愉快的旅行	즐거운 여행		☐ gòumǎi jīpiào 购买机票	항공권을 구입하다
☐ nòngdiū dēngjīpái 弄丢登机牌	탑승권을 잃어버리다		☐ chákàn hùzhào 查看护照	여권을 검사하다
☐ shēnqǐng qiānzhèng 申请签证 ★	비자를 신청하다		☐ bànhǎo qiānzhèng 办好签证	비자를 발급받다
☐ fēijī qǐfēi 飞机起飞	비행기가 이륙하다		☐ ànshí qǐfēi 按时起飞 ★	정시에 이륙하다
☐ ānquán jiàngluò 安全降落	안전하게 착륙하다		☐ bān xínglǐxiāng 搬行李箱	여행용 가방을 옮기다
☐ fúwù hěn hǎo 服务很好	서비스가 좋다		☐ yì zhāng dìtú 一张地图	지도 한 장
☐ dài zhàoxiàngjī 带照相机	카메라를 챙기다		☐ shǐyòng zhàoxiàngjī 使用照相机	카메라를 사용하다
☐ gǎibiàn jìhuà 改变计划	계획을 바꾸다		☐ qǔxiāo jìhuà 取消计划	계획을 취소하다
☐ shúxi huánjìng 熟悉环境	환경을 파악하다		☐ bīnguǎn de tiáojiàn búcuò 宾馆的条件不错	호텔의 조건이 나쁘지 않다
☐ shēn shòu huānyíng 深受欢迎 ★	매우 환영받다		☐ jǐngsè měilì 景色美丽 ★	경치가 아름답다
☐ Zhōngguó de shǒudū 中国的首都	중국의 수도		☐ zhùmíng de Zhōngguó cài 著名的中国菜	유명한 중국 음식
☐ jǐ qiān nián de lìshǐ 几千年的历史	수천 년의 역사		☐ xǐhuan chūntiān 喜欢春天	봄을 좋아하다

중국어	한국어	중국어	한국어
tī zúqiú 踢足球	축구를 하다	dǎ wǎngqiú 打网球 ★	테니스를 치다
dǎ pīngpāngqiú 打乒乓球	탁구를 치다	guānkàn lánqiú bǐsài 观看篮球比赛	농구 경기를 관람하다
yìqǐ páshān 一起爬山	함께 등산하다	fàn hòu sànbù 饭后散步	식후 산책
bàomíng cānjiā 报名参加	참가 신청을 하다	gòngtóng de àihào 共同的爱好	공통의 취미
jīngcǎi de yǎnchū 精彩的演出 ★	멋진 공연	biǎoyǎn jiéshù 表演结束	공연이 끝나다
duì jīngjù hěn gǎn xìngqù 对京剧很感兴趣	경극에 관심이 있다	qù gòuwù 去购物	쇼핑하러 가다
xǐhuan shàngwǎng 喜欢上网	인터넷 하는 것을 좋아하다	wǎngshàng gòuwù 网上购物	인터넷에서 쇼핑하다
jiàgé piányi 价格便宜	가격이 싸다	jiàgé gāo 价格高 ★	가격이 비싸다
mǎi yùndòngxié 买运动鞋	운동화를 사다	shūfu de xié 舒服的鞋	편한 신발
mǎi shuǐguǒ 买水果 ★	과일을 사다	xīnxiān de yú 新鲜的鱼	신선한 생선
yì shuāng wàzi 一双袜子	양말 한 켤레	piàoliang de qúnzi 漂亮的裙子	예쁜 스커트
shì kùzi 试裤子	바지를 입어보다	zhào jìngzi 照镜子 ★	거울을 보다
fùjìn de chāoshì 附近的超市	근처에 있는 마트	xīyǐn gùkè 吸引顾客 ★	고객을 유치하다
yǒu dǎzhé huódòng 有打折活动	할인 행사가 있다	chāoshì dǎzhé 超市打折	마트 세일
jǔbàn huódòng 举办活动	행사를 열다	yòng xìnyòngkǎ 用信用卡	신용카드를 쓰다

제1부분 | 덩어리 표현

학교·회사

★ 빈출표현

	shàng yīnyuèkè 上音乐课	음악 수업을 듣다		yǒu xìnxīn 有信心 ★	자신이 있다
	tígāo chéngjì 提高成绩	성적을 올리다		chéngjì búcuò 成绩不错	성적이 좋다
	jīlěi zhīshi 积累知识	지식을 쌓다		rènzhēn fùxí 认真复习 ★	열심히 복습하다
	tōngguò kǎoshì 通过考试 ★	시험에 통과하다		tígāo lǐjiě nénglì 提高理解能力	이해력을 높이다
	jiǎndān de liànxítí 简单的练习题	간단한 연습 문제		liànxítí hěn nán 练习题很难	연습 문제가 어렵다
	xué yǔfǎ 学语法	문법을 배우다		yǔfǎ yǒu wèntí 语法有问题	문법에 문제가 있다
	jiāo lìshǐ 教历史	역사를 가르치다		dāng jiàoshòu 当教授	교수가 되다
	jiàoxué jīngyàn 教学经验 ★	지도 경험		lìshǐ hěn jiǔ 历史很久	역사가 오래되다
	yánjiū Zhōngguó wénhuà 研究中国文化	중국문화를 연구하다		jièshào Zhōngguó lìshǐ 介绍中国历史	중국역사를 소개하다
	chūguó liúxué 出国留学	외국으로 유학을 가다		shuō pǔtōnghuà 说普通话 ★	푸통화를 말하다
	shuō de liúlì 说得流利	유창하게 말하다		Zhōngwén shuō de yuèláiyuè hǎo 中文说得越来越好	중국어를 점점 잘한다
	cānjiā bǐsài 参加比赛 ★	시합에 참가하다		jǔxíng bǐsài 举行比赛	시합을 진행하다
	yíngle bǐsài 赢了比赛	시합에서 이기다		jìxù tǎolùn 继续讨论	토론을 계속하다
	huìyì kāishǐ 会议开始	회의가 시작되다		huìyì jiéshù 会议结束	회의가 끝나다
	cānjiā huìyì 参加会议	회의에 참석하다		zhèngzài kāihuì 正在开会	회의 중이다

☐	jiějué wèntí 解决问题 ★	문제를 해결하다	☐	tǎolùn jiějué bànfǎ 讨论解决办法	해결 방법을 토론하다
☐	fùyìn cáiliào 复印材料 ★	자료를 복사하다	☐	fānyì cáiliào 翻译材料	자료를 번역하다
☐	dǎyìn yí fèn 打印一份	한 부 인쇄하다	☐	diànhuà zhànxiàn 电话占线	통화 중이다
☐	měitiān jiābān 每天加班	매일 야근하다	☐	jīngyàn fēngfù 经验丰富 ★	경험이 풍부하다
☐	fā chuánzhēn 发传真	팩스를 보내다	☐	fā diànzǐ yóujiàn 发电子邮件	이메일을 보내다
☐	shōudào yóujiàn 收到邮件 ★	우편물을 받다	☐	shōudào tōngzhī 收到通知	통지를 받다
☐	tōngguò miànshì 通过面试	면접을 통과하다	☐	jìnxíng de shùnlì 进行得顺利	순조롭게 진행되다
☐	gōngzuò jìhuà 工作计划	업무 계획	☐	gōngzuò tàidu 工作态度	근무 태도
☐	wánchéng gōngzuò 完成工作	일을 다 끝내다	☐	tíchū yìjiàn 提出意见	의견을 제기하다
☐	zhěnglǐ bàngōngzhuō 整理办公桌	사무용 책상을 정리하다	☐	huòdé jiǎngjīn 获得奖金	보너스를 받다
☐	duì shōurù mǎnyì 对收入满意 ★	수입에 만족하다	☐	duì gōngzuò mǎnyì 对工作满意 ★	업무에 만족하다
☐	jiē kèrén 接客人	손님을 마중하다	☐	zhòngyào de kèrén 重要的客人	중요한 손님
☐	guǎnlǐ gùkè 管理顾客	고객을 관리하다	☐	róngyì chūcuò 容易出错	실수를 하기 쉽다
☐	gōngsī guīdìng 公司规定	회사 규정	☐	xiàng gōngsī qǐngjià 向公司请假	회사에 휴가를 신청하다
☐	tíjiāo shēnqǐngshū 提交申请书	신청서를 제출하다	☐	xiāngxìn huì chénggōng 相信会成功	성공할 것이라 믿다

제2부분 | 추가 문제

먼저 실제로 문제를 풀듯이 답변 준비와 답변하기를 스스로 해보세요. 그다음 음성을 들으며 모범답변을 따라 말하세요.

여가 활동 제2부분_추가 문제_1_여가 활동

1

 → "아침에 자전거 타는 것을 좋아하게 되었다."

<이야기 구조>	<핵심 표현 메모>
① 이야기 도입	아침에 자전거 타는 것을 좋아하게 되었다　喜欢上了早上骑自行车
② 세부 내용	날씨가 좋다　天气很好 공원에 가서 자전거를 탔다　去公园骑自行车 공기가 신선했다　空气新鲜 마음이 편안해졌다　心情得到了放松
③ 느낀 점 및 생각	아침에 자전거 타는 것도 좋다　早上骑自行车也很不错 아침에 자전거를 자주 탈 것이다　会经常在早上骑自行车

모범답변

Wǒ zuìjìn xǐhuan shàngle zǎoshang qí zìxíngchē.
我最近喜欢上了早上骑自行车。

Shìqing de jīngguò shì zhèyàng de. Nàtiān wǒ bǐ píngshí qǐ de zǎo, kàndào wàimian tiānqì hěn hǎo, jiù juédìng qù gōngyuán qí zìxíngchē. Wǒ fāxiàn zǎoshang kōngqì xīnxiān, érqiě hěn duō rén lái gōngyuán zuò yùndòng. Zǎoshang qí zìxíngchē hòu, wǒ de xīnqíng dédàole fàngsōng.
事情的经过是这样的。那天我比平时起得早，看到外面天气很好，就决定去公园骑自行车。我发现早上空气新鲜，而且很多人来公园做运动。早上骑自行车后，我的心情得到了放松。

Zhè ràng wǒ juéde zǎoshang qí zìxíngchē yě hěn búcuò. Zhè cì jīnglì gěi wǒ dàilaile xīn de fāxiàn, wǒ yǐhòu yě huì jīngcháng zài zǎoshang qí zìxíngchē.
这让我觉得早上骑自行车也很不错。这次经历给我带来了新的发现，我以后也会经常在早上骑自行车。

해석 저는 최근에 아침에 자전거 타는 것을 좋아하게 되었습니다. 일의 과정은 이러했습니다. 그날 저는 평소보다 일찍 일어났고, 밖에 날씨가 좋은 것을 보고 공원에 가서 자전거를 타기로 했습니다. 저는 아침 공기가 신선하고, 많은 사람들이 공원에서 운동을 한다는 것을 발견했습니다. 아침에 자전거를 타고 나니 제 마음이 편안해졌습니다. 이는 저로 하여금 아침에 자전거 타는 것도 좋다는 것을 느끼게 했습니다. 이번 경험은 저에게 새로운 발견을 가져다 주었고, 저는 앞으로도 아침에 자전거를 자주 탈 것입니다.

어휘 空气 kōngqì 몡 공기　心情 xīnqíng 몡 마음　放松 fàngsōng 동 (마음을) 편안하게 하다　平时 píngshí 몡 평소
经历 jīnglì 몡 경험

2

→ "남동생과 판다를 보러 동물원에 갔다."

<이야기 구조>	<핵심 표현 메모>	
① 이야기 도입	남동생과 판다를 보러 동물원에 갔다	跟弟弟去动物园看了熊猫
② 세부 내용	동물원	动物园
	판다 세 마리가 있었다	有三只熊猫
	너무 귀엽다	十分可爱
	자고 있었다	在睡觉
	대나무를 먹고 있었다	在吃竹子
	나무 위로 올라갔다	爬到树上去
③ 느낀 점 및 생각	판다는 매우 인기가 있다	熊猫很受欢迎
	동물원에 판다를 보러 또 갈 것이다	还会去动物园看熊猫

모범답변

Shàng ge xīngqī wǒ gēn dìdi qù dòngwùyuán kànle xióngmāo.
上个星期我跟弟弟去动物园看了熊猫。

Shìqing de jīngguò shì zhèyàng de. Nàtiān wèile kàn xióngmāo, wǒmen qùle lí jiā hěn yuǎn de dòngwùyuán. Nàli
事情的经过是这样的。那天为了看熊猫，我们去了离家很远的动物园。那里
yǒu sān zhī xióngmāo, tāmen zhǎng de yuányuán de, pàngpàng de, shífēn kě'ài. Dāngshí yì zhī xióngmāo zài shuìjiào,
有三只熊猫，它们长得圆圆的、胖胖的，十分可爱。当时一只熊猫在睡觉，
yì zhī zài chī zhúzi, hái yǒu yì zhī pádào shùshang qù le. Wǒ fāxiàn hěn duō rén dōu lái kàn xióngmāo le.
一只在吃竹子，还有一只爬到树上去了。我发现很多人都来看熊猫了。

Zhè ràng wǒ juéde xióngmāo hěn shòu huānyíng. Yǐhòu yǒu shíjiān de huà, wǒ hái huì qù dòngwùyuán kàn xióngmāo.
这让我觉得熊猫很受欢迎。以后有时间的话，我还会去动物园看熊猫。

해석   지난주에 저는 남동생과 판다를 보러 동물원에 갔습니다. 일의 과정은 이러했습니다. 그날 우리는 판다를 보기 위해 우리는 집에서 멀리 떨어진 동물원에 갔습니다. 그곳에는 판다 세 마리가 있었습니다. 그들은 동글동글하고, 통통해서 너무 귀여웠습니다. 당시 판다 한 마리는 자고 있었고, 한 마리는 대나무를 먹고 있었고, 다른 한 마리는 나무 위로 올라갔습니다. 저는 많은 사람들이 판다를 보러 왔다는 것을 알게 되었습니다. 이는 저로 하여금 판다는 매우 인기가 있다고 느끼게 했습니다. 나중에 시간이 되면 저는 동물원에 판다를 보러 또 갈 것입니다.

어휘   圆圆 yuányuán 동글동글하다   十分 shífēn 〔부〕 매우   当时 dāngshí 〔명〕 당시   竹子 zhúzi 〔명〕 대나무

제2부분 | 추가 문제

일상생활 🎧 제2부분_추가 문제_2_일상생활

3

→ "아내와 함께 아주 특별한 하루를 보냈다."

······· 남자를 '나'로 설정

<이야기 구조>   <핵심 표현 메모>

① 이야기 도입	아내와 함께 아주 특별한 하루를 보냈다 跟妻子一起过了很特别的一天
② 세부 내용	결혼한 지 딱 1년이 되었다 结婚刚好满一年 중국 음식 中国菜 뮤지컬 音乐剧 오랫동안 준비한 선물 准备了很久的礼物 매우 즐겁게 보냈다 过得非常开心
③ 느낀 점 및 생각	행복하다 很幸福

모범답변

Shàng ge xīngqī wǒ gēn qīzi yìqǐ guòle hěn tèbié de yìtiān.
上个星期我跟妻子一起过了很特别的一天。

Shìqing de jīngguò shì zhèyàng de. Nàtiān wǒ hé qīzi jiéhūn gānghǎo mǎn yì nián, suǒyǐ wǒmen dǎsuan zuò yìxiē tèbié de shì. Wǒmen chūqu chīle cónglái méi chīguo de Zhōngguó cài, hái qù kànle hěn yǒumíng de yīnyuèjù. Kànwán biǎoyǎn hòu, wǒ gěi qīzi sòngle wǒ zhǔnbèile hěn jiǔ de lǐwù, qīzi fēicháng gǎndòng. Nàtiān wǒmen guò de fēicháng kāixīn.
事情的经过是这样的。那天我和妻子结婚刚好满一年，所以我们打算做一些特别的事。我们出去吃了从来没吃过的中国菜，还去看了很有名的音乐剧。看完表演后，我给妻子送了我准备了很久的礼物，妻子非常感动。那天我们过得非常开心。

Zhè ràng wǒ juéde hěn xìngfú. Yěxǔ zài biérén kànlai nà zhǐshì hěn pǔtōng de yìtiān, dàn duì wǒ lái shuō què shì hěn tèbié de yìtiān.
这让我觉得很幸福。也许在别人看来那只是很普通的一天，但对我来说却是很特别的一天。

해석   지난주에 저는 아내와 함께 아주 특별한 하루를 보냈습니다. 일의 과정은 이러했습니다. 그날 저는 아내와 결혼한 지 딱 1년이 되어 우리는 특별한 일을 하고자 했습니다. 우리는 나가서 지금까지 먹어보지 않았던 중국 음식을 먹었고, 유명한 뮤지컬도 보러 갔습니다. 공연을 보고 나서 저는 아내에게 오랫동안 준비한 선물을 주었고, 아내는 매우 감동했습니다. 그날 저희는 매우 즐겁게 보냈습니다. 이는 저로 하여금 행복하다고 느끼게 했습니다. 어쩌면 남들이 보기엔 그저 평범한 하루일지 몰라도, 저에게는 특별한 하루였습니다.

어휘   刚好 gānghǎo 튀 딱, 마침   满 mǎn 통 다 차다   音乐剧 yīnyuèjù 명 뮤지컬   开心 kāixīn 형 즐겁다   幸福 xìngfú 형 행복하다
表演 biǎoyǎn 통 공연하다   感动 gǎndòng 통 감동하다   也许 yěxǔ 튀 어쩌면   却 què 튀 하지만, 도리어

· 从来没…过 cónglái méi…guo 지금까지 ~한 적이 없다

4

→ "세탁기를 수리할 사람을 불렀다."

······ 여자를 '나'로 설정

<이야기 구조>	<핵심 표현 메모>
① 이야기 도입	세탁기를 수리할 사람을 불렀다 找人来修了洗衣机
② 세부 내용	문제가 생겼다 出现了问题 직접 수리를 해봤다 试着自己修理了一下 세탁기가 완전히 고장 나버렸다 洗衣机完全坏了 전문가에게 수리를 맡겼다 让专业的人来修理 혼자 함부로 수리하면 안 된다 不要自己乱修
③ 느낀 점 및 생각	마음대로 수리하면 안 된다 不能随便修理

모범답변

Shàng ge xīngqī wǒ zhǎo rén lái xiūle xǐyījī.
上个星期我找人来修了洗衣机。

Shìqing de jīngguò shì zhèyàng de. Nàtiān wǒ yòng xǐyījī de shíhou, tā tūrán chūxiànle wèntí. Wǒ yǐwéi zhǐshì chūle ge xiǎo wèntí, jiù shìzhe zìjǐ xiūlǐle yíxià, jiéguǒ méi xiǎngdào xǐyījī wánquán huài le. Wǒ zhǐhǎo ràng zhuānyè de rén lái xiūlǐ. Xiūwán zhīhòu nàge rén gàosu wǒ, yǐhòu búyào zìjǐ luàn xiū, yīnwèi zhèyàng zuò xǐyījī kěnéng huì chūxiàn gèng dà de wèntí.
事情的经过是这样的。那天我用洗衣机的时候，它突然出现了问题。我以为只是出了个小问题，就试着自己修理了一下，结果没想到洗衣机完全坏了。我只好让专业的人来修理。修完之后那个人告诉我，以后不要自己乱修，因为这样做洗衣机可能会出现更大的问题。

Tōngguò zhè jiàn shì, wǒ míngbaile bù néng suíbiàn xiūlǐ jiāli de dōngxi, zuìhǎo zhǎo zhuānyè de rén lái bāng zìjǐ.
通过这件事，我明白了不能随便修理家里的东西，最好找专业的人来帮自己。

해석   지난주에 저는 세탁기를 수리할 사람을 불렀습니다. 일의 과정은 이러했습니다. 그날 제가 세탁기를 사용할 때 세탁기에 갑자기 문제가 생겼습니다. 저는 그저 작은 문제가 생긴 줄 알고 직접 수리를 해봤고, 결국 세탁기가 완전히 고장 나버렸습니다. 저는 어쩔 수 없이 전문가에게 수리를 맡길 수밖에 없었습니다. 수리를 마친 후 그 사람은 저에게 앞으로는 혼자 함부로 수리하면 안 된다고 했고, 이렇게 하면 세탁기에 더 큰 문제가 생길 수 있기 때문이라고 했습니다. 이 일을 통해 저는 집안의 물건을 마음대로 수리하면 안 되고, 전문가를 불러 도와달라고 하는 것이 제일 좋다는 것을 알게 되었습니다.

어휘   修 xiū 〔동〕 수리하다   洗衣机 xǐyījī 〔명〕 세탁기   修理 xiūlǐ 〔동〕 수리하다   完全 wánquán 〔부〕 완전히   专业 zhuānyè 〔형〕 전문적이다   乱 luàn 〔부〕 함부로   随便 suíbiàn 〔부〕 마음대로   结果 jiéguǒ 〔접〕 결국   只好 zhǐhǎo 〔부〕 어쩔 수 없이   通过 tōngguò 〔개〕 ~를 통해   最好 zuìhǎo 〔부〕 ~하는 것이 제일 좋다

제2부분 | 추가 문제

학교
🎧 제2부분_추가 문제_3_학교

5

→ "중국어 수업에서 지식 퀴즈에 참여했다."

······ 학생 중 한 명을 '나'로 설정

<이야기 구조>	<핵심 표현 메모>
① 이야기 도입	중국어 수업에서 지식 퀴즈에 참여했다 中文课上参加了知识问答比赛
② 세부 내용	우리의 중국어 수준을 알고 싶다 想了解我们的中文水平 선물을 받을 수 있다 可以拿到礼物 질문에 대답했다 回答了问题 많은 중국어 단어를 배웠다 学到了很多中文词语
③ 느낀 점 및 생각	중국어를 더 좋아하게 되었다 更喜欢中文了

모범답변

Wǒ zuìjìn zài Zhōngwén kè shang cānjiāle zhīshi wèndá bǐsài.
我最近在中文课上参加了知识问答比赛。

Jùtǐ de qíngkuàng shì zhèyàng de. Dāngshí Wáng jiàoshòu shuō, tā xiǎng liǎojiě wǒmen de Zhōngwén shuǐpíng, suǒyǐ
具体的情况是这样的。当时王教授说，他想了解我们的中文水平，所以
juédìng zài kèshang jìnxíng yí cì zhīshi wèndá bǐsài, shuōchū zuì duō zhèngquè dá'àn de rén kěyǐ nádào lǐwù.
决定在课上进行一次知识问答比赛，说出最多正确答案的人可以拿到礼物。
Zài zhīshi wèndá bǐsài zhōng, wǒmen dōu jījí de huídále wèntí, dàjiā dōu juéde fēicháng yǒuqù. Suīrán wǒ méiyǒu
在知识问答比赛中，我们都积极地回答了问题，大家都觉得非常有趣。虽然我没有
dédào lǐwù, dànshì xuédàole hěn duō Zhōngwén cíyǔ.
得到礼物，但是学到了很多中文词语。

Zhè ràng wǒ juéde wǒ bǐ yǐqián gèng xǐhuan Zhōngwén le, wǒ huì jìxù nǔlì xuéxí Zhōngwén.
这让我觉得我比以前更喜欢中文了，我会继续努力学习中文。

해석   저는 최근에 중국어 수업에서 지식 퀴즈에 참여했습니다. 구체적인 상황은 이러했습니다. 당시 왕 교수님은 우리의 중국어 수준을 알고 싶다며, 수업 시간에 지식 퀴즈를 열어 정답을 가장 많이 말한 사람이 선물을 받을 수 있다고 했습니다. 지식 퀴즈에서 우리는 모두 적극적으로 질문에 대답했고, 모두들 매우 재미있어 했습니다. 저는 비록 선물을 받지 못했지만 그러나 많은 중국어 단어를 배울 수 있었습니다. 이는 저로 하여금 제가 예전보다 중국어를 더 좋아한다고 느끼게 했습니다. 저는 중국어를 계속 열심히 공부할 것입니다.

어휘   知识问答比赛 zhīshi wèndá bǐsài 지식 퀴즈   情况 qíngkuàng 圐 상황   当时 dāngshí 圐 당시   教授 jiàoshòu 圐 교수
     进行 jìnxíng 통 진행하다   正确 zhèngquè 薗 정확하다   答案 dá'àn 圐 답   积极 jījí 薗 적극적이다   有趣 yǒuqù 薗 재미있다
     词语 cíyǔ 圐 단어   继续 jìxù 통 계속하다

· 虽然…, 但是… suīrán…, dànshì… 비록 ~이지만, 그러나 ~

6

→ "도서관에서 복습을 했다."

<이야기 구조>	<핵심 표현 메모>
① 이야기 도입	도서관에서 복습을 했다 在图书馆复习了
② 세부 내용	시험까지 일주일밖에 남지 않았다 离考试只剩一个礼拜 도서관에 가서 복습을 했다 去图书馆复习了 복습 계획을 세웠다 做好了复习计划 연습 문제를 많이 풀었다 做了很多练习题
③ 느낀 점 및 생각	복습이 중요하다 复习很重要

모범답변

Shàng ge xīngqī wǒ zài túshūguǎn fùxí le.
上个星期我在图书馆复习了。

Jùtǐ de qíngkuàng shì zhèyàng de. Dāngshí lí kǎoshì zhǐ shèng yí ge lǐbài, wǒ hěn zháojí. Yúshì wǒ xiàkè yǐhòu mǎshàng qù túshūguǎn fùxí le, wèi jiē xiàlai de kǎoshì zuòhǎo zhǔnbèi. Shǒuxiān, wǒ xiān zuòhǎole fùxí jìhuà, ránhòu ànzhào jìhuà, bǎ shūshang de nèiróng kànle yí biàn, hái zuòle hěn duō liànxítí. Nàtiān wǒ xuédàole hěn wǎn.
具体的情况是这样的。当时离考试只剩一个礼拜，我很着急。于是我下课以后马上去图书馆复习了，为接下来的考试做好准备。首先，我先做好了复习计划，然后按照计划，把书上的内容看了一遍，还做了很多练习题。那天我学到了很晚。

Zhè ràng wǒ juéde píngshí de fùxí hěn zhòngyào. Wǒ xīwàng wǒ néng dédào hǎo chéngjì.
这让我觉得平时的复习很重要。我希望我能得到好成绩。

해석 지난주에 저는 도서관에서 복습을 했습니다. 구체적인 상황은 이러했습니다. 당시 시험까지 일주일밖에 남지 않아서, 저는 초조했습니다. 그래서 저는 수업이 끝나고 바로 도서관에 가서 다가올 시험을 준비하기 위해 복습을 했습니다. 먼저, 저는 복습 계획을 우선 세웠고, 그다음 계획에 따라 책에 있는 내용을 한 번 훑어봤으며, 연습 문제도 많이 풀었습니다. 그날 저는 늦게까지 공부했습니다. 이는 저로 하여금 평소의 복습이 중요하다는 것을 느끼게 했습니다. 저는 제가 좋은 성적을 받을 수 있으면 좋겠습니다.

어휘 剩 shèng ⑧남다   计划 jìhuà ⑲계획   于是 yúshì ⑳그래서   首先 shǒuxiān ⑭먼저   按照 ànzhào ㉘~에 따라
    内容 nèiróng ⑲내용   遍 biàn ⑳번, 차례   平时 píngshí ⑲평소

· 首先…, 然后… shǒuxiān…, ránhòu… 먼저 ~, 그다음 ~

제2부분 | 추가 문제

회사 🎧 제2부분_추가 문제_4_회사

7

→ "동료와 함께 중요한 임무를 완수했다."

┈┈ 논의하고 있는 사람 중 한 명을 '나'로 설정

<이야기 구조>	<핵심 표현 메모>	
① 이야기 도입	동료와 함께 중요한 임무를 완수했다	跟同事一起完成了一个很重要的任务
② 세부 내용	하나의 임무를 배정받았다	被安排做一个任务
	그 분야의 업무를 해본 적이 없다	没做过那方面的工作
	함께 논의했다	一起讨论
	어떻게 해야 할지 깨달았다	明白了该怎么做
	임무를 완수했다	完成了任务
③ 느낀 점 및 생각	동료 간의 교류가 중요하다	同事间的交流很重要

모범답변

 Shàng ge xīngqī wǒ gēn tóngshì yìqǐ wánchéngle yí ge hěn zhòngyào de rènwu.
上个星期我跟同事一起完成了一个很重要的任务。

Jùtǐ de qíngkuàng shì zhèyàng de. Dāngshí wǒ hé liǎng wèi tóngshì bèi ānpái zuò yí ge rènwu. Wǒ cónglái méi zuòguo nà
具体的情况是这样的。当时我和两位同事被安排做一个任务。我从来没做过那
fāngmiàn de gōngzuò, suǒyǐ gāng kāishǐ yālì hěn dà. Búguò dāng wǒmen yìqǐ tǎolùn jǐ cì yǐhòu, wǒ hěn kuài jiù míngbaile
方面的工作，所以刚开始压力很大。不过当我们一起讨论几次以后，我很快就明白了
gāi zěnme zuò. Wǒmen hùxiāng bāngzhù hé gǔlì, zuìhòu zài wǒmen gòngtóng de nǔlì xià, shùnlì wánchéngle rènwu.
该怎么做。我们互相帮助和鼓励，最后在我们共同的努力下，顺利完成了任务。

Tōngguò zhè jiàn shì, wǒ míngbaile gōngzuò shí tóngshì jiān de jiāoliú hěn zhòngyào. Zhè jiàn shì gěi wǒ dàilaile hěn
通过这件事，我明白了工作时同事间的交流很重要。这件事给我带来了很
hǎo de xuéxí jīhuì.
好的学习机会。

해석 지난주에 저는 동료와 함께 중요한 임무를 완수했습니다. 구체적인 상황은 이러했습니다. 당시 저와 동료 두 명은 하나의 임무를 배정받았습니다. 저는 지금까지 그 분야의 업무를 해본 적이 없어서 처음에는 스트레스가 컸습니다. 그러나 몇 차례 함께 논의한 후, 저는 곧바로 어떻게 해야 할지 깨달았습니다. 우리는 서로 돕고 격려했으며, 결국 공동의 노력으로 임무를 순조롭게 완수하였습니다. 이 일을 통해 저는 업무를 할 때, 동료 간의 교류가 중요하다는 것을 알게 되었습니다. 이 일은 저에게 좋은 배움의 기회를 주었습니다.

어휘 任务 rènwu 몡 임무 安排 ānpái 통 배정하다 方面 fāngmiàn 몡 분야 讨论 tǎolùn 통 논의하다 交流 jiāoliú 통 교류하다
从来 cónglái 뷘 지금까지 刚开始 gāng kāishǐ 처음에 压力 yālì 몡 스트레스 不过 búguò 젭 그러나 互相 hùxiāng 뷘 서로
鼓励 gǔlì 통 격려하다 共同 gòngtóng 톙 공동의 顺利 shùnlì 톙 순조롭다

· 从来没…过 cónglái méi…guo 지금까지 ~한 적이 없다
· …，所以… …, suǒyǐ… ~, 그래서 ~

점수를 높여주는 덩어리 표현&추가 문제 모음집

8  → "매일 회사에서 야근을 했다."

<이야기 구조>	<핵심 표현 메모>
① 이야기 도입	매일 회사에서 야근을 했다　每天都在公司加班了
② 세부 내용	임무를 하나 받았다　接到了一个任务 잘 해내고 싶었다　想好好地完成 많은 자료를 찾았다　找了很多材料 임무를 완수했다　完成了任务 매니저의 칭찬을 받았다　得到了经理的表扬
③ 느낀 점 및 생각	열심히 일하는 것은 할 만한 가치가 있다　努力工作还是值得的

모범답변

 Shàng ge xīngqī wǒ měitiān dōu zài gōngsī jiābān le.
上个星期我每天都在公司加班了。

Jùtǐ de qíngkuàng shì zhèyàng de. Dāngshí wǒ shàngbān bù jiǔ jiù jiēdàole yí ge rènwu. Zhè shì wǒ de dìyī ge rènwu,
具体的情况是这样的。当时我上班不久就接到了一个任务。这是我的第一个任务，
suǒyǐ xiǎng hǎohāo de wánchéng tā. Wèile gōngzuò zhìliàng, wǒ zài wǎngshàng zhǎole hěn duō cáiliào, yǒushí hái
所以想好好地完成它。为了工作质量，我在网上找了很多材料，有时还
zuòdào hěn wǎn. Jīngguò yí ge xīngqī de nǔlì, wǒ zhōngyú wánchéngle rènwu, hái dédàole jīnglǐ de biǎoyáng.
做到很晚。经过一个星期的努力，我终于完成了任务，还得到了经理的表扬。

Zhè ràng wǒ juéde nǔlì gōngzuò háishi zhídé de. Tōngguò zhè cì jīnglì, wǒ duì gōngzuò yǒule gèng duō de xìnxīn.
这让我觉得努力工作还是值得的。通过这次经历，我对工作有了更多的信心。

해석　지난주에 저는 매일 회사에서 야근을 했습니다. 구체적인 상황은 이러했습니다. 당시 저는 출근한 지 얼마 되지 않아 임무를 하나 받았습니다. 이것은 저의 첫 번째 임무라서 잘 해내고 싶었습니다. 업무의 퀄리티를 위해 저는 인터넷에서 많은 자료를 찾았고, 때로는 늦게까지 하기도 했습니다. 일주일간의 노력 끝에 저는 마침내 임무를 완수했고, 매니저의 칭찬도 받았습니다. 이는 저로 하여금 열심히 일하는 것은 할 만한 가치가 있다는 것을 느끼게 했습니다. 이번 경험을 통해 저는 업무에 대해 더 많은 자신감이 생겼습니다.

어휘　加班 jiābān 동 야근하다　任务 rènwu 명 임무　材料 cáiliào 명 자료　表扬 biǎoyáng 동 칭찬하다
　　　值得 zhídé 동 ~할 만한 가치가 있다　质量 zhìliàng 명 퀄리티　经历 jīnglì 명 경험　信心 xìnxīn 명 자신감

· 为了… wèile… ~을 위해

제3부분 | 추가 문제

먼저 실제로 문제를 풀듯이 답변 준비와 답변하기를 스스로 해보세요. 그다음 음성을 들으며 모범답변을 따라 말하세요.

선호하는 것을 묻는 질문   제3부분_추가 문제_1_선호

1 Wèile bǎohù huánjìng, nǐ píngshí huì zěnme zuò?
为了 保护 环境, 你 平时 会 怎么 做?
환경을 보호하기 위해, 당신은 평소 무엇을 하나요?

<답변 구조>   <핵심 표현 메모>

도입	두 가지 일 **两件事**
전개 — 첫 번째 이유/방법	친환경적인 교통수단 **环保的交通方式** 걷다 **走路** 자전거를 타다 **骑自行车** 공기 오염을 줄이다 **减少空气污染**
전개 — 두 번째 이유/방법	환경을 오염시키는 물건을 적게 사용하다 **少用污染环境的东西** 일회용품을 사용하지 않는다 **不用一次性用品** 비닐봉지를 거의 사용하지 않는다 **很少使用塑料袋** 환경 오염을 줄이다 **减轻环境污染**
마무리	두 가지 일 **两件事**

모범답변

Wèile bǎohù huánjìng, wǒ píngshí huì zuò yǐxià liǎng jiàn shì.
为了保护环境，我平时会做以下两件事。

Shǒuxiān, wǒ huì zài chūmén shí xuǎnzé huánbǎo de jiāotōng fāngshì. Bǐrú shuō, qù yìxiē bǐjiào jìn de dìfang shí,
首先，我会在出门时选择环保的交通方式。比如说，去一些比较近的地方时，
wǒ huì zǒulù huò qí zìxíngchē. Zhèyàng zuò néng jiǎnshǎo kōngqì wūrǎn.
我会走路或骑自行车。这样做能减少空气污染。

Qícì, wǒ huì shǎo yòng wūrǎn huánjìng de dōngxi. Bǐrú shuō, wǒ zài wàimian chīfàn shí, yìbān búyòng yícìxìng
其次，我会少用污染环境的东西。比如说，我在外面吃饭时，一般不用一次性
yòngpǐn, zài chāoshì gòuwù shí, yě hěn shǎo shǐyòng sùliàodài. Zhèyàng zuò néng jiǎnqīng huánjìng wūrǎn.
用品，在超市购物时，也很少使用塑料袋。这样做能减轻环境污染。

Zǒng de lái shuō, wèile bǎohù huánjìng, wǒ píngshí huì zuò zhè liǎng jiàn shì.
总的来说，为了保护环境，我平时会做这两件事。

해석 환경을 보호하기 위해, 저는 평소 아래 두 가지 일을 합니다. 먼저, 저는 외출할 때 친환경적인 교통수단을 선택합니다. 예를 들어, 비교적 가까운 곳에 갈 때, 저는 걷거나 자전거를 탑니다. 이렇게 하면 공기 오염을 줄일 수 있습니다. 그 다음으로, 저는 환경을 오염시키는 물건을 적게 사용합니다. 예를 들어, 저는 밖에서 밥을 먹을 때, 보통 일회용품을 사용하지 않습니다. 마트에서 쇼핑할 때도 비닐봉지를 거의 사용하지 않습니다. 이렇게 하면 환경 오염을 줄일 수 있습니다. 결론적으로 말하자면, 환경을 보호하기 위해, 저는 평소 이 두 가지 일을 합니다.

어휘 保护 bǎohù 동 보호하다 平时 píngshí 명 평소 环保 huánbǎo 명 친환경, 환경 보호 交通 jiāotōng 명 교통
方式 fāngshì 명 수단, 방식 减少 jiǎnshǎo 동 줄이다 空气 kōngqì 명 공기 污染 wūrǎn 동 오염되다
使用 shǐyòng 동 사용하다 塑料袋 sùliàodài 명 비닐봉지 减轻 jiǎnqīng 동 줄이다, 경감하다 首先 shǒuxiān 대 먼저
比如 bǐrú 동 예를 들어 其次 qícì 대 그 다음 购物 gòuwù 동 쇼핑을 하다, 물건을 사다

2

Nǐ xiǎng zài shēnghuó zhōng yǎngchéng shénme hǎo xíguàn?
你想在生活中养成什么好习惯? 당신은 생활 속에서 어떤 좋은 습관을 기르고 싶나요?

<답변 구조> / <핵심 표현 메모>

답변 구조		핵심 표현 메모
도입		일찍 자고 일찍 일어나다 早睡早起
전개	첫 번째 이유/방법	몸과 피부가 모두 좋아지다 让身体和皮肤都变好 더 잘 쉴 수 있다 得到更好的休息
	두 번째 이유/방법	자신만의 시간을 더 많이 가지다 有更多自己的时间 운동을 하다 做运动 조용히 책을 읽다 安静地看书
마무리		일찍 자고 일찍 일어나다 早睡早起

모범답변

Wǒ xiǎng zài shēnghuó zhōng yǎngchéng zǎo shuì zǎo qǐ de hǎo xíguàn.
我想在生活中养成早睡早起的好习惯。

Wǒ lái shuō dìyī ge lǐyóu. Zǎo shuì zǎo qǐ huì ràng shēntǐ hé pífū dōu biàn hǎo. Bǐrú shuō, zǎo shuì zǎo qǐ néng ràng shēntǐ dédào gèng hǎo de xiūxi, suǒyǐ shēntǐ hé pífū yě kěnéng huì biàn de yuèláiyuè hǎo.
我来说第一个理由。早睡早起会让身体和皮肤都变好。比如说,早睡早起能让身体得到更好的休息,所以身体和皮肤也可能会变得越来越好。

Wǒ lái shuō dì èr ge lǐyóu. Rúguǒ yǎngchéng zǎo shuì zǎo qǐ de xíguàn, zǎoshang wǒ huì yǒu gèng duō zìjǐ de shíjiān. Bǐrú shuō, zǎoshang méiyǒu rén dǎrǎo wǒ, suǒyǐ wǒ kěyǐ zuò yùndòng huò ānjìng de kànshū. Zhè huì ràng wǒ juéde zìjǐ de shíjiān biàn duō le.
我来说第二个理由。如果养成早睡早起的习惯,早上我会有更多自己的时间。比如说,早上没有人打扰我,所以我可以做运动或安静地看书。这会让我觉得自己的时间变多了。

Zǒng de lái shuō, wǒ xiǎng zài shēnghuó zhōng yǎng chéng zǎo shuì zǎo qǐ de hǎo xíguàn.
总的来说,我想在生活中养成早睡早起的好习惯。

해석 저는 생활 속에서 일찍 자고 일찍 일어나는 좋은 습관을 기르고 싶습니다. 첫 번째 이유를 말하겠습니다. 일찍 자고 일찍 일어나면 몸과 피부가 모두 좋아집니다. 예를 들어, 일찍 자고 일찍 일어나면 몸이 더 잘 쉴 수 있기 때문에 몸도 피부도 점점 좋아질 수 있습니다. 두 번째 이유를 말하겠습니다. 만약 일찍 자고 일찍 일어나는 습관을 기르면, 아침에 자신만의 시간을 더 많이 가질 수 있습니다. 예를 들어, 아침에는 저를 방해하는 사람이 아무도 없기 때문에 저는 운동을 하거나 조용히 책을 읽을 수 있습니다. 이는 제가 저만의 시간이 더 많아졌다고 느끼게 합니다. 결론적으로 말하자면, 저는 생활 속에서 일찍 자고 일찍 일어나는 좋은 습관을 기르고 싶습니다.

어휘 生活 shēnghuó 몡 생활   养成 yǎngchéng 동 기르다   皮肤 pífū 몡 피부   理由 lǐyóu 몡 이유   打扰 dǎrǎo 동 방해하다
· 让…得到… ràng … dédào … ~가 ~해지다, ~가 ~되게 하다

제3부분 | 추가 문제

해결방안을 묻는 질문 🎧 제3부분_추가 문제_2_해결방안

3 Rúguǒ nǐ yǒu jīhuì qù Zhōngguó lǚxíng, nǐ zuì xiǎng qù kàn shénme? Wèishénme?
如果 你有机会去 中国 旅行，你最 想 去 看 什么？为什么？

만약 당신에게 중국으로 여행 갈 기회가 생긴다면, 당신은 무엇을 가장 보러 가고 싶나요? 왜인가요?

<답변 구조> <핵심 표현 메모>

도입		만리장성 长城
전개	첫 번째 이유/방법	유명한 여행 관광지 有名的旅游景点 친구들이 모두 제안하다 朋友都建议 중국의 역사와 문화를 이해하다 了解中国的历史和文化
	두 번째 이유/방법	경치가 아름답다 景色很美 여행자들이 소개한 적이 있다 旅行家都介绍过
마무리		만리장성 长城

모범답변

 Rúguǒ wǒ yǒu jīhuì qù Zhōngguó lǚxíng, wǒ zuì xiǎng qù kàn Chángchéng.
如果我有机会去中国旅行，我最想去看长城。

Wǒ lái shuō dìyī ge lǐyóu. Chángchéng shì yǒumíng de lǚyóu jǐngdiǎn, yě shì Zhōngguó lìshǐ de zhòngyào bùfen.
我来说第一个理由。长城是有名的旅游景点，也是中国历史的重要部分。

Bǐrú shuō, wǒ de Zhōngguó péngyou dōu jiànyì wǒ qù kàn Chángchéng, yīnwèi tōngguò Chángchéng, wǒ kěyǐ gèng hǎo de
比如说，我的中国朋友都建议我去看长城，因为通过长城，我可以更好地

liǎojiě Zhōngguó de lìshǐ hé wénhuà.
了解中国的历史和文化。

Wǒ lái shuō dì èr ge lǐyóu. Rénmen dōu shuō Chángchéng zhōuwéi de jǐngsè hěn měi. Bǐrú shuō, hěn duō lǚxíngjiā dōu
我来说第二个理由。人们都说长城周围的景色很美。比如说，很多旅行家都

jièshào guo Chángchéng zhōuwéi měilì de jǐngsè, suǒyǐ wǒ yě xiǎng qù nàli kànkan.
介绍过长城周围美丽的景色，所以我也想去那里看看。

Zǒng de lái shuō, rúguǒ wǒ yǒu jīhuì qù Zhōngguó lǚxíng, wǒ zuì xiǎng qù kàn Chángchéng.
总的来说，如果我有机会去中国旅行，我最想去看长城。

해석 만약 저에게 중국으로 여행 갈 기회가 생긴다면, 저는 만리장성을 가장 보러 가고 싶습니다. 첫 번째 이유를 말하겠습니다. 만리장성은 유명한 여행 관광지이자, 중국 역사의 중요한 부분이기도 합니다. 예를 들어, 저의 중국 친구들은 모두 저에게 만리장성을 보러 가라고 제안했습니다. 만리장성을 통해 제가 중국의 역사와 문화를 더 잘 이해할 수 있기 때문입니다. 두 번째 이유를 말하겠습니다. 사람들은 모두 만리장성 주변의 경치가 아름답다고 말합니다. 예를 들어, 많은 여행자들이 만리장성 주변의 아름다운 경치를 소개한 적이 있습니다. 그래서 저도 그곳에 가서 보고싶습니다. 결론적으로 말하자면, 만약 저에게 중국으로 여행 갈 기회가 생긴다면, 저는 만리장성을 가장 보러 가고 싶습니다.

어휘 旅行 lǚxíng [동] 여행하다 长城 Chángchéng [고유] 만리장성 景点 jǐngdiǎn [명] 관광지, 명소 建议 jiànyì [동] 제안하다
景色 jǐngsè [명] 경치 部分 bùfen [명] 부분 通过 tōngguò [개] ~를 통해 周围 zhōuwéi [명] 주변 美丽 měilì [형] 아름답다
···是···，也是··· ···shì···, yě shì··· ~는 ~이자, ~이기도 하다

점수를 높여주는 덩어리 표현&추가 문제 모음집

4 Rúguǒ nǐ yǒu jīhuì kāi zìjǐ de diàn, nǐ huì kāi shénme diàn?
如果 你 有 机会 开 自己 的 店，你 会 开 什么 店？

만약 당신에게 자신의 가게를 열 기회가 생긴다면, 당신은 어떤 가게를 열 것인가요?

<답변 구조>   <핵심 표현 메모>

도입		카페 咖啡店
전개	첫 번째 이유/방법	커피의 맛을 좋아한다 喜欢咖啡的味道 바리스타가 되고 싶다 想做咖啡师 커피를 만드는 방법을 배웠다 学了做咖啡的方法
	두 번째 이유/방법	카페에 가는 것을 좋아한다 喜欢去咖啡店 친구를 만나다 见朋友 사람들의 생활에 들어왔다 进入了人们的生活
마무리		카페 咖啡店

모범답변

Rúguǒ wǒ yǒu jīhuì kāi zìjǐ de diàn, wǒ huì kāi yì jiā kāfēidiàn.
如果我有机会开自己的店，我会开一家咖啡店。

Wǒ lái shuō dìyī ge lǐyóu. Wǒ hěn xǐhuan hē kāfēi. Bǐrú shuō, wǒ měitiān zhìshǎo hē liǎng bēi kāfēi, yīnwèi wǒ hěn
我来说第一个理由。我很喜欢喝咖啡。比如说，我每天至少喝两杯咖啡，因为我很
xǐhuan kāfēi de wèidao. Érqiě wǒ yǐqián jiù xiǎng zuò kāfēishī, suǒyǐ hái xuéle zuò kāfēi de fāngfǎ.
喜欢咖啡的味道。而且我以前就想做咖啡师，所以还学了做咖啡的方法。

Wǒ lái shuō dì èr ge lǐyóu. Xiànzài hěn duō rén dōu xǐhuan qù kāfēidiàn. Bǐrú shuō, yǒuxiē rén huì qù kāfēidiàn jiàn
我来说第二个理由。现在很多人都喜欢去咖啡店。比如说，有些人会去咖啡店见
péngyou, yǒuxiē rén huì qù xuéxí huò gōngzuò. Cóng zhèli kěyǐ kànchu, kāfēi yǐjīng jìnrùle rénmen de shēnghuó.
朋友，有些人会去学习或工作。从这里可以看出，咖啡已经进入了人们的生活。

Zǒng de lái shuō, rúguǒ wǒ yǒu jīhuì kāi zìjǐ de diàn, wǒ huì kāi yì jiā kāfēidiàn.
总的来说，如果我有机会开自己的店，我会开一家咖啡店。

해석   만약 저에게 자신의 가게를 열 기회가 생긴다면, 저는 카페를 열 것입니다. 첫 번째 이유를 말하겠습니다. 저는 커피 마시는 것을 좋아합니다. 예를 들어, 저는 하루에 적어도 커피 두 잔을 마시는데, 커피의 맛을 좋아하기 때문입니다. 게다가 저는 예전부터 바리스타가 되고 싶어서, 커피를 만드는 방법도 배웠습니다. 두 번째 이유를 말하겠습니다. 요즘 많은 사람들은 카페에 가는 것을 좋아합니다. 예를 들어, 어떤 사람들은 카페에 가서 친구를 만나고, 어떤 사람들은 가서 공부나 일을 합니다. 여기서 알 수 있듯이 커피는 이미 사람들의 생활에 들어왔습니다. 결론적으로 말하자면, 만약 저에게 자신의 가게를 열 기회가 생긴다면, 저는 카페를 열 것입니다.

어휘   味道 wèidao 몡 맛   方法 fāngfǎ 몡 방법   生活 shēnghuó 몡 생활   至少 zhìshǎo 튀 적어도   咖啡师 kāfēishī 몡 바리스타

제3부분 | 추가 문제

소개를 요청하는 질문 🎧 제3부분_추가 문제_3_소개 요청

5

Qǐng jièshào shàngxué shí nǐ zuì zūnjìng de lǎoshī.
请 介绍 上学 时你最 尊敬 的老师。

학교 다닐 때 당신이 가장 존경했던 선생님을 소개해 주세요.

<답변 구조> <핵심 표현 메모>

도입	고등학교 수학 선생님 高中数学老师
전개 - 첫 번째 이유/방법	인내심이 있다 有耐心 그에게 질문을 하러 가다 去找他问问题 항상 인내심을 가지고 가르쳐 주다 总是耐心地教
전개 - 두 번째 이유/방법	내가 배울 점이 많다 很多值得我学习的地方 수학을 잘 하다 数学很厉害 여러 가지 책을 읽다 阅读各种书 긍정적인 영향 积极的影响
마무리	고등학교 수학 선생님 高中数学老师

모범답변

Wǒ lái jièshào shàngxué shí wǒ zuì zūnjìng de lǎoshī. Wǒ zuì zūnjìng de lǎoshī shì wǒ de gāozhōng shùxué lǎoshī.
我来介绍上学时我最尊敬的老师。我最尊敬的老师是我的高中数学老师。

Shǒuxiān, tā shì yí wèi fēicháng yǒu nàixīn de lǎoshī. Bǐrú shuō, wǒ dāngshí shùxué chéngjì bù hǎo, dàn měi cì qù zhǎo
首先，他是一位非常有耐心的老师。比如说，我当时数学成绩不好，但每次去找

tā wèn wèntí shí, tā zǒngshì nàixīn de jiāo wǒ.
他问问题时，他总是耐心地教我。

Qícì, tā yǒu hěn duō zhídé wǒ xuéxí de dìfang. Bǐrú shuō, tā chúle shùxué hěn lìhai, Yīngyǔ yě shuō de shífēn
其次，他有很多值得我学习的地方。比如说，他除了数学很厉害，英语也说得十分

liúlì, hái jīngcháng yuèdú gè zhǒng shū. Wǒ cóng lǎoshī shēnshang dédàole jījí de yǐngxiǎng.
流利，还经常阅读各种书。我从老师身上得到了积极的影响。

Zǒng de lái shuō, shàngxué shí wǒ zuì zūnjìng de lǎoshī shì wǒ de gāozhōng shùxué lǎoshī.
总的来说，上学时我最尊敬的老师是我的高中数学老师。

해석 학교 다닐 때 제가 가장 존경했던 선생님을 소개하겠습니다. 제가 가장 존경한 선생님은 저의 고등학교 수학 선생님입니다. 먼저, 그는 매우 인내심이 있는 선생님입니다. 예를 들어, 저는 당시 수학 성적이 좋지 않았습니다. 하지만 매번 그에게 질문을 하러 갈 때마다, 그는 항상 인내심을 가지고 저를 가르쳐 주셨습니다. 그 다음으로, 그에게는 제가 배울 점이 많습니다. 예를 들어, 그는 수학을 잘 할 뿐만 아니라 영어도 매우 유창하게 하고, 여러 가지 책도 자주 읽습니다. 저는 선생님으로부터 긍정적인 영향을 받았습니다. 결론적으로 말하자면, 학교 다닐 때 제가 가장 존경했던 선생님은 저의 고등학교 수학 선생님입니다.

어휘 尊敬 zūnjìng ⑧ 존경하다 耐心 nàixīn ⑨ 인내심 ⑱ 인내심이 있다 值得 zhídé ⑧ ~할 만하다 厉害 lìhai ⑱ 잘하다, 대단하다
阅读 yuèdú ⑧ 읽다 各种 gè zhǒng 여러 가지 积极 jījí ⑱ 긍정적이다 当时 dāngshí ⑲ 당시 十分 shífēn ⑨ 매우
流利 liúlì ⑱ 유창하다
· 除了…, 还… chúle…, hái… ~뿐만 아니라, ~도

6 Qǐng jiǎndān jièshào yíxià, nǐ xiǎng yào de shēnghuó shì shénmeyàng de?
请 简单 介绍 一下，你 想 要 的 生活 是 什么样 的?

당신이 원하는 삶은 어떤 모습인가요? 간단하게 소개해 주세요.

<답변 구조> <핵심 표현 메모>

도입	자유로운 삶	自由的生活
전개	첫 번째 이유/방법	스트레스가 줄어들다 压力会减少 나의 시간을 자유롭게 계획하다 自由地安排自己的时间 홀가분하고 즐겁다 轻松愉快
	두 번째 이유/방법	하고 싶은 일을 더 많이 하다 做更多想做的事情 영화를 보다 看电影 책을 읽다 看书 더 자유롭다 更自由一些
마무리	자유로운 삶	自由的生活

모범답변

Wǒ lái jiǎndān jièshào yíxià wǒ xiǎng yào de shēnghuó. Wǒ xiǎng yào de shēnghuó shì zìyóu de shēnghuó.
我来简单介绍一下我想要的生活。我想要的生活是自由的生活。

Shǒuxiān, rúguǒ shēnghuó zìyóu, wǒ de yālì huì jiǎnshǎo hěn duō. Bǐrú shuō, rúguǒ néng zìyóu de ānpái zìjǐ de shíjiān, shēnghuó shang hé gōngzuò shang de yālì huì jiǎnshǎo hěn duō, xīnqíng yě huì biàn de qīngsōng yúkuài.
首先，如果生活自由，我的压力会减少很多。比如说，如果能自由地安排自己的时间，生活上和工作上的压力会减少很多，心情也会变得轻松愉快。

Qícì, rúguǒ shēnghuó zìyóu, wǒ kěyǐ zuò gèng duō xiǎng zuò de shìqing. Bǐrú shuō, wǒ hěn xǐhuan kàn diànyǐng huò kànshū, dàn yóuyú gōngzuò máng, hěn shǎo yǒu shíjiān zuò zhèxiē shì. Suǒyǐ wǒ xīwàng zìjǐ de shēnghuó néng gèng zìyóu yìxiē.
其次，如果生活自由，我可以做更多想做的事情。比如说，我很喜欢看电影或看书，但由于工作忙，很少有时间做这些事。所以我希望自己的生活能更自由一些。

Zǒng de lái shuō, wǒ xiǎng yào de shēnghuó shì zìyóu de shēnghuó.
总的来说，我想要的生活是自由的生活。

해석 제가 원하는 삶을 간단하게 소개하겠습니다. 제가 원하는 삶은 자유로운 삶입니다. 먼저, 만약 삶이 자유롭다면 저의 스트레스가 많이 줄어들 것입니다. 예를 들어, 만약 제 시간을 자유롭게 계획할 수 있다면, 생활과 업무적인 스트레스가 많이 줄어들 것이며, 마음도 홀가분하고 즐거워질 것입니다. 그 다음으로, 만약 삶이 자유롭다면 저는 하고 싶은 일을 더 많이 할 수 있습니다. 예를 들어, 저는 영화를 보거나 책을 읽는 것을 좋아하지만 일이 바쁘기 때문에 이런 것들을 할 시간이 거의 없습니다. 그래서 저는 제 삶이 좀 더 자유로우면 좋겠습니다. 결론적으로 말하자면, 제가 원하는 삶은 자유로운 삶입니다.

어휘 生活 shēnghuó 명 삶, 생활 自由 zìyóu 형 자유롭다 压力 yālì 명 스트레스 减少 jiǎnshǎo 동 줄다 安排 ānpái 동 계획하다 轻松 qīngsōng 형 홀가분하다, 가볍다 愉快 yúkuài 형 즐겁다 心情 xīnqíng 명 마음 由于 yóuyú 접 ~때문에

제3부분 | 추가 문제

가치관을 묻는 질문 🎧 제3부분_추가 문제_4_가치관

7 Yǒu rén shuō "fāngxiàng bǐ nǔlì gèng zhòngyào", nǐ zěnme kàn?
有人说 " 方向比努力更 重要 ", 你怎么看?
어떤 사람은 '방향이 노력보다 더 중요하다'고 하는데, 당신은 어떻게 생각하나요?

<답변 구조>		<핵심 표현 메모>
도입		방향이 노력보다 더 중요하다　方向比努力更重要
전개	첫 번째 이유/방법	성공하기 쉽지 않다　不容易成功 아무리 노력하더라도　再努力 목표로부터 점점 멀어지다　离目的越来越远
	두 번째 이유/방법	시행착오를 줄여준다　让人少走弯路 진로를 정했다　定好了职业方向 중국어 선생님이 되었다　成为了汉语老师
마무리		방향이 노력보다 더 중요하다　方向比努力更重要

모범답변

Yǒu rén shuō "fāngxiàng bǐ nǔlì gèng zhòngyào", wǒ yě shì zhème rènwéi de.
有人说"方向比努力更重要",我也是这么认为的。

Wǒ lái shuō dìyī ge lǐyóu. Wǒ juéde fāngxiàng bú duì jiù bù róngyì chénggōng. Bǐrú shuō, rúguǒ zuòshì shí fāngxiàng bú duì, jiùsuàn zài nǔlì, yě zhǐ huì lí mùdì yuèláiyuè yuǎn, bù róngyì chénggōng.
我来说第一个理由。我觉得方向不对就不容易成功。比如说,如果做事时方向不对,就算再努力,也只会离目的越来越远,不容易成功。

Wǒ lái shuō dì èr ge lǐyóu. Zhǎodào zhèngquè de fāngxiàng néng ràng rén shǎo zǒu wānlù. Bǐrú shuō, wǒ yì kāishǐ jiù dìnghǎole zhíyè fāngxiàng, dàxué shí xuǎnle Hànyǔ zhuānyè, zuìhòu chénggōng de chéngwéile Hànyǔ lǎoshī. Wǒ hěn kuài jiù zhǎodàole xiǎng zuò de shì, suǒyǐ shǎo zǒule hěn duō wānlù.
我来说第二个理由。找到正确的方向能让人少走弯路。比如说,我一开始就定好了职业方向,大学时选了汉语专业,最后成功地成为了汉语老师。我很快就找到了想做的事,所以少走了很多弯路。

Zǒng de lái shuō, wǒ yě rènwéi fāngxiàng bǐ nǔlì gèng zhòngyào.
总的来说,我也认为方向比努力更重要。

해석　어떤 사람은 '방향이 노력보다 더 중요하다'고 하는데, 저도 그렇게 생각합니다. 첫 번째 이유를 말하겠습니다. 저는 방향이 틀리면 성공하기 쉽지 않다고 생각합니다. 예를 들어, 만약 일을 할 때 방향이 틀리면, 설령 아무리 노력하더라도 목표로부터 점점 멀어질 뿐 성공하기 쉽지 않습니다. 두 번째 이유를 말하겠습니다. 올바른 방향을 찾으면 시행착오를 줄일 수 있습니다. 예를 들어, 저는 처음부터 진로를 정했고, 대학교에서 중국어 전공을 선택했으며, 결국 성공적으로 중국어 선생님이 되었습니다. 저는 하고 싶은 일을 빨리 찾아서 시행착오를 많이 줄일 수 있었습니다. 결론적으로 말하자면, 저도 방향이 노력보다 더 중요하다고 생각합니다.

어휘　方向 fāngxiàng 몡 방향　成功 chénggōng 통 성공하다　目的 mùdì 몡 목표, 목적
走弯路 zǒu wānlù 시행착오를 겪다, 길을 돌아가다　职业方向 zhíyè fāngxiàng 진로　成为 chéngwéi 통 ~이 되다
正确 zhèngquè 톙 올바르다　专业 zhuānyè 몡 전공

·就算…, 也… jiùsuàn…, yě… 설령 ~하더라도, ~하다

8. Shí nián yǐhòu nǐ xiǎng chéngwéi shénmeyàng de rén?
十年以后你想成为什么样的人? 10년 후에 당신은 어떤 사람이 되고 싶나요?

<답변 구조> <핵심 표현 메모>

도입	돈을 많이 벌 수 있는 사람	能赚很多钱的人
전개 첫 번째 이유/방법	나의 가족이 더 나은 삶을 살게 하다	让我的家人过更好的生活
	지금보다 더 크고 더 좋은 집을 사다	买比现在更大、更好的房子
	더 편하게 살다	住得更舒服
전개 두 번째 이유/방법	더 많은 어려운 사람들을 돕다	帮助更多有困难的人
	경제적으로 비교적 어려운 사람들을 돕다	经济比较困难的人
마무리	돈을 많이 벌 수 있는 사람	能赚很多钱的人

모범답변

Shí nián yǐhòu wǒ xiǎng chéngwéi yí ge néng zhuàn hěn duō qián de rén.
十年以后我想成为一个能赚很多钱的人。

Wǒ lái shuō dìyī ge lǐyóu. Wǒ xiǎng ràng wǒ de jiārén guò gèng hǎo de shēnghuó. Bǐrú shuō, wǒ zhuànle hěn duō qián de huà, kěyǐ gěi jiārén mǎi bǐ xiànzài gèng dà, gèng hǎo de fángzi, zhèyàng néng ràng tāmen zhù de gèng shūfu. Lìngwài, wǒ hái kěyǐ gēn jiārén qù gèng duō de dìfang lǚyóu.
我来说第一个理由。我想让我的家人过更好的生活。比如说，我赚了很多钱的话，可以给家人买比现在更大、更好的房子，这样能让他们住得更舒服。另外，我还可以跟家人去更多的地方旅游。

Wǒ lái shuō dì èr ge lǐyóu. Wǒ xiǎng bāngzhù gèng duō yǒu kùnnan de rén. Bǐrú shuō, wǒ zhuànle hěn duō qián de huà, kěyǐ bāngzhù nàxiē jīngjì bǐjiào kùnnan de rén, ràng tāmen shēnghuó de hǎo yìxiē.
我来说第二个理由。我想帮助更多有困难的人。比如说，我赚了很多钱的话，可以帮助那些经济比较困难的人，让他们生活得好一些。

Zǒng de lái shuō, shí nián yǐhòu wǒ xiǎng chéngwéi yí ge néng zhuàn hěn duō qián de rén.
总的来说，十年以后我想成为一个能赚很多钱的人。

해석 10년 후에 저는 돈을 많이 벌 수 있는 사람이 되고 싶습니다. 첫 번째 이유를 말하겠습니다. 저는 우리 가족이 더 나은 삶을 살게 하고 싶습니다. 예를 들어, 제가 돈을 많이 벌면 가족들에게 지금보다 더 크고 더 좋은 집을 사줄 수 있으며, 이렇게 하면 그들이 더 편하게 살 수 있습니다. 이 외에도, 저는 가족들과 더 많은 곳에 여행갈 수 있습니다. 두 번째 이유를 말하겠습니다. 저는 더 많은 어려운 사람들을 돕고 싶습니다. 예를 들어, 제가 돈을 많이 벌면 경제적으로 비교적 어려운 사람들을 도와서 그들이 조금 더 잘 살게 할 수 있습니다. 결론적으로 말하자면, 10년 후에 저는 돈을 많이 벌 수 있는 사람이 되고 싶습니다.

어휘 成为 chéngwéi 图 ~이 되다 赚 zhuàn 图 벌다 生活 shēnghuó 圆 삶 图 살다 困难 kùnnan 圆 어려움 经济 jīngjì 圆 경제 另外 lìngwài 젭 이 외에

해커스 중국어 HSKK 중급 10일 만에 딸 수 있다!

중국어 말하기 시험

초판 3쇄 발행 2025년 10월 6일
초판 1쇄 발행 2023년 6월 13일

지은이	해커스 HSK연구소
펴낸곳	㈜해커스
펴낸이	해커스 출판팀
주소	서울특별시 서초구 강남대로61길 23 ㈜해커스
고객센터	02-537-5000
교재 관련 문의	publishing@hackers.com
	해커스중국어 사이트(china.Hackers.com) 교재 Q&A 게시판
동영상강의	china.Hackers.com
ISBN	979-11-379-1054-6 (13720)
Serial Number	01-03-01

저작권자 © 2023, 해커스

이 책 및 음성파일의 모든 내용, 이미지, 디자인, 편집 형태에 대한 저작권은 저자에게 있습니다.
서면에 의한 저자와 출판사의 허락 없이 내용의 일부 혹은 전부를 인용, 발췌하거나 복제, 배포할 수 없습니다.

중국어인강 1위
해커스중국어 china.Hackers.com

해커스 중국어

- 해커스 스타강사의 **본 교재 인강**(교재 내 할인쿠폰 수록)
- 실전 감각을 끌어올리는 **다양한 버전의 교재 MP3**(학습용/복습용 분할/모범답변/실전모의고사 일반&고사장 소음 버전)

주간동아 선정 2019 한국 브랜드 만족지수 교육(중국어인강) 부문 1위

중국어도 역시 1위 해커스중국어
약 900여 개의 체계적인 무료 학습자료

레벨 \ 분야	공통	회화	HSK	HSKK/TSC
공통	철저한 성적분석 **무료 레벨테스트**	빠르게 궁금증 해결 **1:1 학습 케어**	HSK 전 급수 **프리미엄 모의고사**	TSC 급수별 **발음 완성 트레이너**
초급	초보자가 꼭 알아야 할 **초보 중국어 단어**	기초 무료 강의 제공 **초보 중국어 회화**	HSK 4급 쓰기+어휘 완벽 대비 **쓰기 핵심 문장 연습**	TSC 급수별 **만능 표현** **& 필수 암기 학습자료**
중급	매일 들어보는 **사자성어 & 한자상식**	입이 트이는 자동발사 **중국어 팟캐스트**	기본에서 실전까지 마무리 **HSK 무료 강의**	HSKK/TSC 실전 정복! **고사장 소음 버전 MP3**
고급	실생활 고급 중국어 완성! **중국어 무료 강의**	상황별 다양한 표현 학습 **여행/비즈니스 중국어**	HSK 고득점을 위한 **무료 쉐도잉 프로그램**	고급 레벨을 위한 **TSC 무료 학습자료**

[중국어인강 1위] 주간동아 선정 2019 한국 브랜드 만족지수 교육(중국어인강) 부문 1위
[900개] 해커스중국어 사이트 제공 총 무료 콘텐츠 수 (~2021.02.19)

중국어 인강 **1위 해커스중국어**　　china.Hackers.com　검색

무료 학습자료
확인하기 ▶